教育部人文社会科学研究青年基金项目
「先秦释义学研究」（19YJC751067）

先秦释义学研究

以诸子为中心

张亚东 著

天津出版传媒集团
天津古籍出版社

图书在版编目（CIP）数据

先秦释义学研究：以诸子为中心 / 张亚东著. --天津：天津古籍出版社，2021.6
 ISBN 978-7-5528-1103-2

Ⅰ.①先… Ⅱ.①张… Ⅲ.①阐释学－研究－中国－先秦时代 Ⅳ.①B089.2-092

中国版本图书馆CIP数据核字（2021）第086373号

先秦释义学研究：以诸子为中心
XIANQIN SHIYIXUE YANJIU:YI ZHUZI WEI ZHONGXIN

张亚东 / 著

出　　版	天津古籍出版社
出 版 人	张　玮
地　　址	天津市和平区西康路35号康岳大厦
邮政编码	300051
邮购电话	（022）23517902
责任编辑	王海燕
封面设计	鞠佳美
印　　刷	北京虎彩文化传播有限公司
经　　销	全国新华书店
开　　本	880毫米×1230毫米　1/32
印　　张	10.75
字　　数	260千字
版次印次	2021年6月第1版　2021年6月第1次印刷
定　　价	58.00元

版权所有 侵权必究
图书如出现印装质量问题，请致电联系调换（022-23517902）

前　言

　　所谓中国释义学，实质就是中国释义学的历史。当前虽有不少学者倡导建立"中国释义学"，但在实际研究中极易流于空泛。对中国释义学的研究，不仅要充分吸收西方释义学的研究成果，更要对中国古代的释义学思想、实践进行提炼、归纳，即必须进行中国释义学史研究。而先秦释义学则是"史"之开端。在春秋战国的大变动中，如何收拾混乱的秩序人心是诸子面临的共同问题，其回应虽各有差异，但都离不开对先王经典的重新阐释。诸子争鸣，皆托经典而立说，凭借对经典的阐释而立论。本书即对诸子中最重要的孔、孟、荀、墨、庄、韩六家的释义学思想进行归纳总结，做专题研究。

　　先秦诸子阐释经典，基于不同的预设前提。这首先体现在他们对待先王典籍的态度上。儒、墨对先王典籍持尊崇、仰视的态度，典籍在他们看来具有不可置疑的神圣性。故而，他们并不致力于溯源经典的原初意义，而是将典籍视为体道之源泉。与儒、墨不同，庄、韩从根本上否定先王典籍，而将《老子》

作为新的阐释对象。他们虽尊崇《老子》，但并不将其神圣化，而是将其作为哲学创发之立论基点。其次，诸子的预设前提还体现为各家整体的思想倾向。孔子从修正周礼的基本立场出发解释经典，孟、荀分别以仁政、礼制为圭臬，庄子以天道观的哲学思想释《老子》，韩非则以法家"法""术""势"思想对《老子》进行重新阐释。

诸子阐释经典的基本形态大致可分为两类：著述引用与专门阐释。著述引用并不专门将典籍看作待阐释的对象，而是在征引中体现出对文献的独特理解。专门阐释则形成了较为完备的阐释著作。

诸子阐释经典的具体方法大致可分为四类：断章取义、类比引申、推究大义、遵循本义。断章取义的特点是不顾上下文及整体语境，只注重当下之用；类比引申的特点是所阐发之理虽不完全符合典籍的原义，但与原义之间有一定的类比关系，故能水到渠成而不留痕迹；发挥大义的特点是由小及大，由简单命题出发，逐步将其推衍为人伦之道、天地之道；遵循本义是所阐发之理与典籍原义恰相契合。由于诸子的主要目的是借典籍来阐发本学派的思想，所以断章取义、类比引申、推究大义的运用要远远多于遵循本义。

先秦诸子释义学的基本特点有六。其一，诸子的释义学思想与释义实践并不完全一致，呈现出一定的错位。其二，儒、墨、道、法皆对论敌的释义学思想及实践提出批判，呈现出强烈的质疑精神。其三，诸子对作者、文本、读者三者界限的认识逐渐清晰。前期的儒、墨仅区分作者与读者,并不明确区分作者与文本。而后期的庄、韩则将作者与文本严格区分,指出典籍只是圣王陈迹,同时揭示出读者衍义的普遍规律。其四,先秦诸子将作者置于最高位置,文本从属于作者,读者地位最低。其五,此时期的释义学思想与实践相互交织,并未形成重抽象思辨、系统性强的理论样态。其六,先秦是中国释义学史的萌芽期,诸子对作者、文本与读者间关系的深刻认识,及其释义实践的预设前提、基本形态、具体方法,皆为此后释义学的发展埋下了线索。

本书中,西方理论仅仅呈现为思维的参照系,避免以西方释义学理论僵硬地剪裁先哲深厚宏阔之思想,而力图在中西比较中,呈现出中国早期释义学的异质性。同时,试图打破文、史、哲之现代学科框架的束缚,而以关键性问题为导向,进而对先秦诸子的释义学思想及释义实践进行更为合理的论述。

先秦释义学对中国释义学传统具有奠基作用。先秦时期诸子对经典的阐释,真正开辟了中国经学、子学、史学、文学诠释的基本路径。囿于精力和学力,本书仅以诸子为中心,来探讨先秦时期经典阐释的基本路径,至于《左传》释《春秋》、《易传》释《易》及《诗经》阐释等问题,则有待于在今后研究中充分展开。抛砖引玉,以待来者。

中国释义学研究之反思
(代　序)

中国是否有释义学？所谓的"中国释义学"是"中国的"释义学，还是"在中国的"释义学？

不可否认，西方释义学（Hermeneutics，或译为诠释学、解释学、阐释学）的引入，不仅为中国的文学、历史及哲学理论的研究打开了新的路径，也为具体的文本阐释提供了系统的方法论。但一个不容忽视的事实是，长期以来，国内学界存在着滥用西方释义学理论的情形，以致忽视或无视了中国传统释义学的独特价值。近几年来，在国内一些学者反思西方理论利弊得失的过程中，逐渐出现了建构中国释义学理论的呼声。要建构中国本土释义学理论，必须要澄清几个关键性的问题，唯有如此，才能使建构工作的科学性得以保证。

一、中国释义学研究的合法性

当今学界在"中国释义学"这一议题下展开了热烈的讨论，但讨论之余，需要反思一下：中国有释义学吗？众所周知，"中国释义学"的概念并不是自明、自洽的，而是将西方释义学引入中国传统学术领域之后才产生的提法。利科尔说，释义学"是关于与'文本'的解释相关联的理解程序的理论"①。帕尔默阐述得更为具体，认为释义学至少可以用六种方式界定：《圣经》注释的理论；一般的语文学方法论；所有的语言理解之科学；精神科学的方法论基础；存在和存在论的理解之现象学；既是恢复性又是反偶像崇拜的诠释体系，人们借此把握隐含于神话和象征背后的意义。②遵循利科尔和帕尔默的定义，我们完全可以说中国有释义学，因为中国的经、史、子、集经过历代层层的累积阐释，同时还在释义实践过程中生成了圆融自洽的关于意义理解与阐释的思想。但以西方释义学的概念、范畴框范传统学术，仍然会遇到困难。例如《中国阐释学》著者李清良先生明确提出要建立"中国阐释学"理论，他"完全从中国文化的基本观念出发，系统清理了中国阐释学理论，建立了中国阐释学的基本体系"③。他所提的理论体系包括"语境论""时论""理解根据论""理解过程论""阐释论"五个层面。李清良意图使中国阐释学独立于西方而自具特色，但仍未脱离海德格尔、伽达默尔开辟的哲学释义学路径，难免带有以西方理论裁剪中国学术的痕迹。又如潘德荣先生说释义学是"研究理解与解释的一般方法及其本体论根据的理论体系"④，但却将训诂学排除在释义学的范围之外。训诂学是经学的附庸，旨在正确理解经义，为何不属于释义学？潘德荣应该是看到，训诂学并未形成像西方那样系统严密的方法论体系，而且也不是关于本体论的学说，故作此论。

---

① 〔法〕利科尔著，李幼蒸译：《解释学的任务》，《哲学译丛》1986年第3期。
② 〔美〕帕尔默著，潘德荣译：《诠释学》，北京：商务印书馆，2014年，第50页。
③ 〔美〕李清良：《中国阐释学》内容提要，长沙：湖南师范大学出版社，2001年。
④ 潘德荣：《经典与诠释——论朱熹的诠释思想》，《中国社会科学》2002年第1期。

既然所谓"中国释义学"是在西方释义学的理论视域下发出的声音，那么它是否合法？"中国释义学"是"中国的"释义学，还是"在中国的"释义学？以西方现代学术视角重新审视中国传统学术的观点屡见，但也往往会遭受质疑。因此，时有"中国没有哲学""中国没有宗教""中国没有思想史""中国没有文学理论"等提法，对它们也时时加以"削足适履""以西释中""硬套"等严厉的指斥。这些提法和指斥躲在"中国本土特点"的大营下貌似合法，实则有失公允。对于以西方的文学、史学、哲学观念研究中国传统学术的做法，我们应从学术史的角度、以理性的态度更加审慎地加以评价。清末民初时期，中国的知识分子自觉地借鉴西方学术思维、框架、术语开展文学、史学、哲学、美学研究①，虽与传统文化资源有所扞格，但毕竟使中国现代学术得以建立，其历史功绩不容抹杀。因此，所谓的"以西释中""削足适履"实乃学术自身发展的不得已。至于对"硬套"等弊病的进一步反思，应发生在现代学术充分发展、学科范式成熟之后。现代学术要获得健康的发展，多经历两个阶段：一，借鉴西方科学话语、思维；二，待学科体系充分建立起来后，再去反思、调适"以西释中"的遗憾。如当今文学研究的学科壁垒森严，学术方法系统完备，我们才有资格去反思西化思维的压制。②又如中国哲学学科只有充分地借鉴、利用了西方哲学范式，我们才有能力去反思"反向格义"问题。③

---

① 例如鲁迅《中国小说史略》，胡适《红楼梦考证》《中国哲学史大纲》，王国维《红楼梦评论》。
② 查洪德：《研究中国文学须有中国思维》，《文学遗产》2018年第5期。
③ 刘笑敢：《诠释与定向——中国哲学方法研究》，北京：商务印书馆，2009年，第102页。

可以说，所谓的"中国释义学"仍然处于上述的第一阶段，即以西方释义学的理论、观点、范畴、方法审视中国古代关于意义阐释思想的阶段。西方释义学已经建立起系统完备、进退有据的学术体系，我们完全可以在它的启发下去重新审视中国的传统学术。所谓"他山之石，可以攻玉"，充分引进、学习、吸收西方释义学，是我们建立中国释义学的必要准备。因此，在西方理论的参照下，将中国古代关于意义阐释的言说、思想姑且称之为"中国释义学"，不仅合法而且必要。

二、中国释义学研究的历史学路径

既然"中国释义学"是在西方释义学理论的参照下，对中国关于意义阐释的思想进行重新审视，那么，中国释义学应包括两个维度：一是，在西方释义学的启发下，利用中国本土思想资源，建构中国释义学的理论体系；二是，系统梳理中国释义学的历史。当今国内学者的关注重心多停留在第一维度，建构中国本土释义学理论的学术意图十分强烈。而在高声呼吁、倡导建构中国本土理论大厦的同时，必须要清醒地意识到，要建构中国的释义学理论，前提是系统梳理中国释义学的历史，即研究重心应向第二维度转移。

恩格斯说："关于思维的科学，也和其他各门科学一样，是一种历史的科学，是关于人的思维的历史发展的科学"[1]；"我们仅仅知道一门唯一的科学，即历史科学"[2]。恩格斯对思维科学历史性的论

---

[1] 中共中央马克思恩格斯列宁斯大林著作编译局编：《马克思恩格斯选集》第四卷，北京：人民出版社，1995年，第284页。

[2] 中共中央马克思恩格斯列宁斯大林著作编译局编：《马克思恩格斯选集》第一卷，北京：人民出版社，1995年，第66页。

述完全适用于中国学科体系建立、发展的情形,例如胡适《中国哲学史大纲》的问世即标志着中国哲学史学科的建立,又如鲁迅《中国小说史略》的出版也标志着中国有了现代科学的小说学。同样,"建构中国释义学理论体系"的提法为时尚早,我们若真正弄懂了中国释义学史的发展演进历程,中国释义学这门学科自然就可以建立起来。否则,所谓的"建构"工作将是无源之水,无本之木。

中国释义学思想的历史资源十分丰富。先秦时期产生了一些影响极深的理论命题,如《周易》的"仁者见之谓之仁,智者见之谓之智",孔子的"述而不作,信而好古,窃比于我老彭""文献……足则吾能征之",孟子的"知人论世""以意逆志""尽信《书》,则不如无《书》",荀子"诵说而不陵不犯,可以为师;知微而论,可以为师",韩非的"郢书燕说"等重要论述。这些命题虽不免东鳞西爪,但若吉光片羽,思想深刻,影响深远,共同奠定了中国释义学史的理论基石。从汉代开始,经学成为学术正统。西汉时期,今文经学追求"微言大义""寓一字于褒贬",代表了此阶段的基本释经路径,而"《诗》无达诂,《易》无达占,《春秋》无达辞"①更凸显了阐释活动中读者维度的重要性。到东汉,古文经学崛起,贾逵、马融、许慎、郑兴、郑重、郑玄、服虔在解经上重考证,尚考据,"实事求是"成为经师的治学风尚,尤值得注意的是郑玄注"三礼"折衷经今古文学,以今古文互校,择善而从,其解经之法对后世影响很大。自汉末佛学输入到隋唐时期,佛学盛行,佛典翻译日盛,支谦、法护、道安、鸠摩罗什、彦琮、玄奘等在翻译佛典的技术和原则上多

---

① 曾振宇、傅永聚:《春秋繁露新注》,北京:商务印书馆,2010年,第64页。

有创新,例如道安特别强调直译,有"五失本三不易之说"①,彦琮有"翻译无益论"②,而"翻译"恰是"Hermeneutik"的核心内涵之一③,总结佛学家之译经方法,将对于中国释义学研究大有助益。④经学在唐代的主要代表是孔颖达,他主持编纂《五经正义》,倡"注不驳经,疏不破注",释义时重墨守定论。至宋代刘敞《七经小传》开"以己改经之风",在阐释经典方面,强调解释者的主观性,解释经典力避守旧,甚至敢于"改"经;王安石《三经新义》解释经典之"新",受改革旧制的政治动力所规约;至程颐以理学解《易经》,经学阐释路径为之一变;而朱熹撰《四书集注》,不但在解经的方法上对前人有所总结和创新,且通过解释"四书"集理学思想于大成。明代王阳明的解经路数产生了新的转向,"六经皆我注脚"的思想极大地张扬了阐释者的个人主观意志,是为偏执一端的"读者中心论"。清代乾嘉学派有"吴学""皖学"两大重镇,代表人物惠栋、钱大昕、王鸣盛、戴震、段玉裁、王念孙、王引之、江藩等,他们继承东汉贾、马、许、郑、服之古文经学,在音韵学、文字学、训诂学上产生了丰硕成果,将释义学方法论的科学性推向了新的高度。清末今文经学复活,以庄存与、刘逢禄为代表的"常州学派"大扬

---

① "五失本"是指句法倒装、好用文言、删反复咏叹之语、删去一段落中解释之语、删去后段落重复前段落之语;"三不易"指既讲求真义要通俗、佛智难以企及、佛典久远难以考证。参见梁启超:《翻译文学与佛典》,《梁启超全集》,北京:北京出版社,1999年,第3799页。

② 梁启超:《翻译文学与佛典》,《梁启超全集》,北京:北京出版社,1999年,第800页。

③ 洪汉鼎:《诠释学与中国》,《文史哲》2003年第1期。

④ 梁启超在《翻译文学与佛典》中曾对佛学家佛典翻译之法作了总结,而笔者从释义学的角度入思,对这些问题加以提炼、总结。

其波,而康有为作《新学伪经考》《托古改制考》,鼓吹"托古改制"之说,更是深刻揭示了中国古代释义学的思维模式。

面对这笔宝贵的文化遗产,我们应该而且必须进行中国释义学史研究,对历代释义的思想、方法、思维模式进行彻底梳理,明其流变,求其动因,并加以评判。

三、中国释义学史的研究现状及展望

汤一介先生曾五论创建中国解释学问题,[①]试图利用释义学方法论推进哲学创新。他分析了中国解释传统中的一些方法,将其归纳为三种模式:一是"历史事件的解释",以《左传》为代表,在对"事件的历史"的阐释过程中,形成"叙述的历史";二是"整体性的哲学解释",以《系辞》为代表,解释者已有先入为主的架构模式,然后用这一整体性的模式调度材料,展开解释;三是"社会政治运作型的解释",以《解老》为代表,特点是以法家的社会政治观点来解释《老子》,较少涉及形而上的层面。就系统性和对后世的影响而言,这三种模式最为重要。汤一介所谓的"中国解释学"涉及范围很广,但明显趋向于哲学方法论,其弟子景海峰说:"(解释学)具有复杂无比的背景和十分丰富的内涵,……只好将解释学普泛化地理解成一

---

① 汤一介:《能否创建中国的解释学》,《学人》1998年第3期;《再论创建中国解释学问题》,《中国社会科学》2000年第1期;《三论创建中国解释学问题》,《中国文化研究》2000年(夏之卷);《关于僧肇注〈道德经〉问题——四论创建中国解释学问题》,《学术月刊》2000年第7期;《"道始于情"的哲学诠释——五论创建中国解释学问题》,《学术月刊》2001年第7期。

种哲学途径或哲学方式。"①

周裕锴《中国古代阐释学研究》以西方释义学理论为参照,对诞生于中国文化土壤之上的释义学传统和中国古代内在自足的释义学理论做了系统的分析和研究,进行了理论上的归纳和总结。认为"先秦诸子论道辨名""两汉诸儒宗经正纬""魏晋名士谈玄辨理""隋唐高僧译经讲义""两宋文人谈禅说诗""元明才子批诗评文""清代学者探微索隐"各有其标举的释义学理论及阐释方法,并指出这些自成体系的释义学理论足可与西方释义学理论相媲美。周著论从史出,揭示出中国释义学在不同历史阶段的具体表现,并充分注意到中西历史背景和文化精神上的深刻差异,颇具学术功力。②

汪祚民《诗经文学阐释史(先秦—隋唐)》对当代《诗经》学研究中的"从经学到文学"说提出了质疑和反思。他认为,就阐释的源头来说,文学阐释是《诗经》最本性的阐释,经学阐释只能建立在文学阐释的基础上。在此基本认识下,他通过对先秦至隋唐《诗经》文学阐释史料的搜罗、分析,系统揭示了宋之前《诗经》文学阐释的生存状态,认为此时期的文学阐释一直相对独立地演进与拓展,得出与"从经学到文学"说不同的认识。但汪著过于突出文学阐释的独立性,忽视了经学阐释的压制作用。③

黄俊杰《中国孟学诠释史论》通过梳理孟学诠释史,将孟学研究思路分为两类:一是哲学史的思路,即注重《孟子》哲学体系内的重要观念、概念,在方法上易将《孟子》与社会文化等状况隔离;二是

---

① 景海峰:《汤一介先生与中国解释学的探索》,胡军、孙尚扬编:《诠释与建构》,北京:北京大学出版社,2001年,第383页。
② 周裕锴:《中国古代阐释学研究》前言,上海:复旦大学出版社,2019年。
③ 汪祚民:《〈诗经〉文字阐释史(先秦—隋唐)》结语,北京:人民出版社,2005年。

历史的思路,即注重将《孟子》放在历史发展的脉络中,探讨其在思想史上的地位。他认为两种思路可在诠释学中得到汇聚,各显其能,相得益彰。他主张应充分发掘古代经典注释的丰厚资源,发挥注经传统的优势,由此建立中国诠释学是完全有可能的。①

曹海东《朱熹经典解释学研究》以西方释义学为参照,对朱熹的释义学思想进行了总结概括。他指出:就意义层次而言,朱熹将意义分为文本语言层、读者意向层、文本与读者关系层;就理解机制来说,朱熹认为共同的人性是沟通作者、文本、读者的桥梁,是理解的根本前提,读者的阅读期待是理解活动的起点,而读者"以意逆志"最终使理解实际产生;就方法论而言,朱熹认为汉、宋儒者解经之法不可尽弃亦不可尽用,他破除门户之见,创立以训诂为基础、义理阐发为旨归的方法论原则。曹著对朱熹的释义学思想、理论进行了系统专门的研究,论证较为充分,但难免留下以西方理论裁剪朱熹思想的痕迹。②

通过对上述研究现状的梳理可知,学界在中国释义学的研究领域中虽然取得了一些成果,但还远远不够,中国释义学史的可研究空间仍然很大。要填补诸多的研究空白,不同学者当然可根据自己的兴趣和特长,从某一时代、某一思想家进行切入,但必须正视的一个现实是,先秦作为中国释义学史的结胎时代,理应成为研究的重中之重。然而从现状来看,对此阶段的研究较为薄弱,尚未出现系统的专著。在春秋战国的大变动中,如何收拾混乱的秩序人心是诸子面临的共同问题,其回应虽各有差异,但都离不开对前贤经典

---

① 黄俊杰:《中国孟学诠释史论》绪论,北京:社会科学文献出版社,2004年。
② 曹海东:《朱熹经典解释学研究》内容提要,华中师范大学博士论文,2007年。

的重新阐释，诸子皆托先王经典而论说，并生发出各具特色的释义学思想；不唯如此，此时期还出现了系统的阐释性著作（《易传》《左传》《解老》《喻老》）和专门的字典辞书（《尔雅》）。可以说，正是先秦释义学的辉煌成就奠定了中国释义学史的基石。因此，不妨分"儒家释义学""墨家释义学""道家释义学""法家释义学""名家释义学""《易传》释义学""《左传》释义学""《尔雅》释义学"诸专题进行深入研究，如此，方是正本清源，中国释义学史的独特价值内涵才能得到有效的阐释。

目　录

导论：释义学、中国释义学与中国释义学史 / 1

　　第一节　释义学作为科学何以可能 / 1

　　第二节　中国释义学研究何以可能 / 8

　　第三节　中国释义学史的学术定位 / 12

　　第四节　作为源头的诸子释义学 / 18

第一章　克己复礼与述而不作：孔子的释义学思想 / 26

　　第一节　孔子的"述""作"关系论 / 26

　　　　一　"述而不作"还是"述"中有"作" / 26

　　　　二　思想与实践的错位："述而不作"与"述"中有"作" / 31

　　　　三　错位模式与儒家释义学传统 / 36

　　第二节　"述"中有"作"的实施：损益周礼与经典解释 / 40

　　　　一　孔子讲授六经有所偏重 / 41

　　　　二　以伦理道德释《诗》 / 44

　　　　三　以政治理想释《书》 / 54

　　　　四　对占筮之书《易》的理性化阐释 / 60

第二章　仁心仁政与《诗》《书》之教：孟子的释义学思想 / 64

　　第一节　释《诗》的两种思路：引《诗》断章与"以意逆志" / 64

　　　　一　诗教目的与引《诗》断章 / 64

二　解《诗》目的与"以意逆志" / 71

　　三　"以意逆志"的思想来源 / 73

　第二节　释《书》中的疑古思想："尽信《书》，则不如无《书》" / 76

　　一　孟子缘何疑《书》 / 76

　　二　"尽信《书》，则不如无《书》"的合理性 / 82

　　三　孟子疑《书》的影响 / 87

　第三节　《诗》《书》的作者与时代："知人论世" / 91

　　一　"知人论世"再审视 / 91

　　二　"知人论世"与释义实践的错位 / 95

　　三　"知人论世"与"以意逆志"无直接关联 / 105

第三章　法周隆礼与以礼释经：荀子的释义学思想 / 106

　第一节　释义的预设前提：法周隆礼 / 106

　　一　荀子所谓"先王""后王"皆指周制 / 107

　　二　斥孟子"略法先王而不知其统" / 110

　　三　法周与论道辩名 / 112

　　四　法周的核心内涵：隆礼 / 114

　第二节　荀子以礼释《诗》《书》 / 118

　　一　以礼释《诗》 / 118

　　二　以礼释《书》 / 122

　第三节　以礼释《诗》的基本方式 / 126

　　一　断章取义 / 126

　　二　发挥大义 / 130

　　三　类比引申 / 132

　　四　遵循本义 / 135

第四节　以礼释《书》的基本方式　/　138

　　　　一　断章取义　/　138

　　　　二　移花接木　/　141

　　　　三　遵循本义　/　143

第四章　"述而不作"再思考：墨子的释义学思想　/　147

　　第一节　墨子的"述""作"关系论　/　147

　　　　一　墨子"述""作"之论针对孔子而发　/　147

　　　　二　传统制度与儒家学说：墨子之"述"的基本视域　/　149

　　　　三　墨子"述"的内涵与儒家不同　/　152

　　　　四　确立"作"的合法性地位　/　155

　　第二节　墨子释《诗》　/　156

　　　　一　墨子对《诗》、乐的不同立场　/　156

　　　　二　断章取义并非墨子释《诗》的主要倾向　/　159

　　　　三　墨、孟解《诗》比较举隅　/　162

　　第三节　墨子释《书》　/　165

　　　　一　引《书》证理　/　165

　　　　二　曲解《书》以就己意　/　166

第五章　大道、语言及阐释的有效性：庄子的释义学思想　/　169

　　第一节　庄子释义学思想的反思性特征　/　170

　　　　一　对经典释义的质疑、反思　/　170

　　　　二　质疑、反思的哲学基础　/　173

　　　　三　言与道　/　178

　　第二节　庄子释《老》例说　/　180

　　　　一　释《老》与哲学阐述　/　181

　　　　二　释《老》与现实政治干预　/　184

第三节 写的历史：庄子的历史释义学 / 187

 一 古史重塑：体无之圣与儒、墨之圣 / 187

 二 历史演义：以庄释孔 / 189

 三 历史虚构：得意忘史 / 192

 四 史事评价：历史哲学化 / 194

第六章 革新制度与非毁经典：韩非子的释义学思想 / 196

第一节 经典、经典释义的合法性问题 / 196

 一 以法令取代经典 / 196

 二 知性思维主导下对儒、墨经典释义的驳斥 / 198

 三 实用性思维主导下对儒、墨经典释义的驳斥 / 201

第二节 "法""术""势"：经典释义的三重维度 / 203

 一 以"法"释经 / 203

 二 以"术"释经 / 204

 三 以"势"释经 / 206

第三节 释《老子》 / 208

 一 《解老》《喻老》的作者问题 / 208

 二 韩非释《老子》的三种思路 / 214

第四节 释"公""私" / 218

 一 韩非所释"公""私"为金文"𠙴""○" / 218

 二 推究微言大义 / 221

第五节 《储说》：对典籍材料的编选与释义 / 225

 一 编选原则与编选体例 / 227

 二 对典籍材料的阐释 / 235

第七章 先秦诸子释义学之基本考察 / 242

第一节 先秦诸子释义学思想之核心问题 / 242

一　作者本义能否被认知　/　242

　　二　对读者衍义之思考　/　246

　第二节　先秦诸子释义实践之基本形态　/　248

　　一　著述引用　/　248

　　二　专门阐释　/　252

参考文献　/　261

附录：诸子征引文献一览表　/　281

导论：释义学、中国释义学与中国释义学史

第一节 释义学作为科学何以可能

释义学(解释学、诠释学、阐释学)是研究文本意义价值阐释的方法及其规律的学问。其译名尚有更为流行的解释学、诠释学、阐释学，其名译自"Hermeneutics"，我国传统学术中与之相近的有训诂、注疏、传、章句之学与义理之学。为澄清混乱，本书采用"释义学"译名，理由如下：首先，就释义学的定义来看，它以文本的意义价值为核心，"解释""诠释""阐释"皆为动词，相比较而言，"释义"为动宾结构，更突出研究对象，直接明了；其次，"解释""诠释"容易被理解为解释字义，"阐释"有读者主观发挥的意思，它们仅能表示意义价值的一部分，而"释义"则具统括性，更为全面、准确；最后，传统学术中的"训诂"指对古语古字的训释，"章句"偏重繁杂附会，"传"偏重引申发挥，"注"最早指汉人对先秦典籍的注解，而"疏"最初则指唐人对汉注的解释、说明，它

们同样各有侧重、难以概全。而所谓的"义理"之学①恰与"释义"相契合。朱熹说:"今人不去讲义理,只去学诗文,已落第二义。"②在批评《诗序》时又说:"历言《小序》大无义理。"③因此,本文取"释义学"这一译名而不用其他。

关于文学作品的释义,无论中西方,主观化、个人化的倾向皆十分突出。法国印象主义批评家法朗士所说的"关于莎士比亚,关于拉辛,我所讲的就是我自己"④即是这种思维的典型体现,之后以海德格尔、伽达默尔为代表的哲学释义学大扬其波,继之以姚斯、伊瑟尔为代表的接受美学更是起到了推波助澜的作用。中国亦有"仁者见之谓之仁,智者见之谓之智"⑤、"《诗》无达诂"⑥、"六经注我"⑦、"文无定评"⑧、"作者未必然,读者何必不然"⑨的著名论断。这些思想和理论突出强调了文本解读者的权力,为作品释义的开放性和创

---

① 戴震曰:"天下有义理之源,有考核之源,有文章之源,吾三者皆庶得其源。"见(清)段玉裁:《戴东原先生年谱》文末引文,(清)戴震:《戴震文集》,北京:中华书局,1980年,第246页。
② (宋)黎清德编,王星贤点校:《朱子语类》第八册,北京:中华书局,1986年,第3334页。
③ (宋)黎清德编,王星贤点校:《朱子语类》第六册,北京:中华书局,1986年,第2078页。
④ 〔法〕法郎士:《文学生活序言》,伍蠡甫编:《西方文论选》(下卷),上海:上海译文出版社,1979年,第267页。
⑤ 《周易正义》,李学勤主编:《十三经注疏》,北京:北京大学出版社,1999年,第269页。
⑥ 曾振宇、傅永聚:《春秋繁露新注》,北京:商务印书馆,2010年,第64页。
⑦ (宋)陆九渊著,钟哲点校:《陆九渊集》,北京:中华书局,1986年,第399页。
⑧ (清)翁曾翰:《翁曾翰日记》,南京:凤凰出版社,2014年,第86页。
⑨ 谭献:《复堂词录序》,张正吾、陈铭选注:《中国近代文学作品系列》(文论卷),福州:海峡文艺出版社,1992年,第107页。

造性提供了可能,这一点自然功不可没。但与此同时,它们也为作品阐释的随意性、"无准论"打开了大门,作品阐释极易沦为纯个人化的冒险活动,好像"怎么都行"。这就直接导致了一个问题,即释义学之科学性何以可能。如果作品阐释完全是随意的、个人的,毫无标准可言,那么释义学能够成为一门严格的科学吗?其作为一门科学的合法性遭到了严重挑战。

科学性是现代学术的最基本特征,如果一门学问缺乏科学规范,那么它也就丧失了自身的合法性。要回答释义学能否成为一门科学,首先要在学理上说清科学的含义是什么。对"科学是什么"的思考和追问,属于科学哲学的范畴,它讨论的不是某一门科学,而是追问科学的一般性特征,正如德国哲学家汉斯·波塞尔所言:"我们并不想知道某个具体的科学分支有什么特点,而是科学本身是什么。"[1] 康德《自然科学的形而上学基础》一书在总结了前人对科学的认识之后,给出了一个综括性的回答:"每一种学说,如果它可以成为一个系统,即成为一个按照原则而整理好的知识整体的话,就叫作科学。"[2] 科学作为"知识"决定了其自身的"客观普遍性",[3] 就是说当

---

[1] 〔德〕汉斯·波塞尔著,李文潮译:《科学,什么是科学》序言,上海:上海三联书店,2002年。

[2] 〔德〕康德著,邓晓芒译:《自然科学的形而上学基础》,上海:上海人民出版社,2003年,第2页。

[3] 康德对"主观普遍性"和"客观普遍性"作了明确的区分。所谓"主观普遍性"是主体"我"有一个看法,而"我"从主观上希望他人的看法与我一致,宗教就是"主观普遍性";而"客观普遍性"是指一种观点不管他人的偏见、境遇如何,它在客观上对所有人都是有效的,"客观普遍性"是科学知识的基本要求。这里所说的"准"也就是"客观普遍性"。参见〔德〕康德著,邓晓芒译:《判断力批判》,北京:人民出版社,2002年,第49页。

证据已经摆在每个研究者的面前时,不管他个人的偏见、兴趣、立场如何,都应无条件接受,在这种意义上知识就是客观普遍的。同样,释义学要成为一门科学,就必须符合"客观普遍性"的基本规定,也就必须排斥"怎么都行"的无"准"论断。而面对当今释义学、释义实践的混乱局面,我们的释义学研究能够有"准"吗?

从逻辑上讲,释义活动包含三个维度,即作者、文本、读者。① 与之对应,可将作品的意义价值分为作者本义层、文本含义层、读者衍义层。围绕这三层意义,我们进一步分论之。

作者本义层。本义即作者本人的思想情感,作者写出一部作品,其本义已经成为历史事实,这是确定无疑的。古人早就认识到本义维度。《汉书·艺文志》在评论齐鲁韩三家诗时说:"或取《春秋》,采杂说,咸非其本义。与不得已,鲁最为近之。"② 朱熹批评《诗序》时说:"《诗》本易明,只被前面《序》作梗。《序》出于汉儒,反乱《诗》本意。"③ 当然作者思想会出现前后变化,但这变化过程同样是确定的历史事实。例如曹雪芹先有《风月宝鉴》,之后经过增删、润色、加工,才有《红楼梦》,④ 曹之思想历程的变化是不可置疑的。因此可以说,在作者本义层,文学作品的意义价值是确定、有准的,不存在"见仁见智"之说,如发生争议则有真假之分,探究作者本义是学术研究者的任务职责。傅庚生先生说道:"倘诗之不可有达诂,是云读者之终不能了解作者之意趣也。"⑤ 这里有必要对历史不可复原论进行

---

① 潘德荣:《西方诠释学史》,北京:北京大学出版社,2013年,第7页。
② 《汉书·艺文志》,北京:中华书局,1962年,第1708页。
③ (宋)黎清德编,王星贤点校:《朱子语类》(第六册),中华书局,1986年,2074页。
④ 沈治钧:《从〈风月宝鉴〉到〈红楼梦〉》,《红楼梦学刊》2001年第1辑。
⑤ 傅庚生:《书旨与序目》,《文学鉴赏举隅》,北京:北京出版社,2003年,第2页。

辨析。冯友兰先生说："主观的认识总不能和其所认识的客观对象完全符合。所以认识，一般地说，充其量也只是相对真理。写的历史同本来的历史也不能完全符合。"① 持此论调，一些学者也认为本义作为历史事实已经成为过去，它是不能被百分之百地还原的，因此本义不可知。但冯是用哲学说历史，而非用历史学说历史，对于历史科学来说，事实真相只有一个。因此，对本义的了解、把握、解析就是客观、有效的。

文本含义层。在这里，首先需要澄清的问题是，"文本"的概念是什么？以伽达默尔为代表的哲学释义学所使用的"文本"概念指的是整个世界，此概念过于泛化，无所不包，这种定义方式是由哲学学科性质决定的。② 与哲学释义学不同，我们是研究释义学能否成为一门科学，科学研究的是具体问题，而不讨论本体论，因此我们取"文本"之本义，将"文本"定义为文字书写的书本，只要有文字，不管书写于何种媒介，都属于"文本"的范围。甲骨文、石经、汉晋木简、敦煌写本以及一切文字印刷品皆属于"文本"，而武则天无字碑不能称为"文本"，出土的青铜器皿、陶器、瓦当、兵器上若无刻字，也不算"文本"。

明确了"文本"概念，再来看其含义。文本含义是指文本本身的蕴含义，即文本应有之义、当有之义。文本含义并不同于作者本义，高尔基"形象大于思想"③论即是这个道理，它是指作品本身具

---

① 冯友兰：《中国哲学史新编》(上)，北京：人民出版社，2007年，第2页。
② 哲学研究的是本体论问题，哲学释义学研究人理解的可能性问题，并把理解作为世界的本体，世界的本质就是人的理解，因此理解的对象"文本"就超出了"文字本"的范围，"文本"的内涵就变成了整个世界。
③ 李衍柱、朱恩彬：《文学理论简明辞典》，济南：山东教育出版社，1987年，第112页。

有一定的独立性，包含的信息要大于作者用意。例如恩格斯在研究《人间喜剧》时说："我从这里，甚至在经济细节方面（如革命以后动产和不动产的重新分配）所学到的东西，也要比从当时所有职业的历史学家、经济学家和统计学家那里学到的全部东西还要多。"①巴尔扎克写作的本意并不在提供历史学、经济学和统计学方面的资料，但文本自身客观地包含了这些丰富的历史文化信息。与作品本义的固定性相比，文本含义有一定的弹性，但并不代表意义无限，而是有限定的。从文字学角度说，一个单字本身就有初义、本义、转义、借义、隐义等多重意义，作者在使用单字时，只取多重意义之一二种，所以字义不等于作者所取之义，但字义多重不等于无限，字典辞书可证字义是定量的。完整的作品由单字连缀而成，单字意义的限定性决定了整部作品含义的限定性，并且从作品的篇幅来说，字数的定量同样限定了文本的含义。既然文本含义有定，那么发掘文本含义就成为解读者特别是教师与学术研究者的职责所在，不能随意阐发、过度解释。

读者衍义层。不同读者解读文本时根据个人的立场、喜好、需要来进行发挥，这时意义对于不同时代的读者、同时代的不同读者来说是开放的、无限的、增衍的，是谓之"衍义"，即所谓"见仁见智""一千个观众有一千个哈姆雷特"。衍义大致可分四种。一是"借他人之酒杯浇自己之块垒"，读者将自己的立场、利益、情感"代入"作品当中，典型代表即经学上的"微言大义"②、索隐派

---

① 中共中央马克思恩格斯列宁斯大林著作编译局译：《马克思恩格斯选集》第四卷，北京：人民出版社，1966年，第446页。

② 参见曹顺庆：《"〈春秋〉笔法"与"微言大义"——儒家经典的解读模式及话语言说方式》，《北京大学学报》（哲学社会科学版）1997年第2期。

红学①及历代文字狱②。二是"错解未必无胜意",是指解读与作者本义、文本含义虽完全不同,甚至相抵牾,但发挥得恰到好处,例如王国维用"昨夜西风""衣带渐宽""众里寻他"来说学问三境界,三词本写爱情,王拿来说学问③,明显是错解,反而颇有胜意。三是"以述为作",即通过解读原有文本,创生新的思想体系,例如陆九渊主张"六经注我",在儒家经典的基础上创立新哲学。四是增删文本以满足己意,例如金圣叹腰斩《水浒》,砍去后四十回。

在读者衍义层,任意发挥属个人权利,意义的增衍是无限的。衍义无准,但释义学研究将其对象化,指出无准这一事实,揭示其衍义活动的规律,④释义学自身即是有准的。这就好比宗教是非理性的,宗教学则是纯粹理性的科学研究。释义学道出衍义无准的普遍事实,这门学问也就符合科学"客观普遍性"的基本要求。

综上,我们将"文本"定义为文字书本,并从逻辑上将意义分为作者本义、文本含义、读者衍义三个层次。作者之义是固定的、有准的;文本含义不同于作者本义,它有一定的弹性,但也是有限

---

① 其中心理论是以《红楼梦》为清初政治小说,旨在吊明亡,揭清失,宣扬民族主义。持此论者明显站在排满的政治立场上。

② 例如清廷苛责地方官吏查禁反清书籍,官吏深恐被一并参处,于是望文生义、捕风捉影。吟诗作文、属联拟题都有可能被随意曲解,招致杀身之祸。清文字狱已被后人平反,但这种思维模式仍然存在。

③ 王国维:《文学小言》,傅杰编校:《王国维论学集》,北京:中国社会科学出版社,1997年,第311页。

④ 荀子"案往旧造说",韩非"先王有郢书,后世多燕说",康有为"托古改制"总结了经学中衍义活动的普遍规律。马克思也有类似的思想:"他们战战兢兢地请出亡灵来为他们效劳,借用他们的名字、战斗口号和衣服,以便穿着这种久受崇敬的服装,用这种借来的语言,演出世界历史的新的一幕。"参见〔德〕马克思:《路易·波拿巴的雾月十八日》,北京:人民出版社,2001年,第9页。

度、有定量的；读者的衍义是无限的、无准的，但释义学指出衍义无准这一客观规律，释义学研究即是有准的。通过逐层讨论，得出意义价值在不同的层次上的有准性，这就符合"客观普遍性"的基本规定，释义学作为一门科学也就得以可能。

第二节　中国释义学研究何以可能

前文论证了释义学作为一门科学的可能性，接下来的问题是，西方释义学已有长足的发展，那么还有必要研究中国释义学吗？即使有此必要，那中国释义学能够成为一门科学吗？

首先，不可否认的是，西方释义学的贡献是巨大的，释义学家提出并解决了很多关键性的问题，且已经完成了两次重大转向，①但其自身存在的问题也比较严重。从其内部来看，西方释义学大致可分为文本中心论和读者中心论，两派各执一端，互相攻讦，学术研究失序的状况较为明显，此其一。其二，就一个派系来说，其自身也存在着严重的自相矛盾。袁世硕先生在《接受理论的悖论》一文中指出："姚斯的以读者接受为中心的文学史模式的核心概念'期待视野'、费什的读者反应批评理论、伊瑟尔的'审美响应理论'等均放逐作品文本，过度抬高读者接受的地位，理论上难以自圆其说，他们的论证中又离不开作品文本，便不自觉地回到传统的文学批评

---

① 从局部释义学转向普遍释义学为第一次转向，由方法论、认识论性质的释义学转向本体论释义学为第二次转向。

的路子,造成了理论与实践的悖论。"①其三,西方释义学在实质上包含不同的学科层次,但理论家并未严判学科间的界限,这自然就动摇了整个释义学体系的稳固性。例如以海德格尔、伽达默尔为代表的释义学属于哲学,而姚斯、伊瑟尔的接受美学属于较具体的文学释义学,但两者间的界限并未得到有效说明。可见,西方释义学内部存在着矛盾、失序的状况,这进一步加剧了文本解释实践的混乱。所以,我们应对其自身存在的问题持高度警惕,不可横向移植、照搬照抄。

其次,与西方释义学相比,中国关于文本解释的思想、方法、实践、技巧有其独特性,并且这些独特性使中国释义学研究得以可能,使其能够成为一门科学。试分三点论之。

第一,与西方读者中心论、文本中心论相比,中国释义学思想在总体上是作者中心论,强调作者本义、原义的思维使释义的客观性得到保证。例如《论语》中的"述而不作,信而好古,窃比于我老彭""子如不言,则小子何述焉";《孟子》中的"颂其诗,读其书,不知其人,可乎? 是以论其世也。是尚友也""故说诗者,不以文害辞,不以辞害志,以意逆志,是为得之"。以作者为中心是中国释义学的重要传统,即使存在主观性的发挥,也是把作者放在最显著的位置,例如今文经学缘饰政治,但声称"微言大义"是孔子本人的思想。②在西方释义学中,作者没有地位,无论是海德格尔、伽达默尔的读者中心论还是贝蒂、利科尔的文本中心论,都是如此,致使"一千个观众有一千个哈姆莱特"论盛行,造成了"无准论"

---

① 参见袁世硕:《接受理论的悖论》,《文史哲》2013年第1期。
② 周予同:《中国经学史讲义》,上海:上海人民出版社,2007年,第21页。

"作者之死"的困境。因此，较之西方，中国作者中心论承认作者本义能够而且必须得到认知，奠定了正确解释的基石，使中国释义学的科学性得到了保证。

第二，与西方相比，在中国学术史上，解释技术十分发达，例如校勘学、训诂学保证了文本的客观性、真实性，同时也使古本的意义得以正确解释。胡适说："至于治古书之法，无论治经治子，要皆当以校勘训诂之法为初步。校勘已审，然后本子可读；本子可读，然后训诂可明；训诂明，然后义理可定。"[1]从校勘学来说，早在《论语·卫灵公》中就有"吾犹及史之阙文"的思想，可知孔子对文献真实性的重视；刘向、刘歆校理群书，以补阙订伪为首要任务；[2]尤其是清代，卢文弨、顾千里校勘遍及四部，王念孙、王引之校勘群经，钱大昕、钱大昭兄弟校勘诸史，成就很大，发明了很精细的校勘方法，[3]这就使文献得以去伪存真，恢复原貌。从训诂学来说，它"是书本子上的考古学。因为古今文字之含义不同，后人读古人之书，假使无有训诂学的工具，在古人原为浅显之语，后人遂成为不能了解之词"[4]。训诂之学从东汉的贾逵、马融、许慎、郑玄到唐陆德明、孔颖达，再到清乾嘉学派，已发展至完善、深入。"由文字以通乎语言，由语言以通乎古圣贤之心志"[5]，文字训诂使我们能够确定原初文本之义，并进而确定原作者之义。由上可见，校勘学、

---

[1] 胡适：《论墨学》，《胡适文存二集》，上海：亚东图书馆，1924年，第270页。
[2] 张舜徽：《中国文献学》，郑州：中州书画社，1982年，第85页。
[3] 张舜徽：《中国文献学》，郑州：中州书画社，1982年，第120—121页。
[4] 胡朴安：《中国训诂学史》自序，北京：中国书店，1983年，第1页。
[5] （清）戴震：《古经解钩沉序》，彭铎编：《群书序跋举要》，济南：山东教育出版社，1985年，第21页。

训诂学是中国释义学科学性的重要技术保证。

第三，与西方拼音文字相比，汉字属表意文字，其字形本身就表示较确定的意义，并且中国历代积累了大量的字典辞书，这更确保了文本释义的客观性、准确性。例如有人质疑《中国科学技术史》的作者李约瑟："有什么凭证说明在古籍中确实能辨认出生铁、熟铁、钢等名称呢？是不是我们忽视了古义，而过多地用现代知识去解释古字呢？"[①] 李约瑟答道："必须明白，在公元前十四世纪的甲骨卜辞中发现的中国书写文字和今日所写、所说的语言之间，存在着一种从未间断过的传统。所以，用苏美尔语或古埃及语同汉语相比是说明不了问题的；就连希伯来语也未必比得上汉语。许多比较简单的技术术语最先就是以甲骨文的形式出现的。再者，在字体定型化和标准化之前所使用的古代象形文字，也时常透露出一种工艺上的特点。比方说，'舟'字的古代写法画出了中国使用已久的横材隔舱结构，而不带艏材、艉材或龙骨的形迹。'弓'字的古代写法正好表现出那种用几种材料复合制成的弯弓。"[②] "在中国语文方面，还存在着连续不断的字书传统，这种传统至早可以上溯到公元前三世纪，无论是稷下学派的学者们，或者是《吕氏春秋》的那批作者，还是齐国《考工记》的编纂者，都经常为他们所用的术语下定义，或把它们用在不致发生误解的上下文中。许慎的字书《说文解字》今天仍然和当时一样有用。我们之所以能够知道复杂的汉代青铜弩

---

① 〔英〕李约瑟著，《中国科学技术史》翻译小组译：《作者的话》，《中国科学技术史》(数学卷)，北京：科学出版社，1978年，第5页。

② 〔英〕李约瑟著，《中国科学技术史》翻译小组译：《作者的话》，《中国科学技术史》(数学卷)，北京：科学出版社，1978年，第5—6页。

机所有零件的名称，部分原因即由于刘熙在他的《释名》中曾十分清楚地描述了它们，并指出了它们的名称。"①字义的确定、辞书的完备使我们能够正确理解文本。相较而言，西方音符文字具有很大的不确定性，并且又多次中断，这就造成忽视作者本义、无准论盛行的状况。恰如伽达默尔所言："所有理解性的阅读始终是一种再创造和解释。"②释义走向了随意性。

因此，鉴于西方释义学内部的矛盾、失序，必须进行中国释义学研究。相较于西方的无准论倾向，中国的作者中心论传统，发达的训诂学、校勘学，历代字典辞书的积累以及表意文字的独特性，皆保证了释义学研究的客观性、准确性，也就保证了自身的科学性，从而使中国释义学研究得以可能。

第三节　中国释义学史的学术定位

上文论证了中国释义学研究的可能性，那为何还要提出"中国释义学史"这一议题呢？

中国历代存在着大量的文本释义思想和实践，其发展流变本身就构成释义学的历史，我们必须对这些历史资源进行分析、总结。因此，研究中国释义学，"史"的研究是题内应有之义。例如先秦时期儒家孔子的"述而不作"，孟子的"以意逆志""知人论世"

---

① 〔英〕李约瑟著，《中国科学技术史》翻译小组译：《作者的话》，《中国科学技术史》（数学卷），北京：科学出版社，1978 年，第 6—7 页。

② 〔德〕伽达默尔著，洪汉鼎译：《真理与方法》，北京：商务印书馆，2013 年，第 235 页。

"尽信《书》，则不如无《书》"，荀子的"不陵不犯"等思想影响深远；法家中也多有关于法律条文解释的理论，例如管子、韩非子对法律解释权的强调；而此时期庄、韩对《老子》的重新阐释则开辟了《老子》释义学的两种不同路径。至汉代，董仲舒倡议罢黜百家、独尊儒术，其通过阐释《春秋》宣扬"天人感应"说，为政治大一统奠定思想基础，而"《诗》无达诂"说则在中国释义学史上进一步发展了读者中心论。与董不同，郑玄"三礼"注提出了注释六经的重要原则，倡导尊重作者和文本，在释义学方法论研究上做出了重要贡献。至六朝，对儒道经典作出新解，即"以述为作"①，代表是何晏的《老子注》，王弼的《老子注》《周易注》，郭象的《庄子注》。他们的解释已不同于汉经学家偏重烦琐考据、名物训诂的特点，而是通过重释，建立了新的哲学——玄学。隋唐时期，除了以陆德明、孔颖达为代表的经学释义学外，佛教盛行使佛典译著丰富、翻译理论发达，这在中国释义学史上占有重要地位。②宋元明时期，朱熹通过注解"四书"，不但形成了较为严密的释义学方法论，例如"格物致知"③，而且更重要的是借助解经集理学之大成；陆九渊接续朱熹"我注六经"的思想，作了重大补充和推进，是谓"六经注我、我注六经"④，通过此一模式，开心学之先河；至王阳明，进一步注重个人发挥，倡

---

① 冯友兰在《中国哲学史》中总结孔子学术方法是"以述为作"："此非只'述而不作'，实乃以述为作也。此种精神，此种倾向，传之于后来儒家，孟子、荀子及所谓七十子后学，大家努力于以述为作，方构成儒家思想之整个系统。"参见冯友兰：《中国哲学史》，北京：生活·读书·新知三联书店，2009年，第81—82页。

② 梁启超曾对隋唐学者的翻译理论和成果作了总结，参见梁启超：《翻译文学与佛典》，《梁启超全集》，北京：北京出版社，1999年，第3799—3800页。

③ (宋)朱熹：《四书章句集注》，北京：中华书局，1983年，第6页。

④ (宋)陆九渊著，钟哲点校：《陆九渊集》，北京：中华书局，1986年，第399页。

"天下无心外之物"①，建立更为彻底的心学。清代乾嘉学者解经著作等身，惠栋、戴震、段玉裁、王念孙、王引之、钱大昕、王鸣盛等在音韵学、文字学、训诂学、校勘学方面下足了功夫，成就极高，为中国经典释义学方法论积累了宝贵经验。此外，元明清三代在词曲、小说、诗文评点实践中总结的释义学思想更是不容忽视，如谭献"作者未必然，读者何必不然"之论即是在词评中产生的。面对丰富的释义学资源，我们需要进行中国释义学史研究，对历代释义的理论、思路、模式，进行总结、明变、求因、评判。

中国释义学史是一门有待建立的新学科，那么它在学术门类中的具体坐标是什么？这是必须首先明确的问题，下面从三个方面予以定位。

一 中国释义学史与中国释义学之关系

中国释义学与中国释义学史的关系是辩证的，它们具有同一性。一方面，释义学史中包含着丰富的释义学思想、实践，这为中国释义学理论提供了史料支撑，不对它们进行提炼、归纳、总结，中国释义学无异于空中楼阁。例如只有对先秦时期"述而不作，信而好古""以言知人""知人论世"等思想进行清理，才能说中国有以作者为中心的传统，而最重作者，正是中国释义学区别于西方的一个重要方面。又如中国历代校勘学、训诂学十分发达，积累了严密精确的解释技术，使古文本原貌得以恢复，为正确解释文本提供了技术支撑，而强调文本的客观性、解释的正确性是中国释义学的重

---

① （明）王守仁著，吴光等编校：《王阳明全集》（上册），上海：上海古籍出版社，1992年，第107—108页。

要特点。另一方面，中国释义学为释义学史研究确定边界、范围，否则后者只能是无的放矢，迷失研究方向，并且，只有建立中国释义学这一科学性标杆，才能对历代释义学思想作出客观、公允的评价。例如，中国释义学确定了"文本"的概念是文字本，那么就可将"道，可道也，非恒道也"、"白马非马"等命题排除出研究范围。①又如，中国释义学的科学性的一个体现是，研究者、教师在科研、教学活动中必须遵守作者本义，持此标准，就可以说孟子"知人论世"思想具有科学性，进而评价其在中国释义学史上占有很高的地位。因此，中国释义学与中国释义学史是辩证的关系，二者缺一不可。

二 中国释义学史与中国经学史之关系

要辨别中国释义学史与中国经学史的关系，必须先厘定释义学和经学的关系。经学与释义学既有紧密的联系又有很大的区别。从联系来说，第一，经学和释义学在研究范围上有很大面积的交集，即"经"。②经学研究范围自然是官方法定的儒家经典，例如汉代"五经"、唐代"九经"、宋元明清"十三经"。释义学是研究文本意义价值解释方法论及其规律的学问，而"经"是文本家族中最重要的成员之一。第二，在中国历史上，释义学往往作为经学研究的副

---

① "道"是哲学概念，"白马非马"是哲学方法论，而释义学是一门具体科学，不讨论形而上学问题，故将其排除在外。

② 照经学史家周予同的定义，"经"是指中国封建专制政府"法定"的以孔子为代表的儒家所编著书籍的通称。参见周予同：《中国经学史讲义》，上海：上海人民出版社，2007年，第8页。

产品而存在，许多极其重要的释义学思想、方法、模式就是在经学研究中形成的，例如董仲舒"《诗》无达诂"、朱熹"我注六经"、陆九渊"六经注我"等重要思想。毫不夸张地说，经学对释义学的发生、发展具有极其重要的催生、促进作用。除联系外，还应注意释义学与经学的重大区别。其一，从研究范围上说，释义学要比经学广得多。经学的研究范围是官方法定的儒家经典；而释义学研究的文本范围决不局限于此，它包括一切文字书本，例如儒家经典外的诸子、佛经、诗文、戏曲、小说等。其二，从学术特点来说，经学将儒家典籍作为直接研究对象，释义学则不是直接解释文本，而是关注文本解释理论及解释实践的特点、模式，例如佛经翻译理论。①

明确了释义学和经学的联系、区别，可以进一步说，中国释义学史与中国经学史在文本范围上有很大的交叉，释义学史一度作为经学史的支流存在，但随着其他释义学思想的不断汇入，渐渐成为一条独立的水系。

三 中国释义学史与中国文学批评史之关系

只有先澄清释义学和文学批评的关系，才能进一步论述中国释义学史和中国文学批评史的关系。释义学和文学批评，同样既有联系又有区别。从联系上说，周秦时期"文学"的概念"兼有文章博学二义：文即是学，学不离文"②。在这个意义上，文学批评的对象"文学"与释义学面对的"文本"是一致的，例如此时期的《诗经》不

---

① 梁启超曾对佛经翻译理论作过系统概括，参见梁启超：《翻译文学与佛典》，《梁启超全集》，北京：北京出版社，1999年，第3799—3800页。

② 郭绍虞：《中国文学批评史》，天津：百花文艺出版社，1999年，第5页。

仅作为文学批评的对象，也是经学者释义的对象，此其一。其二，魏晋时期，文、笔区分，"始有专门论文之作，而且所论也有专重在纯文学者"①②。文学获得独立，它已同最广义的"文本"相区别，但文学作为富有想象性、虚构性、情感性的语言艺术，仍然是文本中最重要的门类之一。文学自身的复杂性、难解性总是向释义学发出挑战，进而促进、丰富释义学的发展，例如常州词派谭献"作者之用心未必然，而读者之用心何必不然"③，金圣叹"文者见之谓文，淫者见之谓淫"④就是在评点词曲中形成的重要释义学思想。其三，释义学是对文学批评的再批评，是元研究。批评是现实论、当下论，注重个人感受和时效性，它本身是一种释义实践活动；而释义学是对如何释义的研究，是对批评的反思研究。例如对《西厢记》可以从不同的角度、立场进行评点、阐发，是直接的释义活动，但"文者见之谓文，淫者见之谓淫"就是对如何释义的反思研究，指出了释义活动的规律。除联系外，还应明了文学批评和释义学的区别。首先，两者性质不同，释义学是一种理论研究，是纯粹理性的学术求真活动，它以研究释义的方法、释义活动的规律为务。与之相比，批评具有很强的主观性、实用性，重直觉思维，多停留在审美判断、价值判断的层次。其次，两者范围不同，批评的范围自然是文学作品，而释义学的文本范围包括一切文字本，例如历史文献、佛经皆在文本的范围内。

---

① 郭绍虞：《中国文学批评史》，天津：百花文艺出版社，1999年，第72页。
② 谭献：《复堂词录序》，张正吾、陈铭选注：《中国近代文学作品系列》（文论卷），福州：海峡文艺出版社，1992年，第107页。
③ 张国光编：《金圣叹批本西厢记》，上海：上海古籍出版社，1986年，第10页。

明确了释义学与文学批评的关系，就可以进一步说，中国释义学史与中国文学批评史既有密切的联系，同时又泾渭分明，各有界限。

第四节 作为源头的诸子释义学

一 诸子释义学研究之必要与可能

（一）必要性

前文提到，必须进行中国释义学史研究，这"史"的跨度长达数千年，为何要将先秦作为研究对象呢？其一，先秦是"史"的源头，缺少这一环，就难以论述之后的发展、成熟、转折、流变，因此必须对此时期经典释义的思想、方法、实践加以彻底梳理。其二，作为源头，此时期形成的释义学思想、方法对后世影响极其深远。例如孔子的"述""作"关系论成为后世经学家根深蒂固的观念，汉学、宋学虽在治学门径上有巨大差异，但都声称"述"圣人之意。又如墨子批判儒家重"述"轻"作"，主张"述""作"并重，大大提高了"作"的地位。经学一统之后，墨子思想虽渐渐转入民间，但潜在影响却不容忽视，"夺他人之酒杯，浇自己之块垒"①，即是重"作"精神的张扬。再如孟子"知人论世"强调了解作者身世是经典释义的必要前提，而经学家对《易》作者的考证可谓是"知人论世"

---

① （明）李贽：《焚书》，北京：中华书局，2011年，第159页。

的具体实施。"尽信《书》,则不如无《书》"是在阐释《书》中形成的疑古思想,宋朱熹将其运用到《诗》学研究中,他批评《诗序》说:"《诗》本易明,只被前面《序》作梗。《序》出于汉儒,反乱《诗》本意。"①以上是思想方面的影响,就具体方法而言,"断章取义""类比引申""发挥大义""遵循原义"这四类方法在诸子的经典释义实践中已经十分成熟,并一直贯穿此后的释义学史。其三,只有回到"史"的源头,才能充分认识到中国释义学思想及实践的异质性。与西方相比,中国古代有着丰富的释义学实践和思想,但中国为什么没有形成一门释义学?就先秦时期来说,许多重要思想已经触碰到现代释义学的关键问题,却没有得到系统的发展。例如庄子对"作者之死"问题的探讨:"夫六经,先王之陈迹也,岂其所以迹哉!今子之所言,犹迹也。"(《天运》)"古之人与其不可传也死矣,然则君之所读者,古人之糟魄已夫!"(《天道》)又如韩非对释义学规律的深刻揭示:"故先王有郢书,而后世多燕说。"(《外储说左上》)但这些重要思想只如电光火石般转瞬即逝了,相较而言,古希腊时亚里士多德即有系统的释义论著《解释篇》,此著对语言问题的研究为西方释义学的系统建构奠定了基石。因此,要真正理解中西释义学思想的差异,应从"史"的源头上寻找答案。

(二) 可能性

先秦诸子的释义学思想、实践是其整体思想及文化实践的重要组成部分。春秋战国之际,以宗法制为核心的封建制度逐渐式微。在这一大变动的局面中,如何收拾混乱的秩序人心是诸子最为迫切

---

① (宋)黎靖德编,王星贤点校:《朱子语类》(第六册),北京:中华书局,1986年,第2074页。

关注的问题,他们各自对这些问题作了思考并给予理论的说明,其解决方案虽各有差异,但基本立场不外乎四种:守旧,反对,修正,创新。但不论站在何种立场,采用何种方案,都离不开对旧文化的重新解释,正如伽达默尔所说:"传统并不只是我们继承得来的一种先决条件,而是我们自己把它生产出来的,因为我们理解着传统的进展并参与到传统的进展中去,从而也就靠我们自己进一步规定了传统。"[①]《诗》《书》《易》《礼》《春秋》等经典作为旧文化的承载物自然成了诸子解释的主要对象,因此可以说先秦诸子在创立、宣扬各家思想时,其释义学思想也蕴含其中,诸子思想正是通过经典释义这一途径提出的。例如,对于当时的混乱局面,孔子的总体立场是维护周礼,他崇拜的是文王、周公,他说"吾从周"(《八佾》)[②],"如有用我者,吾其为东周乎"(《阳货》),故其阐释古代文化的基本立场是"述而不作",他的释义实践也恰与维护周礼相一致,例如他释《诗》"巧笑倩兮,美目盼兮,素以为绚兮",赞赏子夏"礼后"的见解,释《书》"高宗谅阴,三年不言",则以三年之丧的礼制答子张之问。陈来先生对孔子整体思想与经典释义间的关系有很好的概括:"西周的《尚书》《诗经》在孔子时代已经成为包括孔子在内的人们所依凭的文化经典,成为早期儒家思想由以出发的思想基础,为早期儒家提供了表达方式和支持意识。"[③]陈先生的思路不仅适用于以孔子为

[①] 〔德〕伽达默尔著,甘阳译:《时间距离的诠释学意蕴》,《哲学译丛》1986年第3期。

[②] 本书所引诸子文献出处参见附录之"诸子征引文献一览表",为免注释烦琐,正文中只括注引文所属诸子文献之章节名。

[③] 陈来:《古代思想文化的世界》,北京:生活·读书·新知三联书店,2009年,第393页。

代表的早期儒家,也适用于之后的孟、荀、庄、韩诸家,例如孟子以仁释《诗》《书》,荀子以礼释《诗》《书》,庄子以天道观的哲学释《老子》,韩非以法家的权术思想释《老子》等。总之,诸子思想的形成和发展离不开对经典的释义,其释义学思想、实践是其整体思想及文化实践中的重要组成部分。

当前对先秦诸子思想的研究,大多是哲学史或思想史的研究路径,成绩斐然。因此不妨以释义学的新视角来重新观照先秦诸子的精神世界,以求"他山之石,可以攻玉"之效。

二 诸子释义学概览

上文论证了诸子释义学研究之必要性、可能性,下面有必要对诸子释义学的总体面貌进行勾勒。

孔子是有记载的最早私人整理、保存、传授古代典籍的思想家,其基本立场是"述而不作"(《述而》),认为经典阐释应以作者本义为旨归,进而确立了作者的权威性。孔子对《诗》的阐释,持"思无邪"之基本认识,把《诗》伦理道德化。孔子释《书》,主要特点是用《书》中的言语来佐证其改良周礼的政治理想。孔子对《易》作了理性化地阐释,将其视为蕴含人生哲理的书,而非占蓍之书。

孔子之后,"有子张之儒,有子思之儒,有颜氏之儒,有孟氏之儒,有漆雕氏之儒,有仲良氏之儒,有孙氏之儒,有乐正氏之儒"(《显学》)。关于儒家八派的详细情况,学界仍未有定论,[①]但曾子、子思、孟子一脉相承殆无疑义。孟子继承儒家"述而不作"的基本

[①] 参见郭沫若:《十批判书·儒家八派的批判》,北京:人民出版社,1952年。

思想，自称"述仲尼之志"①，并进一步指出"知人论世"是解释《诗》《书》的必要前提。针对当时经典研究中断章取义的状况，他依据普遍人性论提出"以意逆志"（《万章章句上》）的心理学方法进行矫正。尊崇经典本是儒家一贯的传统，而孟子在经典阐释中明确提出"尽信《书》，则不如无《书》"（《尽心章句下》），开疑古思想之先河。孟子将鲁史《春秋》视为孔子个人的政治学著作，论曰："孔子惧，作《春秋》。《春秋》，天子之事也"（《滕文公章句下》）；"孔子成《春秋》而乱臣贼子惧"（《滕文公章句下》）。

儒家另一脉，经子夏传至荀子。②可以说，荀子是先秦时期儒家的最后一位大师，经典皆由荀子传至后学。③荀子主张"法后王"，其核心内容是承袭孔子以来的礼制传统。在此前提下，他以礼释经，具有极强的实践性倾向。荀子还认识到，将解经作为一门纯粹的学问是本末倒置，主张通过领悟经典中的义理提高道德修养，将圣人之言应用到社会实践中的一举一动上。

《墨子》大量征引《诗》《书》，《明鬼》篇又多次讲到《春秋》，这说明六经非儒家所专有。墨家是继儒家之后较早阐述古代典籍的学派。墨子继承儒家重"述"的思想，但所"述"内容已有很大不同。墨子多述典籍中的上帝、鬼神等内容，而儒家则不语"怪力乱神"（《述而》）。墨子又极大地提高了"作"的地位，具体到经典阐释活动中，就是鼓励发挥、引申。墨子之后"有相里氏之墨，有相夫氏

---

① 《史记·孟子荀卿列传》，北京：中华书局，1959年，第2343页。
② 参见（清）汪中著，李金松校笺：《述学·荀卿子通论》，北京：中华书局，2014年，第451页。
③ 参见（清）洪亮吉：《通经表》，清光绪五年授经堂刻本。

之墨,有邓陵氏之墨"(《显学》)。《庄子·天下》亦载:"相里勤之弟子五侯之徒,南方之墨者苦获、己齿、邓陵子之属,俱诵《墨经》,而倍谲不同,相谓别墨;以坚白同异之辩相訾,以觭偶不仵之辞相应;以巨子为圣人,皆愿为之尸,冀得为其后世,至今不决。"这说明墨子后学的主要阐释对象已由古代典籍转向《墨经》,并且各分支学派的阐释差异很大,皆已偏离墨子本义。

作为道家创始人的老子,声称"知者弗言,言者弗知"(五十六章),"圣人处无为之事,行不言之教"(二章),认为通过语言无法把握大道。庄子直接继承这一思想,所谓"道不可言,言而非也"(《知北游》),并在此基础上对儒、墨的经典阐释实践进行质疑、反思。他指出,典籍是语言的外在形式,既然经典本身已背离大道,那么对典籍的阐释自然是荒谬而虚伪的。庄子的质疑和反思,最可贵的一点就是抓住了语言问题,而语言问题则是现代释义学的理论基石,只不过现代释义学十分肯定语言的中介作用,而庄子则彻底斩断了语言与大道的联系。就庄子的阐释实践而言,他大量征引《老子》,进一步发展了道家哲学。

在春秋战国的社会大转变中,法律作为特殊的文本形式,同样是重要的阐释对象。为适应上层阶级的利益需要,许多诸侯国都出现了新刑书,如晋国铸刑鼎,其内容就是范宣子刑书。与此同时,社会活动中的法律阐释实践也随之增多。在向封建制的转变过程中,代表新兴地主阶级利益的法家思想迅速崛起,新法也更为齐备。魏相李悝所著的《法经》即是春秋战国时期地主阶级刑法的汇编。《晋书·刑法志》:"悝撰次诸国法,著《法经》。……商君受之以相秦。"[1]

---

[1] 《晋书·刑法志》,北京:中华书局,1974年,第922页。

可以说，李悝对诸国律法的整理、编次即是重要的法律阐释实践。商鞅以《法经》相秦，并主张："故明主之国，无书简之文，以法为教；无先王之语，以吏为师。"（《五蠹》）他在理论上以法律取代古代典籍，作为阐释的主要对象，并强调解释权属于官吏而非学者。韩非完全赞同商鞅的主张，与此同时，他还以用法家的政治学来解说《老子》中的玄妙哲学，消解了《老子》中的形而上学内容。

名家关于"名""实"关系的思考动摇了阐释活动的有效性。公孙龙说："指也者，天下之所无也；物也者，天下之所有也。"（《指物论》）①他认为，现象世界才是真实的物质存在，而语词只是虚拟符号。惠施则希望超越语言造成的区别，《庄子·天下》所载的"天与地卑，山与泽平"等命题在逻辑上毫无破绽，但显然与经验世界不合。司马谈《论六家要旨》批评名家时说："名家苛察缴绕，使人不得反其意，专决于名而失人情。"②这说明，名家在强调语言自身逻辑的同时，已消解了语言认识世界、传递思想的功能。"名""实"在纯粹的语言逻辑推论中逐渐分离，"名"不再具有不变的意义，可以通过思辨将其拆解，由"名"连缀而成的文本也随之失去了意义，文本阐释活动也就失去了自身的合法性。

需要特别注意的是，先秦时期还出现了《易传》《左传》等专门系统的解经著作。《易》本用于占卜，起源于周民族的卜筮活动。春秋战国时代，占筮之人将学《易》的言论汇集、综合起来，成为《易传》，它包括"十翼"，内容十分复杂，是在相当长的时期内逐渐演变而成的。《易传》在对《周易》的解释中，表达了其哲学观点，并且形成了一

---

① 王琯撰：《公孙龙子悬解》，北京：中华书局，1992年，第50页。
② 《史记·太史公自序》，北京：中华书局，1975年，第3291页。

种世界观体系,此体系特别体现在《系辞》中。《春秋》本是鲁国史官编写的史书,主要记载了齐桓、晋文等各国诸侯争霸会盟之事。专门解说《春秋》的著作有《左传》《公羊传》《穀梁传》《邹氏传》《夹氏传》,但后二者已佚,《公羊传》《穀梁传》至汉才著于书帛,唯《左传》著于先秦时期。《汉书·艺文志》载:"丘明恐弟子各安其意,以失其真,故论本事而作传,明夫子不以空言说经也。"①《左传》开创了"以事解经"法,并往往在一段文字后点明"书法",彰显《春秋》大义。此外还应注意中国最早的辞典——《尔雅》,它遵循"通训诂之指归,叙诗人之兴咏,总绝代之离词,辨同实而殊号"的原则②,代表了先秦语词训诂学的最高成就。

---

① 《汉书·艺文志》,北京:中华书局,1962年,第1715页。
② 《尔雅注疏·尔雅序》,李学勤主编:《十三经注疏》,北京:北京大学出版社,1999年,第2页。

第一章 克己复礼与述而不作：孔子的释义学思想

"述而不作"是孔子释义学思想的核心内容。孔子自称"述而不作"，但从其对《诗》《书》《易》等经典的阐释实践看，却是"述"中有"作"。"述而不作"的思想与释义实践其实存在着错位。但无论是他的释义学思想还是释义实践，皆是在"克己复礼"这一根本立场下展开的论说。就释义学思想而言，孔子"述而不作"命题的提出，强调经典阐释必须以遵循周礼为前提。就释义实践而言，孔子对经典中承载的周礼内涵进行了深刻的重释与创发：孔子释《诗》，以《诗》原本的情感意义为依托，将《诗》伦理道德化；释《书》，则通过阐述经典来佐证他改良周礼的政治理想；释《易》，则有意剥离了卦爻辞原初占蓍语境，作了理性化阐释，进而在形上层面为周礼确立了终极根据。

第一节 孔子的"述""作"关系论

一 "述而不作"还是"述"中有"作"

从文献学分类的角度看，"述"与"作"是有严格界限的。张舜徽先生说："凡是前无所承，而系一个人的创造，这才叫做'作'，也可称'著'；凡是前有凭借，而但加以编次整理的功夫，这自然只能叫做'述'。"①而从释义学的角度看，"述"与"作"既有区别又密不可分。伽达默尔在《真理与方法》导言中写道："对历史流传物的经验不仅在历史批判所确定的意义上是真实的或不真实的——而且它经常地居间传达我们必须一起参与其中去获取的真理。"②伽氏所谓的"历史流传物"是对一切精神科学的对象的统称，他指出，对于"流传物"，解读者不仅是被动地继承，还有其"前理解"，解读者的创造性思想通过"对话"参与其中。③用这种思想来看典籍文献，绝对的只"述"不"作"不大可能，而往往是"述"中有"作"，"作"中有"述"。冯友兰先生说"照著"讲、"接著"讲④即是深刻体会到"述"与"作"之间的辩证关系。学界常说"私人著述"也是意识到了"作"与"述"的这层关系。

孔子是最早论述"述""作"关系的，他明确提出"述而不作"。照最一般的理解，"述而不作"的意思是传述而不创作，古注疏家和当代学者杨伯峻都持此说。近人冯友兰、周予同则认为，孔

---

① 张舜徽：《中国文献学》，郑州：中州书画社，1982年，第31页。

② 〔德〕伽达默尔，洪汉鼎译：《真理与方法》(修订译本)导言，北京：商务印书馆，2013年，第5页。

③ 不仅是"历史流传物"，甚至对于整个历史，也不可能只是继承而没有创造，或者只是创造而没有继承。马克思在《路易·波拿巴的雾月十八日》开篇第二段便说："人们自己创造自己的历史，但是他们并不是随心所欲地创造，并不是在他们自己选定的条件下创造，而是在直接碰到的、既定的、从过去承继下来的条件下创造。"他深刻地论证了继承与创造的辩证关系。参见马克思著：《路易·波拿巴的雾月十八日》，北京：人民出版社，1962年，第1页。

④ 冯友兰：《新理学》绪论，上海：上海书店，1939年。

子虽说"述而不作",但他是"述"中有"作"。那么实际情形到底如何呢?要回答这个问题,有必要首先梳理一下各家的说法。
"述而不作"出自《论语·述而》:

> 述而不作,信而好古,窃比我于老彭。

包咸注曰:

> 老彭,殷贤大夫,好述古事。我若老彭,但述之耳。①

从包注来看,"述"应是讲述的意思,即孔子对于古代制度、典章、文献等只做讲述性的工作。邢昺疏曰:

> 作者之谓圣,述者之谓明。老彭,殷贤大夫也。老彭于时,但述修先王之道而不自制作,笃信而好古事。孔子言,今我亦尔,故云比老彭,犹不敢显言,故云窃。②

依邢昺疏,"作"是"制作",是圣人之事,"述"是"述修",也就是讲述、学习的意思。孔子不以圣人自居,而笃信、遵循古代圣王之道,因此他只是讲述、学习圣王遗留下来的典章制度。

与包注、邢疏不同的是,朱熹已经注意挖掘"述"的具体内涵,

---

① 《论语注疏》,李学勤主编:《十三经注疏》,北京:北京大学出版社,1999年,第84页。

② 《论语注疏》,李学勤主编:《十三经注疏》,北京:北京大学出版社,1999年,第84页。

并开始关注"述"与"作"两者的地位。

> 述,传旧而已。作,则创始也。故作非圣人不能,而述则贤者可及。窃比,尊之之辞。我,亲之之辞。老彭,商贤大夫,见《大戴礼》,盖信古而传述者也。孔子删《诗》《书》,定《礼》《乐》,赞《周易》,修《春秋》,皆传先王之旧,而未尝有所作也,故其自言如此。盖不惟不敢当作者之圣,而亦不敢显然自附于古之贤人;盖其德愈盛而心愈下,不自知其辞之谦也。然当是时,作者略备,夫子盖集群圣之大成而折衷之。其事虽述,而功则倍于作矣,此又不可不知也。①

朱熹指出,"述"是"集群圣之大成而折衷之",即在遵循、讲述、学习圣王之典章、制度的基础上,对文化遗产进行"折衷"。这一解释突破了对"述"的表层理解,认为其"功则倍于作矣",从而充分地肯定了孔子"述"的历史功绩。朱注虽对包、邢之说做了推进,但将"述而不作"解释为传旧而不创始的基本思路与前说并无二致。

以上是古注疏的解释,当代学者杨伯峻先生的解释是:阐述而不创作,以相信的态度喜爱古代文化,我私自和我那老彭相比。②杨伯峻先生的《论语译注》影响很大,他的解释在当代学界较有代表性,但其观点基本承袭包、邢、朱的解释,并无推进。

与上述观点不同的是,近代学者冯友兰先生开始深入探讨"述"

---

① (宋)朱熹:《论语集注》,《四书章句集注》,北京:中华书局,2012年,第93页。

② 杨伯峻:《论语译注》,北京:中华书局,1980年,第66页。

与"作"的关系:

> 孔丘说他自己是"述而不作",其实是以述为作。他说他自己是"信而好古",其实是于"好古"之中,有他自己的理解和体会。他所创始的儒家学派,继承、发挥了他的这种精神,把他的理解和体会加入在他所"述"的"古"之中,这就丰富了他所"述"的"古"的内容。①

前人多将"述"与"作"对立起来,认为,孔子既然明确声明"述而不作",那他就是只做复述、因循的工作而没有创新。冯友兰先生则肯定了孔子"述"与"作"之间存在着密切的联系,认为孔子是"以述为作",在"述"中多有创新。

周予同先生在论述孔子与《春秋》的关系时也说:

> 对于孔子的"修"或者"作",不能看死。"修"与"作"有联系,都从一定的立场出发,"作"中有"修","修"内有"作"。②

周先生所谓的"修"自然属于"述"的范畴,他同样指出"修"与"作"有着密切的联系,认为二者是互渗的。

---

① 冯友兰:《中国哲学史新编》(上),北京:人民出版社,1998年,第113—114页。
② 周予同:《中国经学史讲义》,上海:上海人民出版社,2012年,第56—57页。

二 思想与实践的错位:"述而不作"与"述"中有"作"

以上简略梳理了古注及近人对"述而不作"的认识,那么到底应该如何理解"述而不作"?孔子到底是"述而不作"还是"述"中有"作"呢?应该是"述"中有"作"的说法更为合理,理由有二:其一,孔子对传统文化持损益观,在损益中,他多有伟大的思想创新[①],这些创新很难说是"不作";其二,孔子在阐释经典文献时不重本义,而是借经典来阐发自己的思想。以下分论之。

先来看损益。孔子能言夏礼、殷礼,并且用文献资料来阐述周礼,他说:

> 行夏之时,乘殷之辂,服周之冕,乐则韶舞。(《卫灵公》)

即使如此,他也不能将三代的文化遗产全部原封不动地复制过来,他说:

> 周监于二代,郁郁乎文哉,吾从周。(《八佾》)
> 殷因于夏礼,所损益可知也;周因于殷礼,所损益可知也。其或继周者,虽百世,可知也。(《为政》)

周代制度借鉴吸收了夏、商两代的文化遗产,典籍、文物比较齐备,故孔子在总体上维护周礼,但这种维护并非绝对地、一成不变地遵

---

① 参见余英时:《论天人之际——中国古代思想起源初探》,北京:中华书局,2014年;李泽厚:《由巫到礼·释礼归仁》,北京:生活·读书·新知三联书店,2015年。

循。他认识到制度沿革变化的规律,殷制因于夏制,周制因于殷制,而周制不可避免地也会增减变化,所以他说"其或继周者,虽百世,可知也"。在此认识高度下,他既维护周礼,又以积极介入的精神做出损益,致力于改良周礼。至于如何改良,他说"鲁一变至于道"(《雍也》),即认为鲁国最完整地保存了周代礼制,故应立足于鲁国的现实,以"道"的理想对周礼进行提升。例如他说:"人而不仁,如礼何?人而不仁,如乐何?"(《八佾》)孔子虽然继承了礼乐制度,但他将仁作为礼乐制度之基石,这是对周礼的重要突破。①

再来看孔子对经典的阐释实践,孔子对先贤遗留下来的典籍不只是简单的复述,而是通过经典来阐发自己的思想。例如孔子讲《诗》,"巧笑倩兮,美目盼兮,素以为绚兮"出自《卫风·硕人》,是在描写美女的体态容貌,本与礼制无关,但孔子却从中阐发出礼的意义,这就不是简单地"述而不作"了,而是"述"中有"作"。又如讲《书》,"孝乎惟孝,友于兄弟,施于有政"此言本义为孝悌之道可以影响到政治,而孔子却说孝悌行为本身就是政治,其对原义的偏离,也是"述"中有"作"。②

显然,孔子持损益观看待传统文化,在损益中多有伟大的创新,在经典文献的阐释实践中,并不重经典本义,而是借经典来阐发一家学说,对本义多有偏离。所以,"述"中有"作"说更为合理,它更深入地揭示了孔子"述"与"作"的实际关系,不仅指出了二者的对立,还看到了它们的统一。

---

① 参见余英时:《论天人之际——中国古代思想起源初探》,北京:中华书局,2014年;李泽厚:《由巫到礼·释礼归仁》,北京:生活·读书·新知三联书店,2015年。
② 孔子的释义实践详见本章第二节,此不赘。

既然孔子的实际情形是"述"中有"作",那么孔子为什么说自己"述而不作"呢?首要原因是,相较于"作",孔子更看重"述"。从表层上说是孔子谦虚的学术态度使然,他主张"温故而知新",又说"敏而好学"(公冶长);而从深层来说则是孔子"克己复礼"使命感的体现:

> 天下有道,则礼乐征伐自天子出;天下无道,则礼乐征伐自诸侯出。(《季氏》)
>
> 天下之无道也久矣,天将以夫子为木铎。(《八佾》)
>
> 如有用我者,吾其为东周乎!(《阳货》)
>
> 克己复礼为仁。(《颜渊》)
>
> 文王既没,文不在兹乎?天之将丧斯文也,后死者不得与于斯文也;天之未丧斯文也,匡人其如予何?(《子罕》)

孔子之时,周礼不行,"礼乐征伐自诸侯出",古代制度的承载物——典籍也行将湮没。他意识到这种危险,主动承担起"克己复礼"的历史责任,这要求他必须把整理、保存、阐述经典文献即"述"作为首要任务。孔子"述"的思想内涵有以下几点:

首先,孔子的"述"最重要的原则是"无征不信",对圣王典章制度的讲述,皆以坚实的文献为基础,反对无根据的传说。

> 夏礼,吾能言之,杞不足征也;殷礼,吾能言之,宋不足征也。文献不足故也,足,则吾能征之矣。(《八佾》)

孔子同样尊崇夏礼、殷礼，他曾说"行夏之时，乘殷之辂"(《卫灵公》)，但夏代、商代的制度已经无文献记载，虽"能言之"，但并不将它们作为讲述的对象。

其次，即使有文献记载，孔子也不是全盘接受，而是以理性的态度加以审查，所谓"子不语怪、力、乱、神"(《述而》)。例如《诗》《书》中记载有很多类似的神话传说：

> 厥初生民，时维姜嫄。生民如何？克禋克祀，以弗无子。履帝武敏歆，攸介攸止。(《大雅·生民》)

> 秋，大熟，未获，天大雷电以风，禾尽偃，大木斯拔，邦人大恐。王与大夫尽弁，以启金縢之书，乃得周公所自以为功代武王之说。……王出郊，天乃雨，反风，禾则尽起。(《金縢》)

对于类似的记载，孔子很鲜明地表明了自己的立场："敬鬼神而远之。"(《雍也》)余英时先生说："孔子和儒家不但不是巫，而且尽最大努力与巫传统划清界限。"①孔子的这种思想立场决定了他在阐述先王典籍时必须做一定的审查、筛选，其标准即是"不语怪力乱神"。

再次，对于文献中不确定的内容，持"阙疑"的态度：

> 吾犹及史之阙文也，有马者借人乘之。今亡矣夫！(《卫灵公》)

---

① 余英时：《论天人之际：中国古代思想起源试探》，北京：中华书局，2014年，第135页。

孔子赞赏史书存疑的精神，感叹当时"阙疑"精神的泯灭，其言外之意就是自己一定要把这种精神继承下来。"阙疑"的关键在于敢于承认"不知"，他说："知之为知之，不知为不知，是知也"(《为政》)，承认"不知"才是大的智慧。孔子如何将这一精神贯穿到整理文献的具体工作中已不得而知，但其基本方法应是将文献中不确定的内容先记录下来，不遽作判断。

孔子将"阙疑"看得极为重要，不仅将其作为治学的基本精神，更将之与修身联系起来，视之为君子的立身之本。所以，孔子教导子张"多闻阙疑，慎言其余，则寡尤"(《子张》)，教导子路"君子于其不知，盖阙如也"(《子路》)，认为"阙疑""阙如"是君子应有的道德品质。孔子甚至将"阙疑"提升到礼制的高度：

> 子入太庙，每事问。或曰："孰谓鄹人之子知礼乎？入太庙，每事问。"子闻之，曰："是礼也。"(《八佾》)

在孔子看来，"阙疑"不仅是治学的态度，也是君子必须严格遵守的礼制。

可见，孔子声称"述而不作"的首要原因是他更加看重"述"的地位，其基本内涵包括"无征不信""不语怪力乱神""阙疑"等重要思想。还有一个原因是，"述而不作"是针对"不知而作"的，并不是反对"作"：

> 盖有不知而作之者，我无是也。多闻，择其善者而从之；多见而识之，知之次也。（《述而》）

从这句话来看，孔子并不反对创新，而是反对"不知而作"，即不尊重前代的文化遗产而凭空构架思想体系。在他看来，只有以文化遗产作为根基，创新才有可能。

"述而不作"是孔子阐释经典的基本思想，而实际情形是"述"中有"作"、含"作"于"述"。这一思路在中国经典释义学史上影响深远。

三 错位模式与儒家释义学传统

孔子的理论是"述而不作"，但实际情形是含"作"于"述"。一言以蔽之：理论与实践错位。这成为儒家最主要的一种释义模式，其影响主要有两点：

首先，后世学者虽多思想创新，但皆声称"述而不作"。"述而不作"的口号使后学对经典、前贤的解说持仰视、尊崇的态度，他们声称经典原义、前贤解说至高无上，例如孟子声称"述仲尼之志"[①]，而在阐释经典、述说前贤的实践过程中早已将己见融入其中。泰州学派思想家李贽对这一现象有深刻揭示：

> 中间千百余年而独无是非者，岂其人无是非哉？咸以孔子

---

① 《史记·孟子荀卿列传》，北京：中华书局，1959年，第2343页。

之是非为是非,故未尝有是非耳。①

李贽指出,儒者名义上皆固守圣人本义,而实际上有自己的创新,"岂其人无是非哉?"在这种思路下,后学即使创造出了一套新的思想体系,也总是以遵循圣贤本义为旗帜。例如戴震著《孟子字义疏证》,其实是借孟子学说创造了一套新的情感哲学,他说:

> 孟子言:"养心莫善于寡欲。"明乎欲不可无也,寡之而已。人之生也,莫病于无以遂其生;欲遂其生,亦遂人之生,仁也;欲遂其生,至于戕人之生而不顾者,不仁也。不仁实始于欲遂其生之心,使其无此欲,必无不仁矣;然使其无此欲,则于天下之人生道穷蹙,亦将默然视之;己不必遂其生而遂人之生,无是情也。②

孟子讲的是"寡欲",戴震却舍弃了"寡"字,在"欲"字上大下功夫,这显然不同于孟子本义,但戴震却又申明必须遵循圣贤本义:

> 舍圣人立言之本旨,而以己说为圣人所言,是诬圣;借其语以饰吾之说以求取信,是欺学者也。③

---

① (明)李贽:《藏书世纪列传总目前论》,张建业主编:《李贽文集》第二卷,北京:社会科学文献出版社,2000年,第7页。
② (清)戴震著,何文光整理:《孟子字义疏证》,北京:中华书局,1961年,第8页。
③ (清)戴震著,何文光整理:《孟子字义疏证》,北京:中华书局,1961年,第23—24页。

因此，戴震虽然在哲学上有很大创新，但他仍强调不能违背"圣人之言"，把自己定位成"述"者而非"作"者。

其次，后世学者在具体方法上，总是先搜罗、爬梳各家解释，最后才断以己意。例如朱熹在《大学章句序》中说：

> 于是河南程氏两夫子出，而有以接乎孟氏之传。实始尊信此篇而表章之，既又为之次其简编，发其归趣，然后古者大学教人之法、圣经贤传之指，粲然复明于世。虽以熹之不敏，亦幸私淑而与有闻焉。顾其为书犹颇放失，是以忘其固陋，采而辑之，间亦窃附己意，补其阙略，以俟后之君子。①

朱熹认为，二程接续了孔子、曾子、子思、孟子以来的道统，因此他在解释《大学》时总是先详述二程之意。卷帙浩繁的《十三经注疏》亦是典型例证。

由上述可知，孔子开创的经典释义学的基本路径是，以"述而不作"为口号，而在释义实践中则是"述"中有"作"。这一路径虽不完全否定"作"，但毕竟是重"述"轻"作"，这有利于保存、整理传统文化遗产，但不利于思想的创新。张世英先生在《我们还要"述而不作"吗？》一文中一针见血地指出："我们的学术工作，如果只片面地重知识性、资料性之'述'的方面，却不进而强调智慧性之'作'的方面，那的确会陷入'掘井九轫而不及泉'的境地。几千年来中华思想文化发展速度较慢，难道不是与这种片面的'述而

---

① （宋）朱熹：《大学章句序》，《四书章句集注》，北京：中华书局，2012年。

不作'的传统有关吗?"①与中国重"述"轻"作"的经学传统恰好相反,西方是重"作"轻"述"。黑格尔在总结西方哲学史的发展规律时说:"全部哲学史就这样成了一个战场,堆满着死人的骨骸。它是一个死人的王国,这王国不仅充满着肉体死亡了的个人,而且充满着已经推翻了的和精神上死亡了的系统,在这里面,每一个杀死了另一个,并且埋葬了另一个。……这样的情形当然就发生了:一种新的哲学出现了。这哲学断言所有别的哲学都是毫无价值的。诚然,每一个哲学出现时,都自诩为:有了它,前此的一切哲学不仅是被驳倒了,而且它们的缺点也被补救了,正确的哲学最后被发现了。"②仅从中西著述方面来说,《论语》只是记录孔子及其弟子言行的笔记汇编,还算不上正式的私人著述,③而古希腊略晚于孔子的柏拉图,其《理想国》则是典型的私人哲学著作。我们再从孔子、柏拉图的弟子对待师说的态度来分析其差异:

子贡曰:"子如不言,则小子何述焉?"(《阳货》)
亚里士多德:吾爱吾师,吾更爱真理。④

---

① 张世英:《我们还要"述而不作"吗?》,《光明日报》2011年9月30日。
② 〔德〕黑格尔著,贺麟、王太庆译:《哲学史讲演录》第一卷,北京:商务印书馆,1959年,第21—22页。
③ 参见冯友兰:《中国哲学史新编》(上),北京:人民出版社,2007年,第219—220页。
④ 这句话的原文是:"我们最好先考察一下普遍善的概念,研究一下它的含意是什么,尽管这种讨论令人为难,因为它要谈及我们自己的朋友所提出的理论。不过我们最好还是这样选择。的确,为了维护真而牺牲个人的所爱,这似乎是我们,尤其是我们作为爱智慧者的责任。"参见〔古希腊〕亚里士多德著,廖申白译注:《尼各马可伦理学》,北京:商务印书馆,2003年,第13页。

子贡对师说持完全尊崇的态度，孔子不言，子贡就无所"述"；而亚里士多德持真理至上主义，在此理念的引领下，他著作等身，如《工具论》《物理学》《形而上学》《尼各马可伦理学》《诗学》，在哲学、科学的诸多领域做出了巨大贡献，被称为百科全书式的人物。因此，西方重"作"，多有革命性的学术创新，而中国"述而不作"，则使文化发展相对迟滞。但重"述"也在客观上使中华文化保持了顽强的延续能力，文化传承始终未曾断裂，这是任何国家都难以比拟的，这一点已经得到文化学上的证明。①

第二节 "述"中有"作"的实施：损益周礼与经典解释

孔子损益周礼，乃"述"中有"作"：一方面，主张遵循周礼，是为"述"；另一方面，又强调对周礼的革新，是为"作"。必须注意的是，孔子对古代经典的重新阐释是损益周礼的基本途径。因为，在传统经学的思维中，经典绝非普通文本，而是古代礼制的直接承载者。②在此意义上，孔子释经即是释礼。

---

① 以孔子家族为例，在其约2500年的家族史中，每一代人物的事迹都有清楚的记载，每一代的坟墓都保存在曲阜孔林中，这是世界上任何国家没有的。又如，从3000年前到现代，历代文献详细记载了中华文化的流变过程，其中没有中断，这也是其他国家难以望其项背的。参见王玉德：《文化学》，昆明：云南大学出版社，2006年，第126页。

② 《四库全书总目提要·经部总叙》云："盖经者非他，即天下之公理而已。"参见《四库全书总目提要》，海口：海南出版社，1999年，第13页。

一 孔子讲授六经有所偏重

学界一般认为,《诗》《书》《礼》《易》《乐》《春秋》是孔子授课的基本教材。经学史家周予同先生说:"孔子既然设教讲学,学生又那么多,很难想象他没有教本。毫无疑问,对于第一所私立学校来说,现成的教本是没有的。……孔子为了讲授的需要,搜集鲁、周、宋、杞等故国文献,重新整理编次,形成《易》、《书》、《诗》、《礼》、《乐》、《春秋》六种教本。"①孔子讲授六经必然要阐发其中的义理,这就是一个释义学的过程。先来看其讲授的基本情况。

孔子讲授六经有所偏重。《论语》讲《诗》的有17条,讲《书》的4条,讲《易》的才2条。②孔子既然将这些典籍作为主要教材,为什么它们在《论语》中所占比重不同呢?

推其缘故,大概《诗》是初级教材、通用教材,《书》是高级教材、选修教材,《易》更是少数优等生使用的教材。孔子弟子三千人,根据学生基础分出不同等级是正常现象。《诗》抒情性强,学生接受起来较容易,适用于不同水平的学生。他说:"诗,可以兴,可以观,可以群,可以怨。迩之事父,远之事君;多识于鸟兽虫鱼之名。"(《阳

---

① 周予同:《"六经"与孔子的关系问题》,《复旦学报》(社会科学版)1979年第1期。
② 《论语》中讲解《诗》的地方很多,这里仅抄录讲解《书》《易》的6条。"《书》云:'孝乎惟孝,友于兄弟,施于有政。'是亦为政,奚其为为政?"(《为政》)子所雅言,诗、书、执礼,皆雅言也。(《述而》)武王曰:"予有乱臣十人。"(《泰伯》)子张曰:"书云:'高宗谅阴,三年不言。'何谓也?"子曰:"何必高宗,古之人皆然。君薨,百官总己以听于冢宰三年。"(《宪问》)子曰:"加我数年,五十以学《易》,可以无大过矣。"(《述而》)子曰:"南人有言曰:'人而无恒,不可以作巫医。'善夫!""不恒其德,或承之羞。"子曰:"不占而已矣。"(《子路》)

货》)可见,通过学习《诗》既能掌握动植物名称这些初级知识,又可体会"事父事君"的道理,因此将《诗》作为通用教材十分合适。《书》是上古历史档案的汇编,一般的学生接受起来较难,故将其作为少数卓越弟子的选修教材。《易》多蕴含高深玄奥的哲理,孔子说:"加我数年,五十以学《易》,可以无大过矣。"可见《易》非思辨能力突出者不能学,故作为个别优等生的教材。

至于《礼》《乐》《春秋》的问题则更为复杂,《论语》多次讲到礼乐制度,却未引《礼》《乐》中的文献,也未讲《春秋》,原因何在?

先来看《礼》的问题。《左传》及《论语》中详细记载了孔子讲礼的内容,却都没有提到《礼》经文献。据《左传·昭公七年》记载,孟僖子曾命孟懿子及南宫敬叔师事孔子学礼:"我若获没,必嘱说及何忌于夫子,使事之,而学礼焉,以定其位。"①("说"即南宫敬叔,"何忌"即孟懿子)其中并没有提到有一本《礼》经。另根据"孟僖子病不能相礼,乃讲学之,苟能礼者从之"②的记载,可知孟僖子命其二子学的是"相礼",也就是礼仪行为,而非《礼》经文献。《论语》中记载孔子讲礼的地方也很多,如"尔爱其羊,我爱其礼"(《八佾》)、"事君尽礼"(《八佾》)、"不能以礼让为国,如礼何"(《里仁》)、"麻冕,礼也;今也纯,俭,吾从众。拜下,礼也"(《子罕》),这些记载或是讲礼制原则,或是讲具体礼制,却都没有提到《礼》经。但是,不能据此判断孔子没有讲过《礼》。因为孔子明确说自己讲礼要以古代文献为依据:

---

① 《春秋左传正义》,李学勤主编:《十三经注疏》,北京:北京大学出版社,1999年,第1252—1253页。

② 《春秋左传正义》,李学勤主编:《十三经注疏》,北京:北京大学出版社,1999年,第1251页。

> 夏礼，吾能言之，杞不足征也；殷礼，吾能言之，宋不足征也。文献不足故也，足，则吾能征之矣。(《八佾》)

他认为记载夏、殷礼制的文献亡佚了，而没有说周，言外之意是周代的文献比较完备，这文献应包括《礼》。孔子既讲《礼》，《论语》中为什么没有提到呢？这跟孔子讲学的实践性倾向有关。"子以四教：文、行、忠、信"(《述而》)，"文"只是其中之一，而"行""忠""信"都是实践性的，关于礼的学问亦是如此，所谓"礼以行之"(《卫灵公》)。所以孔子虽然讲过《礼》经，但他注重给学生讲实践性、规范性的礼仪、礼制，重点并不在《礼》经文献本身。

再看《乐》的问题。关于《乐》经的有无，今文家和古文家的看法完全相反。按今文家的说法，从来就没有一本文字记载的《乐》经，乐只存在于《诗》、礼之中；而古文家说《乐》经原本存在，经秦火而亡佚。[1]关于这一问题，《论语》有一则材料很重要：

> 子曰："吾自卫反鲁，然后乐正，雅颂各得其所。"(《子罕》)

孔子是主"无征不信"的，如果没有一部《乐》经，孔子根据什么正乐呢？并且《论语》中孔子多次论述乐，很难说他没有传授过《乐》经。《论语》中之所以没有关于《乐》经文献的记载，可能是《乐》经为音乐学的专门知识，孔子虽掌握了这些知识，但他多从音乐实践的层面

---

[1] 参见周予同:《中国经学史讲义》，上海：上海人民出版社，2012年，第12页；钱玄同:《重论经今古文学问题》，《国学季刊》1932年第三卷第二号，第267—268页。

进行讲解,《乐》经的经文反倒成了其次。

最后看《春秋》。孔子与《春秋》的关系问题是极难回答的。孟子最先论述说:"世道衰微,邪说暴行有作,臣弑其君者有之,子弑其父者有之。孔子惧,作《春秋》。"(《滕文公章句下》)清皮锡瑞《五经通论》继承孟子的说法,也认为《春秋》是孔子所"作"。但《春秋》是官方史书,孔子不可能以私人身份作一部《春秋》。与今文学家针锋相对的是,古文学大师章太炎在《检论·订孔》中说,《春秋》经孔子编纂。折衷今古文经学的是周予同先生,其《中国经学史讲义》说,关于《春秋》的成书,孔子是"修"中有"作","作"中有"修"。①以上诸说虽能在理论上自圆其说,但都缺乏铁证。对此,古史辨派较为激进,顾颉刚《古史辨自序》、钱玄同《重论今古文问题》等皆认为,《春秋》与孔子毫无关系。在缺乏有力证据的情况下,我们暂且同意古史辨派的说法。

可见,《诗》是孔子的通用教材,《书》是较高一级的教材,而《易》只用来教授个别优等生。对于《礼》《乐》两部典籍,孔子更注重其实践性,至于经文本身反倒成了其次。我们暂无孔子与《春秋》有关的证据,只好存而不论。

由于《论语》只记载了《诗》《书》《易》中的原文,下文只分析孔子对这三部典籍的释义特点。

二 以伦理道德释《诗》

孔子对《诗》的阐释以伦理教化为旨归,这就阐明了周制的伦理学根基。然而,孔子绝不否认《诗》原初真切的情感内涵。孔子对

---

① 周予同:《中国经学史讲义》,上海:上海人民出版社,2012年,第57页。

《诗》原本情感意义的肯定与其"仁者,爱人"的思想是相通的。只有充分肯定人所共有的基本情感,才有可能提出仁爱思想。可以说,孔子以人所共有的基本情感释《诗》,是对"仁爱"思想的充实与展开,进而也革新了周礼的内涵。

在展开讨论之前,必须对孔子删《诗》问题作一简要说明,此问题直接关系着孔子《诗》释义学的范围和基本立场。①

孔子到底有没有删过《诗》? 最早主删《诗》说的是司马迁:"古者《诗》三千余篇,及至孔子,去其重,取可施于礼仪,……三百五篇,孔子皆弦歌之。"②其后学者多承其说。③孔颖达则最早怀疑删《诗》说:"书传所引之诗,见在者多,亡逸者少,则孔子所录,不容十分去九,马迁言古《诗》三千余篇,未可信也。"④其后,叶适、朱

---

① 如果孔子未删《诗》,那孔子的释义对象大致是三百篇,如果孔子确曾删《诗》,那么孔子所释《诗》的范围要大得多。删《诗》或未删《诗》表明了孔子截然相反的释义立场,删《诗》体现的是释义者强烈的主观精神,未删《诗》则表明释义者对文本客观性的重视。

② 《史记·孔子世家》,北京:中华书局,1959年,第1936页。

③ 《汉书·艺文志》云:"孔子纯取周诗,上采殷,下取鲁,凡三百五篇。"见《汉书·艺文志》,北京:中华书局,1962年,第1708页。《经典释文·序录》:"孔子最先删录,既取周诗,上兼商颂,凡三百一十一篇。"见(唐)陆德明:《经典释文》,上海:上海古籍出版社,2012年,第12页。欧阳修云:"司马迁谓古诗三千余篇,孔子删之存者三百。郑学之徒皆以迁说之谬,言古诗虽多不容十分去九,以予考之,迁说然也,今书传所载逸诗,何可数焉。"见(宋)欧阳修:《欧阳文粹》卷十三,文渊阁四库全书本。《文献通考·经籍五》:"夫子删之,殆多闻阙疑之意也,是以于其可知者,虽比兴深远,词旨迂晦者,亦所不废,……于其所不可知者,虽直陈其事,文义明白者,亦不果录。"见(元)马端临:《文献通考》,北京:中华书局,1986年,第1542页。

④ 《毛诗正义·诗谱序》,李学勤主编:《十三经注疏》,北京:北京大学出版社,1999年,第8页。

彝尊、江永等皆追随孔说。①近人顾颉刚、钱玄同、冯友兰更提出了较为翔实的证据。②总括来看，删《诗》说在经学史上曾十分盛行，但自司马迁始就缺乏有力证据，与之相比，未删《诗》说的证据却不断增加。因此，从科学研究讲求证据的基本原则出发，我们认同孔子未删《诗》的说法。在此前提下，他所释义的对象大致为三百篇而不会更多，且未删《诗》说明，在释义实践中，他对经典文本的态度是尊崇的，并不像经学家所说的敢于大胆删减。

对上述问题进行简略说明后，我们来分析孔子释《诗》的特点。他对《诗》有一个总括性的认识，即"思无邪"（《为政》）。一般学界对"思无邪"的解释是强调《诗》与伦理道德的联系，将《诗》伦理道德化。③在"思无邪"的思想主导下，孔子释《诗》大致可分为三种类型：一是释《诗》明教，二是教化用《诗》，三是循礼述《诗》。

其一，释《诗》明教。孔子与弟子讲解《诗》之大义时，并不侧重《诗》的本义，而是通过讲《诗》来阐发伦理教化的内容，其方法是断章取义。

---

① 叶适："论语称诗三百，本谓古人已具之诗，不应指其自删者言之。然则诗不因孔氏而后删矣。"朱彝尊："使孔子以一人之见，取而删之，王朝列国之臣其孰信而从之者。"见（清）朱彝尊：《经义考》卷九十八，文渊阁四库全书本。江永："夫子未尝删诗，诗亦自有淫声。"见（清）江永：《乡党图考》卷二，文渊阁四库全书本。

② 参见顾颉刚：《论孔子删述六经说及战国著作伪书》；钱玄同：《论〈诗经〉真相书》；钱玄同：《答顾颉刚先生书》。以上三文见《古史辨》（第一册），上海：上海古籍出版社，1982年。冯友兰：《孔子在中国历史中之地位》，见《古史辨》（第二册）。张寿林：《〈诗经〉是不是孔子所删定的》，见《古史辨》（第三册）。

③ 参见郭绍虞、王文生主编：《中国历代文论选》，上海：上海古籍出版社，2001年，第14—15页。

> 子夏问曰："'巧笑倩兮，美目盼兮，素以为绚兮。'何谓也？"子曰："绘事后素。"曰："礼后乎？"子曰："起予者商也，始可与言《诗》已矣！"(《八佾》)

所引出自《卫风·硕人》，此三句诗，本是在描写美女容貌，而孔子忽略前两句，只将"素以为绚兮"一句摘出，将其解释为绘画原则，并进一步发挥出礼制层面的意义。

> "棠棣之华，偏其反而。岂不尔思？室是远而。"子曰："未之思耳，夫何远之有？"(《子罕》)

所引诗句不见于今本《诗》，应是逸诗。这几句诗的大义是：棠棣之花，翩翩摇动。我怎能不想念你呢？只因距离太遥远。诗句前两句写景，后两句写情，在情景交融中流露出深切思念。而孔子却忽视了"棠棣之华，偏其反而"一句，只对"岂不尔思？室是远而"进行解释，并将诗句解作不思念，以说明思念不在距离远近的道理。孔子的解释割裂了诗句与整体语境的联系，是典型的断章取义。

断章取义的方法非孔子原创，而是来自春秋时期政治家在外交上的赋诗活动[①]。所不同的是，孔子用断章取义的方法将《诗》牵合到伦理道德的层面，以此启发学生修身的道理，是为明教而释《诗》；而政治家则用此法委婉地表明外交意图，是为外交而用《诗》。

---

① 顾颉刚:《〈诗经〉在春秋战国间的地位》，《古史辨》(第三册)，上海：上海古籍出版社，1982年，第328—331页；朱自清《诗言志辨》，上海：开明书店，1947年，第114—115页。二文言之甚详，此不赘。

其二，教化用《诗》。孔子并非以专门讲《诗》解《诗》为直接目的，而是在宣扬儒家伦理教化的同时引用片段诗句作当下之用，其方法是断章取义和类比引申。

> 子曰："衣敝缊袍，与衣狐貉者立，而不耻者，其由也与！'不忮不求，何用不臧？'"(《子罕》)

所引出自《邶风·雄雉》，引文的上句是"百尔君子，不知德行"，联系上句，可知引文本是怨词，其意思是：他不嫉妒，不贪求，德行哪里不好呢？但你们却不认可其德行。所以郑玄笺云："我君子之行，不疾害，不求备于一人，其行何用为不善，而君独远使之在外，不得来归？"① 再来看孔子的解释，他本来是称赞子路不卑不亢的人品，为表达充分，便引用《诗》中的一句，却无视上句"百尔君子，不知德行"，如此，诗句中抱怨的情绪消失了，反被解释为赞美君子德行。这是较典型的断章取义。又如：

> 子张问崇德辨惑。子曰："主忠信，徙义，崇德也。爱之欲其生，恶之欲其死。既欲其生，又欲其死，是惑也。'诚不以富，亦祗以异。'"(《颜渊》)

"诚不以富，亦祗以异"一句使不少学者疑惑，程颐认为此句为"错简"，"当在第十六篇齐景公有马千驷之上"，② 杨伯峻先生认为很

---

① 《毛诗正义》，李学勤主编：《十三经注疏》，1999年，北京：北京大学出版社，第137页。
② （宋）朱熹：《四书章句集注》，北京：中华书局，1983年，第137页。

难解释。其实，从释义学的角度看，孔子是用断章取义的方法对诗句作应用性解释。所引诗句出自《小雅·我行其野》，上下文是"不思旧姻，求尔新特。成不以富，亦祇以异"，意思是你不念旧情，却另寻新欢，这不是因为她家境更好，而是因为你变心。孔子引用"诚不以富，亦祇以异"，其用意不在诗句的原义，而是侧重在"异"字上做文章。"异"本是说在婚恋关系中怀有贰心，而孔子解释为既爱又恨，既希望对方生，又希望对方死，是迷惑的表现。经过孔子断章取义式的解释，诗句就和他的当下之论联系起来。教化用《诗》除用断章取义的方法外，还有类比引申，例如：

子贡曰："贫而无谄，富而无骄，何如？"子曰："可也。未若贫而乐，富而好礼者也。"
子贡曰："《诗》云：'如切如磋，如琢如磨。'其斯之谓与？"子曰："赐也，始可与言《诗》矣！告诸往而知来者。"（《学而》）

"如切如磋，如琢如磨"出自《卫风·淇奥》，诗句本是用打磨玉器形容君子的仪容风度。诗句之义和"贫而乐，富而好礼"并非一回事，但都包含尽善尽美的道理，故二者构成一对类比关系。子贡根据此关系很自然地将诗句引申为礼的意义，引诗作当下之用，既贴切，又符合儒家思想，所以孔子称赞他，并鼓励他对《诗》多作诸如此类的引申。

其三，循礼述《诗》。与释《诗》明教、明教用《诗》这两种释《诗》方式相比，孔子的循礼述《诗》，特别强调回溯《诗》的原初语境与意义。例如：

> 三家者以《雍》彻。子曰："'相维辟公,天子穆穆',奚取于三家之堂?"(《八佾》)

《雍》是周天子祭祀宗庙后撤去祭品时颂唱的乐诗,"相维辟公,天子穆穆"一句清楚地表明诸侯是助祭者,天子是主祭者,三家用《雍》诗显然不合其本义。孔子严守礼制,批评僭越行为,讥讽三家对《雍》的歪曲使用。

其实在孔子之前,鲁国穆叔(叔孙豹)在回访晋国的外交场合就明确反对僭越用《诗》,强调用《诗》应合于礼:

> 穆叔如晋,报知武子之聘也。晋侯享之,金奏《肆夏》之三,不拜。工歌《文王》之三,又不拜。歌《鹿鸣》之三,三拜。韩献子使行人子员问之,曰:"子以君命辱于弊邑,先君之礼,藉之以乐,以辱吾子。吾子舍其大,而重拜其细,敢问何礼也?"对曰:"三《夏》,天子所以享元侯也,使臣弗敢与闻。《文王》,两君相见之乐也,使臣不敢及。《鹿鸣》,君所以嘉寡君也,敢不拜嘉?《四牡》,君所以劳使臣也,敢不重拜?《皇皇者华》,君教使臣曰'必咨于周'。臣闻之,访问于善为咨,咨亲为询,咨礼为度,咨事为诹,咨难为谋。臣获五善,敢不重拜?"(《襄公四年》)①

穆叔认为,《肆夏》是天子宴享诸侯之乐,《文王》是国君相见之乐,不符合当下晋侯宴享使臣的场合,违背了礼制,所以他坚决不受,而

---

① 《春秋左传正义》,李学勤主编:《十三经注疏》,北京:北京大学出版社,1999年,第828—833页。

《鹿鸣》《四牡》《皇皇者华》与场合相符,所以他三拜而受。可以看出,僭越用《诗》的情形在当时已十分普遍,仅一次外交场合,晋侯就两次僭越,穆叔虽反对,但已呈孤掌难鸣、无力回天之势了。僭越用《诗》愈演愈烈,直到孔子才从理论上强调用《诗》必须符合礼制,他说:

> 兴于诗,立于礼,成于乐。(《泰伯》)

当然,这又与他的正名思想相一致:

> 名不正,则言不顺;言不顺,则事不成;事不成,则礼乐不兴;礼乐不行,则刑罚不中;刑罚不中,则民无所措手足。(《子路》)

如何用《诗》才算符合礼制?必须名正言顺,严格遵守各等级、场合的规定。僭越用《诗》,在鲁国乃至其他诸侯国早已成为风气,仅靠穆叔等个别外交家的抵制解决不了根本问题,而孔子则从理论上阐述用《诗》必须合礼,这对收拾混乱秩序起到了极其重要的作用。

就此可以总结,孔子对《诗》的总体认识是"思无邪",其对《诗》的释义可分三类:第一类是释《诗》明教,其方法是断章取义;第二类是明教用《诗》,其方法既有断章取义,又有类比引申;第三类是循礼述《诗》,其方法是回溯原义,以切合礼制。

特别值得注意的是,学界多将"思无邪"理解为孔子强调《诗》与伦理道德的直接关联。这种理解虽大致不错,但过于简单空泛。上海博物馆藏竹简《孔子诗论》则为我们重新理解"思无邪"提供了新的例证。

《孔子诗论》的作者问题存在不少争论,主要有孔子说[①],子夏说[②],孔子与子夏共作说[③],子羔说[④],子上说[⑤]。以上诸说虽有差异,但结论无非两种,孔子作或其弟子作。在此限定范围内,可以根据《诗论》对孔子的《诗》释义学思想推测一二。

《颂》,旁德也,多言厚,其乐安而迟,其歌申而引,其思深而远,至矣。《大雅》,盛德也,多言。(第2简)

后稷之见贵也,则以文武之德也。吾以《甘棠》得宗庙之敬。(第24简)[⑥]

---

① 持孔子说的有:马承源:《〈诗论〉讲授者为孔子之说不可移》,《中华文史论丛》2001年第3辑;王齐洲:《孔子、子夏诗论比较》,《华中师范大学学报》(人文社会科学版)2002年第5期;晁福林:《从王权观念变化看上博简〈诗论〉的作者及年代》,《中国社会科学》2002年第6期。

② 持子夏说的有:李学勤:《〈诗论〉的体裁和作者》,上海大学古代文明研究中心、清华大学思想文化研究所编:《上博馆藏战国楚竹书研究》,上海:上海书店出版社,2002年;江林昌:《上博竹简〈诗论〉的作者及其与今传本〈毛诗序〉的关系》,《文学遗产》2002年第2期。

③ 持孔子、子夏共作说的有:彭林:《关于〈战国楚竹书·孔子诗论〉的篇名与作者》,《孔子研究》2002年第2期。

④ 持子羔说的有:廖名春:《上博〈诗论〉简的作者和作年》,《出土简帛丛考》,武汉:湖北教育出版社,2004年;高华平:《上博简〈孔子诗论〉的论诗特色及其作者问题》,《华中师范大学学报》(人文社会科学版)2002年第5期。

⑤ 持子上说的有:黄锡全:《孔子乎?卜子乎?子上乎?》,简帛研究网,http://www.jianbo.org。2013年6月30日。

⑥ 参见马承渊主编:《上海博物馆藏战国楚竹书》(一),上海:上海古籍出版社,2001年;廖名春:《上海博物馆藏诗论简校释》,《中国哲学史》2002年第1期;李学勤:《〈诗论〉简的编联与复原》,《中国哲学史》2002年第1期。本书引用竹简文字皆从廖。

"德"与"敬"在先秦时期即是十分根本的哲学范畴。孔子以德总论《颂》《大雅》,以敬解《甘棠》,无疑揭示出"思无邪"具有深刻的思想内涵。对此内涵,当今学界并未深入挖掘,只是停留在字面上的空洞解释。更为致命的是,一些学者对"思无邪"的解释几乎剔除了《诗》原本丰富真切的情感内涵。从《孔子诗论》来看,孔子对《诗》的情感意义极为重视:

> 行此者,其有不王乎?孔子曰:"诗亡离志,乐亡离情,文亡离言。"(第1简)
>
> 《关雎》之改,《樛木》之时,《汉广》之智,《雀巢》之归,《甘棠》之报,《绿衣》之思,《燕燕》之情,何?曰:终而皆贤于其初者也。《关雎》以色喻于礼。(第10简)
>
> (《燕燕》)……情爱也。(第11简)
>
> (喻求女之)好,反纳于礼。(第12简)
>
> 以琴瑟之悦拟好色之愿望。(第14简)
>
> 《宛丘》曰"询有情,而无望",吾善之。(第22简)

从简中的"情""好色"等字样可以看出,孔子对《诗》的解释不单单是注重其道德教化意义,还十分注重其情感意义。他认识到情感是伦理的根基,《诗》的情感与伦理存在着必然联系。在此基础上,他主张情感意义应道德化,才说"《关雎》以色喻于礼"。这种解释同样符合"思无邪"的主旨。当今一些学者不仅脱离了孔子时代的整体文化语境,对出土文献掌握也不够,对"思无邪"的解说自然流于空泛。

三 以政治理想释《书》

《书》作为古代王室档案文件的汇编,是孔子借以阐述思想的重要文献载体。由于《书》所载古史内容距离孔子时代已经久远,整体的文化语境发生了转变,一些记载已经很难疏通。但是,孔子显然未停留在初步的史实考证、文句训释层面上,而是要创发新的思想。

他释《书》的主要特点是用《书》中的只言片语来佐证、阐述"为东周"(《阳货》)的政治理想,其方法包括推求大义和断章取义。《论语》中孔子专门解释《书》的只有三处,以下分别作出论析:

其一,"高宗谅阴,三年不言"。"高宗谅阴,三年不言"出自《尚书·无逸》,原文是:"其在高宗,时旧劳于外,爰暨小人。作其即位,乃或亮阴,三年不言。其惟不言,言乃雍,不敢荒宁。"[①]子张不明其义,故有所问。

> 子张曰:"《书》云:'高宗谅阴,三年不言。'何谓也?"
> 子曰:"何必高宗?古之人皆然。君薨,百官总己以听于冢宰三年。"(《宪问》)

孔子解释说,君主死了,百官要听命于冢宰官三年,这是古代普遍遵循的礼制,所以高宗三年不问政事。孔子的解释存在两个问题。首先,他没有将"不言"解释清楚,"不言"的本义是不说话,孔子将其解释为不问政事,但二者不能直接画等号。其次,他将"三年不言"和三年守丧之制联系起来,但据上下文,乃至整个《无逸》

---

① 《尚书正义》,李学勤主编:《十三经注疏》,北京:北京大学出版社,1999年,第431页。

篇都没有提到守丧之礼。后人未加考辨,便承接了孔子的基本思路,并作了进一步的发挥。汉孔安国注说:"谅,信也。阴,犹默也。"又说:"三年丧毕,然后王自听政。"① 晋伪孔传说:"武丁起其即王位,则小乙死,乃有信默,三年不言。言孝行著。"唐孔颖达正义说:"在丧其惟不言,丧毕发言,言得其道,乃天下大和。"② 宋邢昺疏云:"谅,信也。阴,默也。言武丁居父忧,信任冢宰,默而不言三年矣。"③ 这些说法虽有些许差异,但皆承袭了孔子的基本思路。

孔子及其后学的注疏留下了难题:高宗"三年不言"的原因是什么?"三年不言"与三年守丧有关系吗?郭沫若在《青铜时代·驳〈说儒〉》中提出了新的看法,他根据殷墟卜辞证明"在王即位后的第二年,为王者已经在自行贞卜,自行稽疑,自行主祭";因此,三年守丧并不是殷朝的通制,所谓高宗"三年不言"只是偶然事件,与丧制毫不相干。此说以卜辞为新证据,从根本上否定了旧解。至于高宗为什么"三年不言",他推测高宗有语言障碍。④ 这一点虽值得商榷,但目前为止是最为合理的解释。

既然"三年不言"与三年守丧无关,孔子为何将二者密切联系起来?孔子是局限于自身认识能力而无意错解,还是有意错解?可先分析其对殷礼的掌握程度。他说:"殷因于夏礼,所损益可知也;周因于殷礼,所损益可知也;其或继周者,虽百世可知也。"(《为

---

① 《论语注疏》,李学勤主编:《十三经注疏》,北京:北京大学出版社,1999年,第202页。

② 《尚书正义》,李学勤主编:《十三经注疏》,北京:北京大学出版社,1999年,第431页。

③ 《论语注疏》,李学勤主编:《十三经注疏》,北京:北京大学出版社,1999年,第202页。

④ 郭沫若:《青铜时代》,北京:科学出版社,1957年,第131页。

政》)"虽百世可知"表明,他认为礼制虽有增减,但仍可探究清楚,殷礼当然包括在内。但"可知"并不等于"知"殷礼,认识具体的制度还需从文献入手,所以他说:"夏礼,吾能言之,杞不足征也;殷礼,吾能言之,宋不足征也。文献不足故也,足,则吾能征之矣。"(《八佾》)可见他所掌握的殷礼文献并不充分。他又说:"周监于二代,郁郁乎文哉!吾从周。"(《八佾》)这表明他掌握了大量的周代文献,也从侧面反映了殷礼文献的缺乏。孔子明确说自己缺乏殷代文献,那他又怎能断定殷代有三年守丧的制度?合理的解释是,他并不清楚殷代的丧礼,将"三年不言"与三年守丧联系起来是有意错解,其方法是推求大义,步骤是先将"三年不言"解释成三年不问政事,再将三年不问政事与三年之丧联系起来。这样,"三年不言"经孔子一再推究,就具有了礼制层面的意义。

　　孔子对待历史的态度十分严肃。他说:"吾犹及史之阙文也,有马者借人乘之,今亡矣夫!"(《卫灵公》)又说:"君子于其所不知,盖阙如也。"(《子路》)这是实事求是的客观态度,但《书》作为重要的历史文献,孔子为何故意错解?对此,我们应从孔子的双重身份进行认识。孔子是一位历史学家,此身份要求他必须研究历史真相,不可以今解古;而他同时又是一位政治家,此身份要求他"托古改制",借阐释古代典籍来宣扬"为东周"的政治理想,以实行其"道"①。因此,从政治家的角色来说,有意错解《尚书》成为一种必然。"三年无改于父之道"(《学而》)、"三年之丧,天下之通丧也"(《阳货》)是其政治理想的具体体现,而这种理想通过对权威文本《书》的曲解获得了合法性和规范力量。将解释经典作为宣传政治、规范伦理的

---

① "道之将行也,命也;道之将废也,命也。"(《宪问》)

手段,是中西一致的做法。例如西方对《圣经》的不同阐释明显表现出不同势力间的深刻冲突,正如狄尔泰的精彩描述:"基督教教会发现自己面对其反对者而处于一种复杂的位置。面对犹太教徒,基督教需要喻意解释,以便把理性—神学带入《旧约》中;反之,面对诺斯替教徒,它必须反抗这种如此广泛流行的关于喻意方法的运用。"①

其二,"予有乱臣十人"。"予有乱臣十人"出自《大誓》篇,但《大誓》已逸②,今本《泰誓》篇为伪。因此,《论语》中孔子对此句的解释尤其值得重视。

> 舜有臣五人而天下治。武王曰:"予有乱臣十人。"孔子曰:"才难,不其然乎?唐、虞之际,于斯为盛。有妇人焉,九人而已。三分天下有其二,以服事殷。周之德,其可谓至德也已矣。"(《泰伯》)

孔子先感叹人才难得,又说唐、虞之时人才最多,进而称赞周代之德。孔安国对此的解释是:"言尧、舜交会之间,比于周,周最盛,多贤才。"③邢昺的解释与孔安国的完全相同:"言尧、舜交会之间,

---

① 〔德〕狄尔泰:《对他人及其生命表现的理解》,洪汉鼎编:《理解与解释:诠释学经典文选》,北京:东方出版社,2001年,第81页。

② 《左传·昭公二十四年》引《大誓》:"纣有亿兆夷人,亦有离德;余有乱臣十人,同心同德。"参见《春秋左传正义》,李学勤主编:《十三经注疏》,北京:北京大学出版社,1999年,第1441页。

③ 《论语注疏》,李学勤主编:《十三经注疏》,北京:北京大学出版社,1999年,第107页。

比于此周。周最为盛,多贤才也。"①今人杨伯峻仍承其说。②这些说法看似合理,但从《左传·昭公二十四年》所引《大誓》来看,值得商榷。引文是:"纣有亿兆夷人,亦有离德;余有乱臣十人,同心同德。"③意思是,纣人虽多却失去民心,周仅十位能臣但与武王同心。这不是强调周人才最盛,而是说与纣王相比,其人才少。杜预对《左传》所引《大誓》"余有乱臣十人,同心同德"条的解释亦是:"武王言我有治臣十人,虽少,同心也。今《大誓》无此语。"④这说明伪《泰誓》"予有乱臣十人,同心同德"条是抄袭《左传》所引,此条下伪孔传"我治理之臣虽少而心德同"⑤亦是抄袭杜注。通过梳理历代的注解可知,只有杜预及伪孔传的解释围绕上下文语境作出了合理的解释,而孔子仅取"予有乱臣十人"一句作了断章取义的发挥。如此一来,人才少于纣的原义就被孔子解释为完全相反的人才兴盛之义了。孔安国、邢昺乃至今人杨伯峻不知孔子断章,因此皆循其说。

另外,孔子已阐发出周人才兴盛的意思,为何还要说"有妇人焉"?这有其针对性。《尚书·牧誓》载武王之语"今商王受惟妇言是

---

① 《论语注疏》,李学勤主编:《十三经注疏》,北京:北京大学出版社,1999年,第107页。

② 唐尧和虞舜之间以及周武王说那话的时候,人才最兴盛。参见杨伯峻:《论语译注》,北京:中华书局,1980年,第84页。

③ 《春秋左传正义》,李学勤主编:《十三经注疏》,北京:北京大学出版社,1999年,第1441页。

④ 《春秋左传正义》,李学勤主编:《十三经注疏》,北京:北京大学出版社,1999年,第1441页。

⑤ 《尚书正义》,李学勤主编:《十三经注疏》,北京:北京大学出版社,1999年,第277页。

用"①表明商纣亡国与宠信妇人有很大关系,所载"牝鸡无晨。牝鸡之晨,惟家之索"②则表明妇人不可干政,可见《牧誓》是倾向将亡国之罪归于妇人的。但孔子的看法并不如此简单,他通过解释"予有乱臣十人"特别强调"有妇人焉",一方面肯定了周妇的政治作用,另一方面也强调了妇德的重要性,其解释对王室之妃起到了道德规范的作用,是他"为东周"的一个具体体现。

其三,"孝乎惟孝,友于兄弟,施于有政"。孔子对此条的解释与前两条不同。他对前两条《书》文进行了较有针对性的解释,直接从《书》文具体内容展开,进而阐述政治构想与愿景;而对此条,并不专门解释《书》文,只是在引用中体现出独创性的见解。

> 或谓孔子曰:"子奚不为政?"子曰:"《书》云:'孝乎惟孝,友于兄弟,施于有政。'是亦为政,奚其为为政?"(《为政》)

所引为《书》逸文,大略见于今伪《书》之《君陈》篇。"孝乎惟孝,友于兄弟,施于有政"其本义是要孝敬父母,友爱兄弟,并将这种风气影响到政治,而"施于有政"并不等于"是亦为政"。但孔子为了表明自己参与政治,就将二者等同起来,其实是偏离了文本原义。

如何看待这一偏离呢?在回答之前有必要说明,释义的基本规则由释义的目的决定,大致可分为认知性目的和应用性目的。若为认知,那释义者就必须遵循作者原意、文本含义,不可自由发挥;

---

① 《尚书正义》,李学勤主编:《十三经注疏》,北京:北京大学出版社,1999年,第285页。

② 《尚书正义》,李学勤主编:《十三经注疏》,北京:北京大学出版社,1999年,第285页。

若为应用，释义者可最大限度地发挥、衍生，完全将文本用于当下。就孔子而言，他并不是为了说明"施于有政"的本义，而是借此文本表明自己对政治的积极参与。从这个角度说，偏离文本是其权利，其方法是不顾及诗句的整体意思，只抓住"政"字来发挥，这是典型的断章取义。

孔子以《书》中字句表达政治思想的释义模式影响深远，甚至影响到法家学者。如《韩非子》载：

> 鲁哀公问于仲尼曰："《春秋》之记曰：'冬十二月，霣霜，不杀菽。'何为记此？"仲尼对曰："此言可以杀而不杀也。夫宜杀而不杀，桃李冬实。天失道，草木犹犯干之，而况于人君乎！"（《内储说上》）

材料中的孔子乃韩非所托，并非史实。"霣霜，不杀菽"本是关乎农业生产的自然事件，韩非却说"可以杀而不杀"，并将此上升为天道，继而由天道论及人君，可见他是借《春秋》这一经典文本来发挥法家重刑罚的思想，其释义方法是推求大义。

四 对占筮之书《易》的理性化阐释

《论语》中涉及《易》的只有两条，但这并不意味着孔子对《易》不够重视，相反，孔子试图从《易》中确立周礼存在的形而上学根据。我们试着从《论语》仅有的记载中管窥一二。

孔子云："加我数年，五十以学《易》，可以无大过矣。"（《述而》）又云："五十而知天命。"（《为政》）在知天命的年纪学《易》才无大过，不仅因为《易》中的哲理玄奥高深，更是因为《易》中关于天命的论述是孔子遵循周礼的终极依据。例如无妄卦象辞曰:"无妄之往何之矣? 天命不祐, 行矣哉!"又如萃卦象辞曰:"'用大牲吉, 利有攸往', 顺天命也。观其所聚, 而天地万物之情可见矣。"《易》中丰富深刻的天命思想无疑成为孔子展开伦理、政治论说的重要依托, 他说:

> 大哉尧之为君也! 巍巍乎, 唯天为大, 唯尧则之。荡荡乎, 民无能名焉。巍巍乎其有成功也, 焕乎其有文章!(《泰伯》)

尧的伟大, 固然在于其显赫的功绩, 然而以天为法却是其成就功业的根本原因。孔子名义上称赞尧帝, 实则托尧以尊周制。"焕乎其有文章"是托古之辞, "周监于二代, 郁郁乎文哉"(《八佾》)则是实指之辞, 故孔子才会说"吾从周"。可见, 孔子对《易》的解说与其遵循周制、重释周礼的基本立场密切相关。但囿于材料有限, 又很少有人能从孔子的整体思想去分析他对《易》的创发, 以致这一层面长期以来遭到忽视。

但是,《易》本占筮之书, 这岂不与不言怪力乱神的思想相冲突吗? 我们通过具体例证进行分析:

> 子曰:"南人有言曰:'人而无恒, 不可以作巫医。'善夫!""不恒其德, 或承之羞。"子曰:"不占而已矣。"(《子路》)

孔子引用了南方人的一句俗语(人若没有恒心, 连巫医也不能胜任), 又引恒卦爻辞以证其说, 并进一步评论无恒心之人不必去占卜。①从对"不恒其德,或承之羞"的引用来看,孔子基本上遵循爻辞的字面含义,以论证恒心的重要性,注意力并不在占卜之术。这是对《易》的一种理性化阐释,将占筮之书看作蕴含人生哲理的书。这绝非是将《易》解说为片段式的人生感悟,而是从属于其整体的哲学思考。这种释《易》方式到荀子那里得到理论化的总结:"善为易者不占。"(《大略》)此原则在其释《易》实践中得到充分体现,如:

> 鄙夫反是,好其实,不恤其文,是以终身不免埤污佣俗。故《易》曰:"括囊,无咎无誉。"腐儒之谓也。(《非相》)

所引出自坤卦六四爻辞,荀子引爻辞来批判迂腐鄙陋的儒生只顾实际利益而疏于文学。荀子同样只重爻辞蕴含的人生道理,而对占筮本身并不关注。此处对"括囊,无咎无誉"的引用,基本上遵循爻辞的字面含义,但也有推求文本大义的情形,例如:

> 《易》之《咸》,见夫妇。夫妇之道,不可不正也,君臣父子之本也。(《大略》)

咸卦卦辞曰:"亨,利贞,取女吉。"②荀子从"取女"中发挥出夫妇、父子、君臣之道,其旨归在礼制;而夫妇只有遵循礼制之"正",才符合《易》所言之"吉"。荀子通过对《易》的解释意在表明,礼制具有超越性的根基,而不仅是切近人事的外在规范。

---

① 参见杨伯峻:《论语译注》,北京:中华书局,1980年,第141页。
② 《周易正义》,李学勤主编:《十三经注疏》,北京:北京大学出版社,1999年,第139页。

显然，在孔子开辟的基本路径下，荀子的《易》学释义无论是释《易》理论还是释《易》实践，都迈出了重要一步。

第二章 仁心仁政与《诗》《书》之教：
孟子的释义学思想

孟子明确提出"以意逆志"，可其释义实践却多断章取义，两种路径与孟子的双重身份有关。"尽信《书》，则不如无《书》"是对经典的大胆质疑，这与其释《书》的预设前提密切相关。"知人论世"既是孟子的修身原则，也是正确理解《诗》《书》的基本前提。

第一节 释《诗》的两种思路：
引《诗》断章与"以意逆志"

一 诗教目的与引《诗》断章

孟子对《诗》的释义运用了两种看似完全相反的思路。一方面，孟子大量引《诗》，其释义方式多是断章取义。另一方面，孟子明确提出："不以文害辞，不以辞害志。以意逆志，是为得之。"(《万章章句上》)这明显又是针对断章取义而发。在释义实践和思路上，孟子为什么既断章取义又"以意逆志"呢？要回答这个问题，有必要首先分析孟子断章取义与"以意逆志"的目的及动机。先来看断章取义的事例。

公孙丑曰:"诗曰:'不素餐兮。'君子之不耕而食,何也?"孟子曰:"君子居是国也,其君用之则安富尊荣,其子弟从之则孝弟忠信。'不素餐兮',孰大于是!"(《尽心章句上》)

所引诗句出自《魏风·伐檀》,引文的上文部分是:

坎坎伐檀兮,寘之河之干兮,河水清且涟猗。不稼不穑,胡取禾三百廛兮? 不狩不猎,胡瞻尔庭有县貆兮? 彼君子兮,不素餐兮![1]

联系上下文语境可知,这首诗是讽刺在位者不劳而获的,《诗序》云:"伐檀,刺贪也。在位贪鄙,无功而受禄,君子不得进仕尔。"[2]因此,"不素餐兮"并非指不白吃饭,而恰恰是毫不留情地指责:"你们不是白吃饭吗?!"诗句本是讽刺,为贬义,而孟子不顾上文语境,单将此句进行发挥,并进一步附会为侍奉君主、垂范子弟的德行,是较明显的断章取义。又如:

孟子曰:"以力假仁者霸,霸必有大国;以德行仁者王,王不待大。汤以七十里,文王以百里。以力服人者,非心服也,力不赡也;以德服人者,中心悦而诚服也,如七十子之服孔子

---

[1] 《毛诗正义》,李学勤主编:《十三经注疏》,北京:北京大学出版社,1999年,第369—370页。

[2] 《毛诗正义》,李学勤主编:《十三经注疏》,北京:北京大学出版社,1999年,第369页。

也。《诗》云:'自西自东,自南自北,无思不服。'此之谓也。"(《公孙丑章句上》)

孟子所引出自《大雅·文王有声》。从孟子的整段话来看,他反对霸道,强调"以德服人",故将"自西自东"一句解释为使人心悦诚服的意思,以彰显实行仁政的道理。但从《文王有声》全篇来看,却侧重歌颂文王、武王军事征伐上的成功,诗中"文王受命,有此武功。既伐于崇,作邑于丰"①即是描述征伐的。因此,《诗序》云:"文王有声,继伐也。武王能广文王之声,卒其伐功也。"②孔颖达疏亦云:"经八章,上四章言文王之事,下四章言武王继之,是继伐。"又云:"文王伐崇,武王则伐纣以定天下,是卒其伐功。"③可以说,孟子只是把"镐京辟雍,自西自东,自南自北,无思不服"④一句单独进行解释,而不顾及全篇含义,这也是较明显的断章取义。又如:

《诗》云:"既醉以酒,既饱以德。"言饱乎仁义也,所以不愿人之膏粱之味也;令闻广誉施于身,所以不愿人之文绣也。(《告子章句上》)

---

① 《毛诗正义》,李学勤主编:《十三经注疏》,北京:北京大学出版社,1999年,第1050页。
② 《毛诗正义》,李学勤主编:《十三经注疏》,北京:北京大学出版社,1999年,第1049页。
③ 《毛诗正义》,李学勤主编:《十三经注疏》,北京:北京大学出版社,1999年,第1049页。
④ 《毛诗正义》,李学勤主编:《十三经注疏》,北京:北京大学出版社,1999年,第1053页。

孟子所引出自《大雅·既醉》。他将"既醉以酒"一句解释为君子贵仁义之德而轻物质享受。但从《既醉》全篇来看，诗中对周王和诸侯祭祀完毕后尽情宴饮的场面作了大量铺陈，并无排斥物质享受之意，"既醉以酒，既饱以德，君子万年，介尔景福"；"既醉以酒，尔殽既将。君子万年，介尔昭明"①都是对宴饮场面的生动描写。孟子对"既醉以酒，既饱以德"的解释却将物质享受和仁义之道对立起来，割裂了上下文的联系。再如：

> 今也南蛮鴂舌之人，非先王之道，子倍子之师而学之，亦异于曾子矣。吾闻出于幽谷迁于乔木者，未闻下乔木而入于幽谷者。《鲁颂》曰："戎狄是膺，荆舒是惩。"周公方且膺之，子是之学，亦为不善变矣。（《滕文公章句上》）

所引出自《鲁颂·閟宫》。孟子将"戎狄是膺，荆舒是惩"解释为：周公排斥蛮夷，你却向蛮夷学，这是离经叛道。但从上下文来看，孟子的解释却有问题。此句的上文有"周公之孙，庄公之子"；毛传曰："谓僖公也。"②下文有"俾尔昌而炽，俾尔寿而富。黄发台背，寿胥与试"；郑玄笺云："此庆僖公勇于用兵，讨有罪也。"③因此，"戎狄是膺"本指鲁僖公事迹，孟子将此事安到周公头上，且"戎狄是膺"

---

① 《毛诗正义》，李学勤主编：《十三经注疏》，北京：北京大学出版社，1999年，第1090—1091页。

② 《毛诗正义》，李学勤主编：《十三经注疏》，北京：北京大学出版社，1999年，第1412页。

③ 《毛诗正义》，李学勤主编：《十三经注疏》，北京：北京大学出版社，1999年，第1418页。

本指军事征伐，孟子却用它说学术文化，这是较典型的断章取义。又如：

> 王曰："寡人有疾，寡人好货。"对曰："昔者公刘好货。诗云：'乃积乃仓，乃裹糇粮，于橐于囊，思戢用光。弓矢斯张，干戈戚扬，爰方启行。'"故居者有积仓，行者有裹粮也，然后可以爰方启行。王如好货，与百姓同之，于王何有！"（《梁惠王章句下》）

所论诗句出自《大雅·公刘》。"乃积乃仓"毛传曰："言民事时和，国有积仓也。"又"弓矢斯张"及以下传曰："张其弓矢，秉其干戈戚扬，以方开道路，去之豳，盖诸侯之从者十有八国焉。"郑玄笺云："公刘之去邰，整其师旅，设其兵器，告其士卒曰：为女方开道而行。"① 由此可见，诗句的意思是公刘积累粮食储备而后率领士卒由邰迁入豳，并未说公刘好货，更未包含公刘与百姓共同分享物资之义，而孟子不顾诗篇的整体意思，将"乃积乃仓"解释为"居者有积仓"，将"爰方启行"解释为"行者有裹粮"。

从以上诸例可以看出，孟子没有专门解《诗》，而是在论述某个道理的过程中对《诗》加以引用，从而体现出自己的理解。这种理解不是去推求《诗》作者之本义，而是用断章取义的方法围绕政教做文章，其目的是借《诗》来牵合儒家的伦理学、政治学。这是对孔子诗教传统的继承。不唯如此，其断章取义的解《诗》方式同样源自孔子。

---

① 《毛诗正义》，李学勤主编：《十三经注疏》，北京：北京大学出版社，1999年，第1111页。

《八佾》所引"巧笑倩兮,美目盼兮,素以为绚兮"出自《卫风·硕人》,毛诗无"素以为绚兮"一句。从《硕人》整首诗来看,它在描绘齐女出嫁卫庄公的场面,并花大量笔墨铺陈齐女的美貌:"手如柔荑,肤如凝脂。领如蝤蛴,齿如瓠犀。螓首蛾眉,巧笑倩兮,美目盼兮。"郑玄笺云:"此章说庄姜容貌之美。"① 诗本是描绘美女容貌,孔子却只将"素以为绚兮"摘出解作绘画原则,并声称礼在其中。② 需要指出的是,孔子对"绘事后素"的解释固然可看作一种引申发挥,但断章取义本身就是一种特殊的引申发挥,与一般的发挥诗义相比,其特点是割裂上下文联系,单独摘出某一句进行解释,故将此例归入断章取义更为准确。朱自清先生亦主此说。③ 可以说,承接着孔子的诗教观,孟子作为儒家传教者的身份决定了其必然择取断章取义的解《诗》模式。

需要注意的是,孟子断章取义式的引《诗》虽十分普遍,但并不能说孟子凡所征引皆是断章取义。朱自清先生在《诗言志辨》中指出秦汉诸子引《诗》皆是断章取义一类④,而没有注意到尚有其他情形。

个别情况下,孟子引《诗》的目的不在发挥政教意义,而是引《诗》证史,即把《诗》中所载的具体信息作为其认识探究古史的证据:

> 《诗》云:"雨我公田,遂及我私。"惟助为有公田。由此观之,虽周亦助也。(《滕文公章句上》)

---

① 《毛诗正义》,李学勤主编:《十三经注疏》,北京:北京大学出版社,1999年,第223—224页。
② 杨伯峻:《论语译注》,北京:中华书局,1980年,第25页。
③ 朱自清:《诗言志辨》,上海:开明书店,1947年,第114页。
④ 朱自清:《诗言志辨》,上海:开明书店,1947年,第114—115页。

这是通过《诗》中关于公田的记载来证明周朝实行助法。通过经典中的具体记载来认识古史事实和真相，是为研究的态度。需要说明的是，研究态度是一回事，而结论的正确与否则当别论。冯友兰先生虽早已指出孟子"虽周亦助"的错误①，但孟子的研究态度却值得肯定②。引《诗》证史是孟子认识历史的一种方法，这与断章取义是明显不同的。但孟子毕竟是儒家思想的宣传者，仁义思想是他引《诗》的预设前提，这导致他的引《诗》证史往往滑入推求大义：

> 昔者太王好色，爱厥妃。《诗》云："古公亶父，来朝走马，率西水浒，至于岐下，爰及姜女，聿来胥宇。"当是时也，内无怨女，外无旷夫。王如好色，与百姓同之，于王何有？(《梁惠王章句下》)

孟子引《诗》证明了太王爱自己的妃子，但很快就用"与百姓同之"来附会，这是由太王爱其妃的具体事件推求出仁义思想，由小及大。可以说，引《诗》证史最终让位给推求大义，孟子的历史认知观念最终也让位给诗教观念。

---

① 冯友兰：《中国哲学史新编》(上)，北京：人民出版社，2007年，第263页。
② 从孟子整体的释义学思想来看，引经证史不是孤例。"当尧之时，水逆行，泛滥于中国，蛇龙居之，民无所定；下者为巢，上者为营窟。《书》曰：'洚水警余。'洚水者，洪水也。"(《滕文公章句下》)这是通过《书》中的记载来认识上古洪水泛滥的历史。"士之失位也，犹诸侯之失国家也。《礼》曰：'诸侯耕助，以供粢盛；夫人蚕缫，以为衣服。牺牲不成，粢盛不洁，衣服不备，不敢以祭。惟士无田，则亦不祭。'"(《滕文公章句下》)这是引《礼》指出士有官做才能获得供祭祀的田地，以此来证明有官可做对士的重要性。

二 解《诗》目的与"以意逆志"

孟子断章取义的动机已经明了,那么孟子提出"以意逆志"的动机是什么?我们回到上下文来看。

> 咸丘蒙曰:"……《诗》云:'普天之下,莫非王土;率土之滨,莫非王臣。'而舜既为天子矣,敢问瞽瞍之非臣,如何?"
> 曰:"是诗也,非是之谓也;劳于王事而不得养父母也。曰:'此莫非王事,我独贤劳也。'故说诗者,不以文害辞,不以辞害志。以意逆志,是为得之。"(《万章章句上》)

所引诗句见《小雅·北山》。从全篇来看,这是一首怨恨统治者分配工作不均的诗。咸丘蒙只取其中几句解释为普天之下都是天子的土地,百姓都是天子的臣民,明显是断章取义。对咸丘蒙的解释,孟子并不认可,提出"不以文害辞,不以辞害志",而要"以意逆志"。孟子的观点是典型的作者中心论,其中包含两个步骤。第一步,从整体上把握作者的思想,不能拘泥于部分文字而误解作者意欲表达之义,即"不以文害辞,不以辞害志"。第二步,仅从字面上把握文本还是远远不够,字面意义毕竟不等于作者本义,因此要根据自己的切身体会去推测、揣摩深藏在字面背后的作者深意,即"以意逆志"。这与施莱尔马赫所说的心理学释义方法十分类似:"心理学解释任务就是精确地进入讲者和理解者之间区别的根基里。……首要的任务是把作品的统一理解为它的作者的生命事实,它探问作者是如何来到这种整个作品是由之而发展的基本思想,即这种思想与作者的整个生命有怎样的关系,以及肇始环节与作者所有其他生命环节的联系。"①孟子已经触碰到心理学释义学的基本方法,这是十分深刻的。

可见,孟子的"以意逆志"明显是针对咸丘蒙的断章取义而发的。我们在前文已经论证了孟子在诗教目的的统摄下多进行断章取义式的解读,那么孟子在这里为什么又以"以意逆志"反对断章取义?其根由在于孟子的解释目的发生了变化,他在这里的目的是解《诗》而非诗教,他的角色是解诗者而非传教者。从思想家的自我身份认同来说,身份决定目的,目的决定外在行为。当孟子作为传教者时,他的目的是最大化地宣扬先王之道,因此完全可以断章取义,仅把《诗》作为传教的工具,正如西方传教士对《圣经》的阐释;当孟子作为解惑的师者时,其目的侧重于为弟子解《诗》,把探究《诗》之本义放在十分重要的位置,并进一步传授正确理解《诗》本义的方法——"以意逆志"。因此"以意逆志"的提法是由其师者身份决定的,这在《孟子》中还有其他的证据:

> 公孙丑问曰:"高子曰:《小弁》,小人之诗也。"
> 孟子曰:"何以言之?"
> 曰:"怨。"
> 曰:"固哉,高叟之为诗也!有人于此,越人关弓而射之,则己谈笑而道之;无他,疏之也。其兄关弓而射之,则己垂涕而道之;无他,戚之也。《小弁》之怨,亲亲也。亲亲,仁也。固矣哉,高叟之为诗也!"

---

① 〔德〕施莱尔马赫:《诠释学演讲》,洪汉鼎编:《诠释学经典文选》,北京:东方出版社,2001年,第71—73页。

曰:"《凯风》何以不怨?"

曰:"《凯风》,亲之过小者也;《小弁》,亲之过大者也。亲之过大而不怨,是愈疏也;亲之过小而怨,是不可矶也。愈疏,不孝也;不可矶,亦不孝也。"(《告子章句下》)

可以看出,孟子是从整体上把握《小弁》《凯风》之思想内容的,这与咸丘蒙从整首诗中抽出"普天之下,莫非王土,率土之滨,莫非王臣"一句进行解释的方式截然不同,可以说是"不以文害辞,不以辞害志"。更重要的是,孟子将基本的人情事理作为理解作品的前提,根据人所共有的情感去解《诗》,即以己之切身体会作为推测迎合作者思想感情的基础,这也是"以意逆志"的深刻之处。正是在这个意义上,他批评高叟讲得不合人情、太机械。解释《小弁》《凯风》是"以意逆志"的具体实践,并无明显的说教特征,这说明孟子扮演了解《诗》者的角色。反过来,此角色也决定了他必须"以意逆志",以作者本义为旨归。

显然,孟子断章取义、"以意逆志"是由其两种不同的角色决定的。传道者的角色决定了断章取义,解《诗》者的角色决定了"以意逆志"。因此,断章取义和"以意逆志"是两条并行不悖的释义路数。

三 "以意逆志"的思想来源

在孟子之前相当长的历史时期内,《诗》在诸侯外交上发挥着重要作用,而外交作用的发挥全靠断章取义的释《诗》方式,正如顾颉刚先生所说:"'断章取义'是赋诗的惯例,赋诗的人的心意不即是作诗的人的心意。所以作诗的人尽管作的是言情诗,但赋诗的人尽可用它做宴宾诗。"①所谓"赋诗断章，余所求取"(《襄公二十八年》)②。孔子时代礼崩乐坏，赋诗断章的活动已然衰微，但孔子采取了断章取义的释《诗》方式来说明为人、为学、为政之理，发挥其教化作用，将《诗》和礼乐制度直接挂钩。可见在孟子之前，断章取义具有深远的传统。在此思想背景下，孟子"以意逆志"的释义思想怎能产生呢？其思想渊源是什么？它在孟子那里的思想基础又是什么？

就直接的思想渊源来说，在孟子之前很难找到类似"以意逆志"的痕迹。但思想渊源除了包括直接的影响和启发外，还应包括间接的影响。从这个层面上说，周代以来"献诗陈志"中所包含的认知性解诗思路与"以意逆志"是一贯的：

> 故天子听政，使公卿至于列士献诗，瞽献曲，史献书，师箴，瞍赋，矇诵，百工谏，庶人传语，近臣尽规，亲戚补察，瞽史教诲，耆艾修之，而后王斟酌焉，是以事行而不悖。(《国语·周语》)③

献诗者陈述政治意见、风俗民情，而作为受诗者的天子则通过这些诗去了解和认识政治、社会、风俗状况。君王体察社会现实的目的决定了他对诗的解释必然是认知性的，只有认识、把握作诗者的本义才能正确地把握社会状况。因此"献诗陈志"包含着认知性的解

---

① 顾颉刚：《〈诗经〉在春秋战国间的地位》，《古史辨》(第三册)，上海：上海古籍出版社，1982年，第332页。

② 《春秋左传正义》，李学勤主编：《十三经注疏》，北京：北京大学出版社，1999年，第1077—1078页。

③ 邬国义等：《国语译注》，上海：上海古籍出版社，1994年，第6页。

诗思路。这一点是与"以意逆志"相通的。除"献诗陈志",孔子同样具有以认知诗本义为目的之思想。孔子说:"《诗》可以兴,可以观,可以群,可以怨。迩之事父,远之事君。多识于鸟兽草木之名。"(《阳货》)"观"即发挥考察社会现实的认识作用。"观",郑玄注为"观风俗之盛衰",朱熹注为"考见得失"。① 与"献诗陈志"一样,"可以观"必然要求解诗者正确地体察、认识作诗者的思想情感。不同的是,解诗者已由受诗的天子下移为治学的游士。这正符合孔子"不知言,无以知人"(《尧曰》)的思想。

因此,"献诗陈志""可以观""以言知人"是认知性的解诗思路,孟子沿此思路提出了"以意逆志"的重要思想。这绝不是对先哲的简单承继,其原创性在于将认知性的思路方法论化。

"以意逆志"的方法是根据自身的体会去推测作者的本义,问题是解诗者与作诗者时代、地域、身世皆不同,解诗者何以能正确领会作诗者的本义呢?孟子如何解决这个问题?从孟子的整体思想来看,其一贯的普遍人性论为"以意逆志"提供了立论根据。他说:"人皆有不忍人之心。……由是观之,无恻隐之心,非人也;无羞恶之心,非人也;无辞让之心,非人也;无是非之心,非人也。"(《公孙丑章句上》)孟子认为人的本性是相通的,基本心理是一致的,并深刻认识到这种相通性和一致性同样存在于人的审美实践活动中:"口之于味也,有同耆焉;耳之于声也,有同听焉;目之于色也,有同美焉。至于心,独无所同然乎?心之所同然者何也?谓理也,义也。"(《告子章句上》)普遍人性是人互相理解的基础,当然也是正确

---

① 程树德撰,程俊英、蒋见元点校:《论语集释》(第四册),北京:中华书局,1990年,第1212—1213页。

理解诗——人的思想产物的基础。在此基础上,"以意逆志"的提出是一种必然。这正如释义学家狄尔泰所说:"阐释者的个性和他的作者的个性不是作为两个不可比较的事实相对而存在的:两者都是在普遍的人性基础上形成的,并且这种普遍的人性使得人们彼此间讲话和理解的共同性有可能。"①

"以意逆志"以普遍人性论为基础,同时也突出了解释者的能动作用。"以意逆志"的"意"是解释主体之"意",没有解释主体的能动作用,就谈不上"逆志"。孟子说:"万物皆备于我矣。反身而诚,乐莫大焉。强恕而行,求仁莫近焉。"(《尽心章句上》)"皆备于我"说明主体具备一切心志活动所需的条件和能力,只有根据自身的条件和能力才能"强恕而行"。"强恕"的意思是不懈地推已及人,这恰与"以意逆志"衔接起来。

综上所论,孟子承接了自"献诗陈志"以来的认知性解诗思路,以普遍人性论为根基提出了"以意逆志"的释义学方法论,并且这种方法论突出强调了解释主体的能动作用。

第二节 释《书》中的疑古思想:
"尽信《书》,则不如无《书》"

一 孟子缘何疑《书》

孟子说:"尽信《书》,则不如无《书》。"这句话如格言般尽人皆

---

① 〔德〕施莱尔马赫:《诠释学的起源》,洪汉鼎编:《诠释学经典文选》,北京:东方出版社,2001年,第90页。

知,它明确指出对于前贤遗留下来的经典要持怀疑态度而不可尽信。这个道理现在看来毋庸置疑,但问题在于,《书》是先贤遗留下的经典文本,具有极高的权威性,《孟子》为何敢疑《书》呢?从儒家思想的发展过程来看,儒者似无大胆质疑先贤典籍的精神,而更多的是尊古、崇古思想。《论语·述而》:"述而不作,信而好古,窃比于我老彭";"加我数年,五十以学《易》,可以无大过矣"。《论语·宪问》:"幼而不孙弟,长而无述焉,老而不死,是为贼。"《礼记·王制》:"顺先王《诗》《书》《礼》《乐》以造士。"①《荀子·非十二子》:"上则法舜、禹之制,下则法仲尼、子弓之义。"可见,从儒家一贯的思想传统中难以寻出质疑经典的思想痕迹。孟子疑《书》的思想既无源头可寻,那它是在什么样的具体情况下提出的呢?

在回答这个问题之前,首先有必要澄清,孟子疑《书》决不等于不尊崇《诗》《书》等经典。同儒家先贤一样,他对经典的态度首先是尊崇的、仰视的,这从《孟子》中大量征引《诗》《书》可证。但是,孟子并未死守经典,而是发前人所未发,产生了怀疑的精神。为了说明此怀疑精神产生的根由,最好回到上下文语境进行仔细分析:

尽信《书》,则不如无《书》。吾于《武成》,取二三策而已矣。仁人无敌于天下,以至仁伐至不仁,而何其血之流杵也?(《尽心章句下》)

在孟子看来,武王是仁义的圣王,仁义的武王去讨伐暴虐的纣王,

---

① 《礼记正义》,李学勤主编:《十三经注疏》,北京:北京大学出版社,1999年,第404页。

殷商百姓肯定会箪食壶浆，主动归顺，根本不会有大的流血战争，这是毋庸置疑的。但《武成》恰恰记载了残酷的血战场面，因此孟子认为《武成》的记载不可靠，对仅《武成》"取其二三策"，并提出了"尽信《书》，则不如无《书》"的思想。其逻辑思路如下：

　　武王至仁，所以伐纣绝不会出现大规模的血腥战争→《武成》记载了大规模的血腥战争→《武成》篇的记载不可靠→既然《武成》的记载不可靠，所以"尽信《书》，则不如无《书》"。

　　从中可以看出，孟子之所以提出"尽信《书》，则不如无《书》"，立论根据是《武成》"血之流杵"的记载不可靠，而认定《武成》记载不可靠又是根据"武王至仁"的先行观念。但孟子以先行观念去否定文本中"血之流杵"的具体史实，却是有问题的，因为要反驳"血之流杵"的史实，就要拿出反驳的证据而非根据先行的"至仁"观念。孟子不能提供反证，而是先入为主地解释文本，对文本中具体事实的解释都紧紧围绕"至仁"这一思路。当文本中的记载实在难以与"至仁"观念合拢对接时——例如"血之流杵"无论如何是难以附会上"武王至仁"的——孟子只好与信奉的经典决裂，不得不承认《武成》不可靠，"尽信《书》，则不如无《书》"也就自然提出了。

　　可见，"尽信《书》，则不如无《书》"是孟子以先行的"至仁"观念释《武成》的结果，而从另一方面说，即使《武成》的记载与孟子的"至仁"思想相左，那也只是个例，孟子为何敢旗帜鲜明地提出疑《书》之口号？孟子疑《书》的思想根基是什么？从孟子释《诗》《书》的实践来看，以先行的儒家观念解释经典的现象大量存在，甚至可以说以先行的儒家传统思想——"仁""勇"等观念释《诗》《书》是其释义学最重要的特点，而当先行的观念与文本的记载发生剧烈冲突时,就像孟子解释《武成》那样,疑《书》思想就必然产生了。正是这种普遍性的释义思路和方式,为"尽信《书》,则不如无《书》"的口号提供了支撑。我们先从孟子的释义实践进行具体分析。

例一,以"仁"解《书》,毫不论及战争的残酷:

臣闻七十里为政于天下者,汤是也。未闻以千里畏人者。《书》曰:"汤一征,自葛始。"天下信之,东面而征,西夷怨;南面而征,北狄怨。曰:"奚为后我?"民望之,若大旱之望云霓也。归市者不止,耕者不变。诛其君而吊其民,若时雨降,民大悦。(《梁惠王章句下》)

例二,以"仁"解《诗》,将本是"以力服人"的征伐行为解释为"以心服人":

以力假仁者霸,霸必有大国。以德行仁者王,王不待大。汤以七十里,文王以百里。以力服人者,非心服也,力不赡也;以德服人者,中心悦而诚服也,如七十子之服孔子也。《诗》云:"自西自东,自南自北,无思不服。"此之谓也。(《公孙丑章句上》)

例三,以"勇"解《书》:

《书》曰:"天降下民,作之君,作之师。惟曰其助上帝,宠之四方。有罪无罪,惟我在,天下曷敢有越厥志?"一人衡行于天下,武王耻之。此武王之勇也。而武王亦一怒而安天下之民。

今王亦一怒而安天下之民，民惟恐王之不好勇也。③（《梁惠王章句下》）

"勇"本与征战紧密相连，但在孟子看来，"勇"却能安天下万民，将其放在"仁"的范畴内进行解释。

在这些释义实践中，孟子既然观念先行，那么无论是解《书》还是解《诗》，都是用儒家基本思想进行附会，很难说符合《诗》《书》的原意。或者说，孟子阐释经典，其旨趣在于鼓吹儒家思想，至于解说是否符合文本原意反而变得次要了。由于此种释义方式并不照顾作者及文本的独立性，直接导致了孟子附会式的解经与经典文本、经典本义之间较为明显的矛盾：

其君子实玄黄于匪以迎其君子，其小人箪食壶浆以迎其小人，救民于水火之中，取其残而已矣。《太誓》曰："我武惟扬，侵于之疆，则取于残，杀伐用张，于汤有光。"不行王政云尔，苟行王政，四海之内皆举首而望之，欲以为君。齐楚虽大，何畏焉？（《滕文公章句下》）

孟子认为，汤革夏命，行王道，所以夏朝上至统治者"君子"、下至百姓"小人"皆心悦诚服。但这种解释很难与《泰誓》中的"杀伐用张"相吻合。又如：

象不得有为于其国，天子使吏治其国，而纳其贡税焉，故谓之放，岂得暴彼民哉？虽然，欲常常而见之，故源源而来。"不及贡，以政接有庳"，此之谓也。（《万章章句上》）

在孟子看来，象虽然暴虐，但舜对他仍有仁爱之心，因此派遣官吏帮他治理封地，并想经常见到象，象也频繁地与舜相见。孟子的解释对于申明儒家思想中的悌义无疑是十分成功的，但据阎若璩《四书释地续》考证，舜居蒲阪，象居零陵，相距三千里，且有太行、洞庭之阻，因此孟子所说的"欲常常而见之，故源源而来"显然不合《书》意。①

因此，孟子以自身立场进行的解释与文本间的矛盾比较明显，当这种矛盾扩大到实在难以附会时，孟子就不得不摒弃文本。所以，当咸丘蒙向孟子询问"盛德之士，君不得而臣，父不得而子"的意思时，孟子斥之为"非君子之言，齐东野人之语"；当万章问"百里奚自鬻于秦养牲者，五羊之皮，食牛，以要秦穆公"真实与否时，孟子不加考证，就直接驳斥为"好事者为之"，而驳斥的理由仍然是先行的儒家基本观念和他自身的文化立场："自鬻以成其君，乡党自好者不为，而谓贤者为之乎？"（《万章章句上》）既然在自身立场和经典文本的剧烈冲突中最终摒弃了文本，那"尽信《书》，则不如无《书》"思想的提出就成了孟子释义逻辑上的必然，摒弃文本的释义实践最终会产生与之相应的释义学思想。其基本思路是：以儒家先行观念和自身立场附会经典释义方式，当先行观念与经典出现剧烈矛盾时，则摒弃文本，进而提出"尽信《书》，则不如无《书》"的思想。

---

① 阎若璩云："欲常常而见之，故源源而来，不及待一年之贡期，五年之朝期，以伸吾亲爱之情，岂有兄居蒲阪，弟居零陵，陆阻太行，水绝洞庭，较诸驩兜放处尤远千里之理。"见（清）阎若璩：《四书释地·续二》，《皇清经解》卷二十一，清刻本。

二 "尽信《书》,则不如无《书》"的合理性

前文已交代,孟子并没有提供"血之流杵"记载失实的有力反证。那《武成》"血之流杵"的记载是真实的,还是如孟子所说,根本靠不住呢?只有先弄清这个问题,才能对"尽信《书》,则不如无《书》"作出恰当、合理的评价。

《武成》篇久已亡逸,只在《汉书·律历志》引刘歆《世经》所引的《周书·武成》存有两段81字,向来被鉴定为真,①而据学者考证,亡逸的《武成》被收入《逸周书》中,今《逸周书·世俘》即《尚书·武成》,乃一书二名。②因此,我们可以据《逸周书·世俘》来考察"血之流杵"的记载是否属实。

《世俘》中的几条记载值得注意:

> 癸酉,荐殷俘王士百人。③

朱右曾对此解释说:"庚戌用俘,主燎悬首之旂,此乃献俘也。"④顾颉刚从祭祀制度史的角度认为春秋时期灭国时大量屠杀亡国之臣,

---

① 参见何幼琦:《〈武成〉、〈世俘〉述评》,《江汉论坛》1983年第2期;黄怀信:《由〈武成〉、〈世俘〉与〈利簋〉看武王伐纣之年》,《西北大学学报》(哲学社会科学版)1999年第3期。
② 参见顾颉刚:《〈逸周书·世俘〉篇校注写定与评论》,《文史》1962年第2辑;黄怀信:《由〈武成〉、〈世俘〉与〈利簋〉看武王伐纣之年》,《西北大学学报》(哲学社会科学版)1999年第3期。
③ 黄怀信等撰:《逸周书汇校集注》,上海:上海古籍出版社,2007年,第426页。
④ 朱右曾:《逸周书集训校释》,上海:商务印书馆,1937年,第55页。

杀人祭祀，殷周之际更是如此。① 又：

> 武王乃废于纣矢恶臣人百人，伐右厥甲小子鼎大师。②

据顾颉刚，"伐"为"以戈临于人颈，即是杀也"，可知"小子""太师"皆被杀。又：

> 伐厥四十夫，家君、鼎帅、司徒、司马，初厥于郊号。③

"伐"即为"杀"，可知"四十夫"亦为屠戮对象。又：

> 馘磿亿有十万七千用七百七十有九，俘人三亿万有二百三十。④

《说文解字》曰："聝，军战断耳也。《春秋传》曰：'以为俘聝。'"又曰："聝或从首。"⑤即"馘"。可见"馘"即为两军交战时，杀死敌人割下耳朵以记功。"馘磿亿有十万七千用七百七十有九"，可见杀人之多。

从这几条文献来看，《武成》确实记载了"血之流杵"的血腥斗争，而孟子认为这些记载都不可靠，理由仅仅是这些记载与孟子的

---

① 顾颉刚：《〈逸周书·世俘〉篇校注写定与评论》，《文史》1962年第2辑。
② 黄怀信等撰：《逸周书汇校集注》，上海：上海古籍出版社，2007年，第438页。
③ 黄怀信等撰：《逸周书汇校集注》，上海：上海古籍出版社，2007年，第439页。
④ 黄怀信等撰：《逸周书汇校集注》，上海：上海古籍出版社，2007年，第435页。
⑤ 段玉裁：《说文解字注·十二篇上》，上海：上海古籍出版社，1981年，第592页。

观念相冲突，这种无证盲断式的反驳显然是不能成立的，这一点前文已论，此不赘。大凡改朝换代，新力量与旧力量相冲突时，必有血腥征战，秦灭六国如此，楚汉之争亦如此，这是历史发展的规律，周代商如何独能避免？顾颉刚不仅证实"血之流杵"的记载，还详细考证出伐纣过程中所杀人数、征伐国数以及俘虏、兵车、猎物、牺牲、器物的详细数目，他说："武王克殷时大量杀戮殷方的人民，掠夺殷国的财富，以及祭祀上帝和祖先时的极度铺张和残酷，都明明白白地放在我们的面前。"①这样看来，确实是孟子错了。

孟子错误地认为《武成》的记载不真实，但是这错误的判断反而成了"尽信《书》，不如无《书》"的立论根据。孟子主张，对于经典中的记载，后世学者不可尽信，要持有一种反思、怀疑的精神。这句话道出了学术研究的一个公理，其正确性在于古书中的记载确有不可靠之处(例如《史记·五帝本纪》中记载的大量传说)。王国维在《古史新证》中将这个道理发挥得最为精彩："上古之事，传说与史实混而不分：史实之中固不免有所缘饰，与传说无异，而传说之中，亦往往有史实为之素地，二者不易区别。此世界各国之所同也。……又汲冢所出《竹书纪年》，自夏以来皆有年数，亦谍记之流亚。皇甫谧作《帝王世纪》，亦为五帝三王尽加年数。后人乃复取以补《太史公书》。此信古之过也。"②但问题在于，孟子以错误的判断作根据，如何能推出"尽信《书》，则不如无《书》"这一公理呢？如果说孟子对"血之流杵"的错误判断是经验事实，"尽信《书》，则不如无《书》"

---

① 顾颉刚：《〈逸周书·世俘〉篇校注写定与评论》，《文史》1962年第2辑。
② 王国维：《古史新证》，《古史辨》(第一册)，上海：上海古籍出版社，1982年，第264—265页。

是先验原理,那么事实与原理、经验与先验的关系是怎样的?它们之间有无必然联系?

在先验论哲学家康德看来,先验原理如时空观念、因果律、必然率是先于经验存在的,这些先验范畴与经验无关。"虽然我们的知识中没有丝毫能够超越经验,然而有一部分仍旧是先天的,不是从经验按归纳方式推断出来的。"[1]例如警察接到命案,会问正常死亡还是非正常死亡,自杀还是他杀,何时何地,原因是什么。时空观、因果律、必然率先验地存在于警察的头脑之中,因此不需要任何调查经验就能提出这些问题。但这个思想至今仍然遇到了某些持唯物主义思想的学者的质疑。他们反驳道:即使是时空观、因果律、必然率等先验观念,也是人类在长期的社会实践中不断积累经验的结果,先验原理的形成也是人类实践经验长期化的结果。他们举例说:几何学就是人类在长期丈量土地的过程中发明的,万有引力定律就是在经验的不断积累(如观察苹果落地)中总结出来的。这种反驳看似很有道理,其实经不起推敲。因为中国几千年来也在不断积累丈量土地的经验,但几何学的创造为什么归功于希腊欧几里得一人?苹果落地,人人得见,为何只有牛顿一人发现了万有引力定律?因此,先验原理与经验事实无关,现象学理论将这个思想说得十分透

---

[1] 〔英〕罗素著,马元德译:《西方哲学史》(下),北京:商务印书馆,2013年,第271页。

彻。①照此思想来看，孟子对"血之流杵"的错误判断作为一个经验事实，并不能否定作为先验原理的"尽信《书》，则不如无《书》"。也正是在这个意义上，历代虽有学者陆续认识到孟子对"血之流杵"的错误判断②，但他们并没有也不能否定孟子所提出的"尽信《书》，则不如无《书》"作为一个公理的正确性，反而不断将之引用和发挥。

不只是中国的孟子，西方释义学史上同样孕育出了质疑经典所载内容真实性的思想。在17世纪的宗教改革运动中，《教会编年史》作为天主教会的经典文献，是罗马教廷宗教思想的直接承载物，这自然成为新教攻击的靶子。《教会编年史》所载内容与新教的教义冲突剧烈，因此，新教领袖搜集大量的历史文献撰写了《马格德堡世纪史》以与《教会编年史》针锋相对，并根据大量的历史记载指出，后者

---

① "从胡塞尔与经验主义和实证主义的辩论中……主要争论之点是，共相或一般本质是否被看作是真正意义上的所与这样一个问题。胡塞尔指责说，在这点上实证主义者是一种消极偏见的受害者，这种偏见使他们看不到不只有个别的材料，特别是不只有感觉材料。数学的洞察是这种附加的洞察的主要例证，但是甚至就是'一切有效的知识都依赖于经验'这个经验主义原则，也是一个恰当的实例。但是，除去反对实证主义这种武断地把给予性限定于个别经验以及它固有的排斥对于一般本质和关系的任何直观之外，现象学在反对未经证实也不能证实的'形而上学的'胡说的斗争中与实证主义并没有严重的分歧。'如果实证主义就只是要把一切科学毫无成见地建立在"确实性"之上，即建立在直接把握住的东西之上，那么我们就是真正的实证主义者。'"参见〔美〕赫伯特·施皮格伯格著，张金言译：《现象学运动》，北京：商务印书馆，2011年，第174—175页。

② 例如朱熹已经对孟子的判断产生怀疑。朱熹说："然《书》本意，乃谓商人自相杀，非谓武王杀之也。孟子之设是言，惧后世之惑，且长不仁之心耳。"见（宋）朱熹：《四书章句集注》，北京：中华书局，2012年，第372页。朱熹对"血之流杵"的解释固可商榷，但他并没有盲从孟子却否定"血之流杵"这一事实记载。近人顾颉刚彻底否定了孟子之说。参见顾颉刚：《〈逸周书·世俘〉篇校注写定与评论》，《文史》1962年第2辑。

所载的圣徒事迹在很大程度上是不可信的,从而为新教教义的传播扫除了障碍。新教领导者在解释经典时遭遇的困境与孟子类似,即解释者在面对经典文本时,早已戴上了"有色眼镜",但经典中的某些内容是即便如此也难以"过滤"的,这时经典本身与解释者必然会产生剧烈的冲突。这种冲突最终以解释者"疑经"的方式解决。但与孟子不同的是,他们对冲突的处理更为理性,即以更加扎实的文献功夫作后盾,以新的证据(即使这些证据同它们的攻击对象一样包含着诸多迷信成分)作为质疑经典的资本。因此可以说,新教派的释义学思想含有更为强烈的理性精神,而孟子释义学思想中的怀疑精神显得更为极端。但从另一个方面来说,孟子思想的出现显然要早得多,这是中西方学者都不能抹杀的。

三 孟子疑《书》的影响

"尽信《书》,则不如无《书》"的影响是巨大的。孟子"至仁"观念先行,进而质疑《书》中记载,对《书》的大部分内容不予承认。这种以绝对自我的主观态度强行解释经典,对于内容取舍皆从己意的释义方式,最终演变为中国文化史上的删书、改书风气。例如南宋朱熹为了建立自己的理学体系,用臆断的手法,删改《孝经》和《大学》强证己说。经学史家周予同先生对此评论道:"考宋学在经学上所以不及汉学者,尚不在于不信注疏,怀疑经传;而在于删改本经,以就己说。盖校改旧籍,尚须凭证;况经传含有宗教性,岂可绳以主见,强为移易。"[①]朱熹删改经书,自然是出于对原典部分内容的不满。除了经学,即是词曲、小说中删改文本以从己意的现象也是普

---

① 周予同:《朱熹》,朱维铮编校:《周予同经学史论著集》,上海:上海人民出版社,1983年,第167页。

遍的。例如金圣叹评点《水浒》时，对后四十回不满，于是腰斩文本，干脆将其删去。不唯如此，历代统治者为了巩固其自身政权，删书、毁书更是不计其数。如明洪武帝朱元璋对《孟子》中的民本思想极为反感，于是下令将有关民本内容的章节全部删除。又如清代统治者在修《四库全书》的过程中删、焚了大量的书籍。①无论是学者删书以迁就自己的思想，还是统治者为政治目的而删、焚书，都不难看出其与孟子"取其二三策而已"在思路上的关联，只不过他们更为彻底和激进，把孟子的主观倾向性和目的性"落实"了。

"尽信《书》，则不如无《书》"在孟子那里指的是对于《书》中的记载不可尽信，至多可引申为对一切典籍的记载都要持怀疑的态度。然而，从现代学术的眼光来看，"尽信《书》，则不如无《书》"尚有更为深刻的内涵：一是指对于古书的真伪要持警惕态度，二是指对古书中的义理不可尽信。梁启超先生对这两类有很好的概括：盖自《尚书古文疏证》"以往，而一切经文，皆可以成为研究之问题矣；再进一步，而一切经义，皆可以成为研究之问题矣。"②虽然两种内涵在孟子的原义中是没有的，③但它们影响却更大，因为一旦对经典的记载发生质疑，那经典本身的真实性与经典义理的正确性自然会受到动摇。孟子疑《书》之例一开，就已经为质疑文本真伪乃至质疑文

---

① 张舜徽：《中国文献学》，郑州：中州书画社，1982年，第28页。

② 梁启超著，夏晓虹点校：《清代学术概论》，北京：中国人民大学出版社，2004年，第143页。

③ 因为孟子"尽信《书》，则不如无《书》"的提出仅仅是针对"血之流杵"这一记载的是否真实而发，并没有质疑《书》的真伪，亦非针对《书》的义理。当代一些学者往往以这后两种内涵去比附孟子的"尽信《书》，则不如无《书》"，这是对孟子原初用意的一种偏离。

本义理合法性的思想打开了大门。

就质疑文本真伪来说,最典型的莫过于《尚书》辨伪学。从南宋吴棫、朱熹质疑《尚书孔传》,再到元代吴澄将伏生古文与伪古文分开,又经过明梅鷟,最后至清阎若璩、惠栋才最终定案。[①]诸贤辨伪的前提是对具有极大权威性、神圣性的古文提出质疑,然后逐渐搜罗证据,待证据充分则真伪立判。与这种思路不同的是质疑经典真伪以就己意,例如康有为的《新学伪经考》。他以今文学的立场,在证据不足的情况下斥《周礼》《逸礼》《左传》《毛诗》为伪经。对此,其弟子梁启超评价道:"往往不惜抹杀证据或曲解证据,以犯科学家之大忌,此其所短也。有为之为人也,万事纯任主观,自信力极强,而持之极毅。其对于客观的事实,或竟蔑视,或必欲强之以从我,其在事业上也有然,其在学问上也亦有然。"[②]从现代科学追求事实、真相的眼光来看,康在毫无证据的情况下质疑经典真伪的做法实不足道。但从释义学的角度来看,康以"强之以从我"的纯主观态度质疑经典,从而为阐发今文经学思想扫除了障碍,其以经术缘饰政治的阐释策略恰恰是中国释义学十分重要的特点。这种释义思路十分类似西方释义学家伽达默尔所说的:"所有这种理解最终都是自我理解。……谁理解,谁就知道按照他自身的可能性去筹划自身。"总之,不难看出康对孟子疑经思想的遥接。

就质疑义理来说,较典型的代表是朱熹的《诗集传》。他批评《诗

---

① 参见朱自清:《经典常谈》,北京:生活·读书·新知三联书店,1980 年,第 26—27 页;刘起釪:《尚书》,杨伯峻主编:《经书浅谈》,北京:中华书局,1984 年,第 26—27 页。

② 梁启超著,夏晓虹点校:《清代学术概论》,北京:中国人民大学出版社,2004 年,第 199—200 页。

序》:"《诗》本易明,只被前面《序》作梗。《序》出于汉儒,反乱《诗》本意。"①又言:"历言《小序》大无义理,皆是后人杜撰,先后增益凑合而成。多就《诗》中采摭言语,更不能发明《诗》之大旨。"②《诗序》的权威性毋庸置疑,但朱熹却敢大加质疑:"凡《诗》之所谓风者,多出于里巷歌谣之作,所谓男女相与歌咏,各言其情者也。"③他并不羁于伦理道德说教,而强调应把《诗》的情感因素放在首位,这就从文学的角度得出《诗经》中一部分诗为"男女淫泆之诗"的观点,从而破除了"思无邪"的迷信。周予同先生认为朱熹不信注疏、怀疑经传④,确为的论。五四时期古史辨派的一项重要工作就是对经典义理进行重新审视。顾颉刚在《〈诗经〉在春秋战国间的地位》一文中说:"我写这篇文字的动机,最早是感受汉儒《诗》学的刺激,觉得这种的附会委实要不得。"⑤这显然是批评汉儒的义理之学。

从现代释义学来看,孟子疑《书》是典型的读者中心论。他的用心不在推求经典原义,而是以自己的思想强行解释经典。当文本记载与自身立场相冲突时,他敢于质疑记载的真实性,这与西方的

---

① (宋)黎靖德编,王星贤点校:《朱子语类》(第六册),北京:中华书局,1986年,第 2074 页。

② (宋)黎靖德编,王星贤点校:《朱子语类》(第六册),北京:中华书局,1986年,第 2078 页。

③ (宋)朱熹:《诗集传》,朱杰人、严佐之、刘永翔编:《朱子全书》,上海:上海古籍出版社,合肥:安徽教育出版社,2002 年,第 105 页。

④ 周予同:《朱熹》,朱维铮编:《周予同经学史论著集》,上海:上海人民出版社,1983 年,第 167 页。

⑤ 顾颉刚:《〈诗经〉在春秋战国间的地位》,古史辨(第三册),上海:上海古籍出版社,1982 年,第 310 页。

"关于莎士比亚,关于拉辛,我所讲的就是我自己"①十分吻合。但所谓"我所讲的是我自己",将解释者的权利最大化,却打击了文本事实内容的合法性。相比之下,孟子将经典本身看作发挥自己思想的试验场,当这个试验场的范围不足以容纳他的思想乃至对他的思想有所限制时,他敢于质疑试验场本身的合理性,甚至拆毁场地的围栏。质疑经典所载事实以就己意的思想,在后世更为激进的经典阐释活动中,最终以删书形式得到了"落实",并且为质疑经典的义理、甚至为质疑经典真伪以就己意的释义思路打开了大门,从而极大地动摇了经典原义乃至经典本身的权威性。孟子是明确提出质疑经典的第一人,他的释义学思想在中国的经典释义学史和文化史上产生了重大影响。

第三节 《诗》《书》的作者与时代:"知人论世"

一 "知人论世"再审视

孟子说:"一乡之善士斯友一乡之善士,一国之善士斯友一国之善士,天下之善士斯友天下之善士。以友天下之善士为未足,又尚论古之人。颂其诗,读其书,不知其人,可乎?是以论其世也。是尚友也。"(《万章章句下》)汉赵岐注曰:"读其书者,犹恐未知古

---

① 伍蠡甫编:《西方文论选》(下卷),上海:上海译文出版社,1979年,第267页。

人高下,故论其世以别之也。"① 孟子这段话被简化为"知人论世",在学界多有探讨。但"知人论世"在孟子那里所指的思想内涵是什么?学界对这个问题的看法是有分歧的,这种分歧也直接导致了"知人论世"思想被归入不同的学科。

最流行的说法是"知人论世"为说诗的方法。② 其核心观点是,要对诗(文学)进行合理的认识、评论、鉴赏,就不能脱离作者的时代、身世。这种说法的合理性在于对文学产生的历史背景给予了相当的尊重。一部《红楼梦》只有搞清了作者的身世及其时代背景,才能合理地分析其美学效果和思想意义,因此胡适《红楼梦考证》断定后四十回为高鹗续作之后,王国维《红楼梦评论》中凡有关这些部分的评论文字就立刻失去了说服力。但是把"知人论世"看作说诗的方法是有问题的。据孟子的原文来看,"知人论世"不仅是"颂其诗",还是"读其书"的前提,并且,仅"诗"的概念,也比以美为特质的文学概念宽泛得多。因此在孟子那里,"知人论世"虽涉及说诗,但其义并不限于此。将"知人论世"归入文学批评的范畴,虽认识到"知人论世"涉及文学批评思想,也看到了其对后世文学批评思想的深刻影响,但对孟子的原意缺乏更为全面、立体的认识。

与把"知人论世"看作文学批评这一观点直接相对立的是朱自清的"修身"说:

> 至于"知人论世",并不是说诗的方法,而是修身的方法,

---

① 《孟子注疏》,李学勤主编:《十三经注疏》,北京:北京大学出版社,1999年,第291页。
② 林继中:《"知人论世"模式之流变》,《文学前沿》2001年第1期。

> "颂诗""读书"与"知人论世"原来三件事并列，都是成人的道理，也就是"尚友"的道理。后世误将"知人论世"与"颂诗读书"牵合。①

他认为，"颂诗读书"与"知人论世"并无逻辑上的必然联系，它们都是古人"尚友"进而修身的方法。至于下此结论的原因，朱自清没有进一步说明。这种说法是否有道理？回到孟子的上下文语境来看，他整段都在说"尚友"问题，从"友一乡之善士"到"友一国之善士"进而"友天下之善士"，除此，还要更进一步，即"尚论古之人"，最后说"是尚友也"。因此，正如朱自清所说，"颂诗读书"与"知人论世"都是修身的法子，这一点是无疑的。但朱自清对"颂诗读书"与"知人论世"关系的看法可靠吗？在孟子那里"颂诗读书"与"知人论世"之间到底有没有逻辑上的联系？"颂其诗，读其书，不知其人，可乎？是以论其世也。是尚友也。"这句话中"诗""书""人""世"主语都是"其"字，说明孟子的思维是一贯的，据此可推断"不知其人，可乎？是以论其世也"在运思上紧紧承接着"颂其诗，读其书"。特别关键的是，孟子用了疑问式的表达："不知其人，可乎？"这疑问明显是针对"颂其诗，读其书"而发，若"颂诗读书"与"知人论世"无关，孟子没必要用疑问式的表达。正是看到"颂诗读书"尚难以合理地把握诗书中的思想，他才提出设问，指出以"知人论世"矫"颂诗读书"之偏。就《孟子》全书来看，"言"与"人"始终都是放在一起讲的，强调言

---

① 朱自清：《诗言志辨》，上海：开明书店，1947年，第24页。

语(包括诗、书)应与外在行为相一致，如："君子之言也，不下带而道存焉；君子之守，修其身而天下平。"(《尽心章句下》)；"言非礼义，谓之自暴也；吾身不能居仁由义，谓之自弃也"(《离娄章句上》)；"诵尧之言，行尧之行"(《告子章句下》)。由此更加可以肯定，"知人论世"本来就是由"颂诗读书"而发的，而非后世的牵合。

总结上述两种看法，"文学批评"说过分强调了"知人论世"在诗学批评层面上的内涵，却对孟子的本义缺乏更完整的认识，有断章取义之弊；"修身"说虽能指出"颂诗读书"与"知人论世"都是围绕儒家"修身"传统而发，却抹杀了"颂诗读书"与"知人论世"在思想内涵上的关联，没能认识到"知人论世"对正确理解诗书所起的重要作用。可以说，"颂诗读书"和"知人论世"都是君子修身的重要途径，仅就两者的内在关系来说，"知人论世"是"颂诗读书"——正确理解诗书意义的必要前提。

既然"知人论世"是文本意义正确理解的前提，那么不妨从释义学的角度来观照它，因为释义学的核心问题正是意义如何理解。现代一些学者已经从这个角度进行了一些探讨。[①]特别值得注意的是，"知人论世"是对孔子"以言知人"思想[②]的重要推进。"以言知人"的思路是解释者通过"言"去认识"人"(的思想、行动)，而孟子把"颂其诗，读其书"放在"不知其人"之前，说明他已经认识到"以言知人"的局限，单单"颂诗读书"还不能真正达到"知

---

① 参见周光庆：《中国古典解释学导论》第五章第二节"孟子首倡的知人论世说"，北京：中华书局，2002年；李承贵：《"知人论世"：作为一种解释学命题的考察》，《齐鲁学刊》2013年第1期。

② 详见"孔子的释义学思想"一章附论。

人""尚友"的目的,还需要"知人论世",也就是通过作者的身世、时代背景去正确理解经典的意义。这就补上了"以言知人"的缺陷,并具有了释义学的方法论意义。

二 "知人论世"与释义实践的错位

孟子虽然明确提出"知人论世"的原则和方法,但从他的具体释义实践来看,很难说遵循了此原则和方法。

为说明其释义原则与实践的冲突,我们先分析几个事例:

> 今也南蛮𫛢舌之人,非先王之道,子倍子之师而学之,亦异于曾子矣。……《鲁颂》曰:"戎狄是膺,荆舒是惩。"周公方且膺之,子是之学,亦为不善变矣。(《滕文公章句上》)

"戎狄是膺,荆舒是惩"出自《鲁颂·閟宫》,而此句上文"周公之孙,庄公之子"已经清楚地表明了绝不是指周公之事。《诗序》曰:"《閟宫》,颂僖公能复周公之宇也。"[1]孔颖达疏云:"作《閟宫》者,颂美僖公能复周公之宇,谓复周公之时土地局处也。"[2]因此,这首诗是在赞美鲁僖公无疑。孟子不顾语境,把"戎狄是膺,荆舒是惩"置于周公身上,借此表达遵循王道的思想,这就把《閟宫》的时代完全搞错了。孟子不顾上下文固然可以说是断章取义,但他不顾经典文本的

---

[1] 《毛诗正义》,李学勤主编:《十三经注疏》,北京:北京大学出版社,1999年,第1407页。

[2] 《毛诗正义》,李学勤主编:《十三经注疏》,北京:北京大学出版社,1999年,第1407页。

时代，更是走向了"知人论世"的反面。因此，顾颉刚说："有人说他也是断章取义，并非过误。但春秋时人的断章取义是说得通的，因为他们只取诗句的意思，并不说作诗的人的历史；孟子就说不通了，他明明指定了周公了，明明派在'圣王不作'的反面了，他已经把颂春秋时人的诗装在西周初年的历史上了！"①又如：

> 万章问曰："《诗》云：'娶妻如之何？必告父母。'信斯言也，宜莫如舜。舜之不告而娶，何也？"
>
> 孟子曰："告则不得娶。男女居室，人之大伦也。如告，则废人之大伦，以怼父母，是以不告也。"(《万章章句上》)

所引诗句出自《齐风·南山》。孟子的运思逻辑是：1.《诗》具有神圣性，《诗》中的垂训适用于古今；2.《诗》指出，娶妻必先告诉父母；3.《诗》所言是一种必须遵守的礼制；4.舜作为圣王本应遵守这一礼制；5.但遵守这一礼制就不得娶妻，所以舜没有遵守。由此可见，孟子论述的前提是将《诗》"娶妻如之何？必告父母"这一句理解为古今通用、不容违背的礼制，但看《南山》原文，其前提却是有问题的。《南山》上文有"鲁道有荡，齐子由归""鲁道有荡，齐子庸止"之句，这分明是在说齐国与鲁国间的一个具体历史事件。《诗序》也说："《南山》，刺襄公也。鸟兽之行，淫乎其妹。"②可见《南山》中所说的礼制具有历史性，并没有说这种礼制是古今同一的。孟子将其理解为古

---

① 顾颉刚：《〈诗经〉在春秋战国间的地位》，古史辨(第三册)，北京：中华书局，1982年，第362页。

② 《孟子注疏》，李学勤主编：《十三经注疏》，北京：北京大学出版社，1999年，第340页。

今通制,当"娶妻如之何?必告父母"与儒家根深蒂固的舜是完人、男女伦理、孝道等观念发生剧烈冲突时,他的解释显得十分牵强,绝非"知人论世"。

从孟子总论《诗》义的情况来看,也谈不上"知人论世":

> 王者之迹熄而《诗》亡,《诗》亡然后《春秋》作。(《离娄章句下》)

赵岐注曰:"王者谓圣王也。太平道衰,王迹止熄,颂声不作,故《诗》亡。《春秋》拨乱,作于衰世也。"[①]可见在孟子看来,《诗》作于盛世,所以主题是颂美,《春秋》作于乱世,所以主题是拨乱反正。但《诗》的实际情形是,反映东周乱世的诗远远多于歌颂西周盛世之诗。孟子对《诗》的评论脱离了西周、东周不同的时代背景,这与其历史观密切相关:

> 是故文武兴,则民好善;幽厉兴,则民好暴。(《告子章句上》)
>
> 天下之生久矣,一治一乱。(《滕文公章句下》)

在他看来,历史由圣王和暴君决定,特点是治乱循环。在此历史观的主导下,他认为也应有反映治世和乱世的经典,因此他分别用《诗》《春秋》比附治、乱,以寄托自己的理想和对现实的批判。在这

---

① 《孟子注疏》,李学勤主编:《十三经注疏》,北京:北京大学出版社,1999年,第226页。

种思维下,他才说《诗》是"王者之迹"。

孟子对《书》同样不能做到"知人论世"。例如:

> 尽信《书》,则不如无《书》。吾于《武成》,取二三策而已矣。仁人无敌于天下,以至仁伐至不仁,而何其血之流杵也?(《尽心章句下》)

"血之流杵"的记载是难以与儒家的仁义思想相合的,甚至附会式的解释也完全失去了效力,仁义观念无论如何也难以附会"血之流杵"的记载。所以,孟子不得不质疑《书》,否定《书》的记载。孟子置经典中的记载于不顾,以极其主观的态度否定历史文献,这种态度与他所说的"知人论世"是截然相反的。

由上述几个例子来看,孟子的释义实践和"知人论世"原则是不相符的,其原因何在?顾颉刚先生说孟子"自己就是最不会论世尚友的人。他看的时代的好坏是截然的,是由几个人做出来的"[①]。按照顾的理解,"知人论世"只是孟子释义的愿望,在释义实践中孟子没有"论世尚友"的能力,但事实上绝非这么简单。我们在上文已经提到,"知人论世"是孟子在"尚友"的语境下提出的,同先贤交友是提高自身修养的基本途径,而交友的媒介是作为《诗》《书》的经典文本,为了正确理解先贤的思想就必须"知人论世"。简言之,要"尚友"的目的必须要"知人论世",唯有如此才谈得上是古人的知己。这其实是对孔子交友识人思想的发展。孔子说"巧言

---

① 顾颉刚:《〈诗经〉在春秋战国间的地位》,《古史辨》(第三册),上海:上海古籍出版社,1982年,第360页。

令色,鲜矣仁"(《学而》),又说"听其言而观其行"(《公冶长》),这是在讲同周围人交往时不应只听言语,还应通过具体行为真正了解其人。孟子则进一步指出,不但同"一乡""一国"之人的交往应该遵循"听其言而观其行"原则,同古人交往也应如此,《诗》《书》即是古人之言,"知人论世"则是观古人之行。而孟子违背"知人论世"的原则时,其目的并不是"尚友",而是最大限度地发挥经典文本的教化作用,这又是对孔子教化思想之承接和发扬。总之,孟子释义原则和释义实践看似冲突,其实并不矛盾。"尚友"目的决定了必须回归先贤本义,并且在此基础上提出"知人论世"的客观性释义原则,这同时也是回归作者本义的重要方法论。与"尚友"目的并存的是孟子的政教目的,这一目的决定了孟子必须要曲解本义,只有如此,他才能最大限度地发扬、传播其"王道"理想。照此看来,顾颉刚先生对"知人论世"的评价脱离了"尚友"的基本语境,是有失公允的。

其实,不只是孟子,诸子百家皆站在自身立场对经典文本作了或多或少的曲解。韩非说:"孔子、墨子俱道尧、舜,而取舍不同,皆自谓真尧、舜。"(《显学》)他指出儒墨对尧舜进行了强制阐释。其所谓的"尧舜"是一种统称,不仅仅指尧舜的事迹,还应该包括记载其事迹的经典文本,这从儒墨称道圣王事迹必论及经典可知。《论语》:"大哉尧之为君也!巍巍乎!唯天为大,唯尧则之。荡荡乎,民无能名焉。巍巍乎其有成功也,焕乎其有文章。"(《泰伯》)魏何晏注曰:"其立文垂制又著明。"[1]可见孔子所说的"文章"既包括

---

[1] 《论语注疏》,李学勤主编:《十三经注疏》,北京:北京大学出版社,1999年,第106页。

具体的制度,又包括记录这些制度的文献。《墨子》曰:"虽《禹誓》亦犹是也。禹曰:'济济有众,咸听朕言……以征有苗。'"(《兼爱下》)因此,儒墨对尧舜的强制阐释与对经典文本的强制阐释是同一的。其他诸家亦如此,他们对先王典籍的解释并不以回归经典本义为旨归,而是站在各自的立场对典籍作出不同的发挥、曲解。正所谓"仁者见之谓之仁,智者见之谓之智"。这也导致了诸子的争论模式是"曲解驳曲解",自说自话。孟子正是如此,他对经典作了曲解、误解、错解、发挥,但他却不能容忍诸子对经典的曲解:

> 当尧之时,水逆行,……使禹治之。……尧舜既没,圣人之道衰,暴君代作。坏宫室以为污池,民无所安息。弃田以为园囿,使民不得衣食。邪说暴行又作。……世衰道微,邪说暴行有作,臣弑其君者有之,子弑其父者有之。孔子惧,作《春秋》。《春秋》,天子之事也。是故孔子曰:"知我者其惟《春秋》乎!罪我者其惟《春秋》乎!"圣王不作,诸侯放恣,处士横议,杨朱、墨翟之言盈天下。天下之言,不归杨,则归墨。杨氏为我,是无君也;墨氏兼爱,是无父也。无父无君,是禽兽也。……吾为此惧,闲先圣之道,距杨墨,放淫辞,邪说者不得作。……我亦欲正人心,息邪说,距诐行,放淫辞,以承三圣者;岂好辩哉?予不得已也。能言距杨墨者,圣人之徒也。(《滕文公章句下》)

此段论述中,孟子连用了六个"作"字。文中的"作"字有两层含义:一指圣王兴治与暴君作乱;二指先贤立说与邪说兴起,具体则指孔子作《春秋》与杨墨作淫辞邪说。第一层含义明白无疑,第二层则有待推敲。

作《春秋》与作邪说应当如何理解？是不是写一本《春秋》与写一本邪门歪道的书呢？并非如此，《春秋》本是鲁国历代史官所记，绝非一人所著。汉赵岐注"作《春秋》"，曰："孔子惧正道遂灭，故作《春秋》，因鲁史记，设素王之法，谓天子之事也。"这是承袭司马迁"乃因史记作春秋"①之说。要"因史记"，必然要对其进行阐释，阐释不可能只"作"不"述"，要"作"必先经过"述"。所以，在孟子看来，孔子作《春秋》的意思是，通过阐释《春秋》来设素王之法、行天子之事，仅将《春秋》文本作为立说的资源而已，其"作"的意义远远大于"述"。从引文的整体语境看，孔子作《春秋》与杨墨作邪说是相对而言的，既然孔子作《春秋》是阐释《春秋》，是"作"大于"述"，那杨墨作邪说也同样是阐释经典的行为，同样是"作"大于"述"，只不过孔子立说是正道，杨墨立说是邪道。孟子认为："处士横议，杨朱、墨翟之言盈天下。"诸子的"横议"固然是曲解，很难说符合经典原义，但孟子又哪里是向经典原义靠拢呢。对于杨、墨来说，孟子又何尝不是"横议"？孟子虽与诸子互驳，但其曲解经典的模式如出一辙。例如：

> 齐宣王问曰："汤放桀，武王伐纣，有诸？"
> 孟子对曰："于传有之。"
> 曰："臣弑其君，可乎？"
> 曰："贼仁者谓之贼，贼义者谓之残，残贼之人谓之一夫。

---

① 《史记·孔子世家》，北京：中华书局，1959年，第1943页。

>闻诛一夫纣矣，未闻弑君也。"(《梁惠王章句下》)

对史籍记载的"汤放桀，武王伐纣"，孟子和齐宣王的解释截然相反。在宣王看来，桀、纣在身份上是君，汤、武杀掉桀、纣就算弑君。而在孟子看来，桀、纣只能算是"残贼""一夫"，杀之不算弑君。若按照严格的君臣关系，宣王的解释才是正确的。因为君的身份由王室血缘关系决定，而非由其事迹，无论桀、纣如何暴虐无道，在身份上仍然是君，所以杀掉他们就是弑君。且宣王的解释绝非一己之见，其时稷下之学正盛，或多或少会对宣王有所影响。① 但对已将汤、武神化的孟子来说，这种解释断不能接受。他虽说"世道衰微，邪说暴行有作，臣弑其君者有之"，但却将汤、武视为诛杀独夫民贼的圣王。这是为什么？这是因为在他看来，天下有兴衰，世道有治乱，圣王兴作的代表是尧、舜、禹、周公、汤、武，世道衰微的代表则是桀、纣、幽、厉。他硬将这些圣君、暴君分派到治、乱两个阵营里，而不以其具体行为作出评判。孟子以"尧舜为圣王"的预设为前提对经典文本进行了曲解，他以这种方式竭力维护他所尊崇的圣王，也驳斥其他学派对史籍的阐释。又如：

>公孙丑问曰："高子曰:《小弁》，小人之诗也。"
>孟子曰："何以言之？"
>曰："怨。"
>曰："固哉，高叟之为诗也！……《小弁》之怨，亲亲也。

---

① 推测是法家观点，因为其最重君主之势及驭臣之术。

亲亲,仁也。固矣夫,高叟之为诗也!"(《告子章句下》)

《诗》早已被儒家奉为经典,而出自《小雅》的《小弁》却被"高叟"称为"小人之诗",可见"高叟"定非儒家人物,那么"高叟"为何人?赵岐注曰:"高子,齐人也。"孟子称其为"高叟",赵岐注曰:"高子年长。"①可见高子是与孟子同时的齐国学者。孟子曾居齐稷下,高叟很可能是孟子居齐稷下时的对立派。孟子对齐学者的偏见极深,曾直斥所谓的不雅驯之言为"齐东野人之语"(《万章章句上》)。高、孟二人哪一个对《小弁》的解释更合理呢?《小弁》曰:"民莫不穀,我独于罹。何辜于天?我罪伊何?""靡瞻匪父,靡依匪母。不属于毛?不罹于里?天之生我,我辰安在?"这分明是充满了对父母的怨恨和不满,哪有仁的意思呢,可见高子的解释更符合《诗》的本义。孟子以仁附会《诗》义,为曲解,却以强硬的态度驳斥高子。又如:

万章问曰:"象日以杀舜为事,立为天子则放之,何也?"
孟子曰:"封之也;或曰,放焉。"(《万章章句上》)

"或曰,放焉"透露出当时有些人对《尚书》的解释是与儒家解释相左的。象用尽心机想杀掉舜,按照常理,舜应该流放他,孟子却强说舜封象为诸侯,对更合理的解释置若罔闻。又如:

万章问曰:"人有言:'至于禹而德衰,不传于贤,而传

---

① 《孟子注疏》,李学勤主编:《十三经注疏》,北京:北京大学出版社,1999年,第323页。

于子。'有诸?"

  孟子曰:"否,不然也。天与贤,则与贤;天与子,则与子。……禹荐益于天,七年,禹崩。三年之丧毕,益避禹之子于箕山之阴。朝觐讼狱者不之益而之启,曰:'吾君之子也。'讴歌者不讴歌益而讴歌启,曰:'吾君之子也。'"(《万章章句上》)

"人有言"一句同样说明了当时对《尚书》的解释存在很大分歧,除了儒家的解释,尚有不同的看法。认为禹传于子是道德衰微的说法,根据的是历史事实。孟子不从禹传位于子的事实着眼,却用渺茫的天命来进行解释,远不如"至于禹而德衰"之说合理——只要有损圣王的权威,孟子就会坚决予以驳斥。

  可见,孟子对诸家的解释持鄙夷态度。在他看来,曲解经典只是儒家的专利,当儒家之外的诸子都去曲解经典,把经典作为本学派的试验场时,孟子断然不能接受。他坚信自己的解释是最正确的,并且认为自己能"知言",指责其他解释都是"诐辞""淫辞""邪辞""遁辞"(《公孙丑章句上》)。对释义学中的读者中心派来说,对经典的理解永远是无限开放的,"他可能承认,而且他必须承认,未来的世代将以不同的方式理解他在文本中所曾读到的东西"[①]。既然诸子都对经典曲解,那就很难说谁对谁错。孟子以自己的曲解去批驳诸子的曲解,自然显得有些强词夺理,这也是"外人皆称夫子好辩"(《滕文公章句下》)的一个重要原因。

[①] 〔德〕伽达默尔著,洪汉鼎译:《真理与方法》(第一册),商务印书馆,2013年,第481页。

三 "知人论世"与"以意逆志"无直接关联

学界多有将"知人论世"与"以意逆志"并提的论述，认为两者是相互补充、相得益彰的文学批评原则和方法。例如有学者说："孟子'以意逆志'和'知人论世'的批评方法，不仅在中国文学批评史上产生了重大影响，而且与当代文学理论有着内在的契合。……孟子在将观念形态的《诗》作为批评对象时，必然采取一种较为理性的方式，以致使得"'以意逆志'、'知人论世'的批评具有了强烈的认知理性。"①也有人下此判断："我国古典文学作品评论的方法有两种：知人论世和以意逆志，而在实际评论中我们所使用的方法又多为以意逆志。"②这些论断认为"知人论世"和"以意逆志"是孟子关于文学批评的原则和方法，并认为两者在孟子那里是相互补充的。但返回到孟子释义的历史现场，就会发现二者并不是同一层面的问题。"以意逆志"是在具体释义实践中提炼出的方法，它针对断章取义而发，是对释义学方法论的专门思考。"知人论世"首先是一种修身原则，即通过与古今之善士为友而提高自身修养，只不过在修身目的的统摄下，从客观上也透露出一定的释义学思想。

可见，在孟子那里找不到"以意逆志"与"知人论世"相关联的证据，二者无必然联系，将它们并列起来是后世一些学者的主观牵合。古代文学史、思想史研究要凭坚实的证据说话，必须摒弃脱离证据的强制阐释。

---

① 吴瑞霞：《"以意逆志"与"知人论世"——孟子文学批评方法试析》，《湖北师范学院学报》（哲学社会科学版）1999年第2期。
② 吕华明：《"知人论世"与"以意逆志"考论》，《文艺理论与批评》2006年第6期。

第三章　法周隆礼与以礼释经：荀子的释义学思想

法周隆礼是荀子释义学的预设前提。他主张以礼释经，以实践性为释义的根本特征。他认为将解经作为一门纯粹的学问根本行不通，而要通过领悟经中义理来养成德性、提高德行，最终使个人乃至群体行为符合礼制的规范。其释《诗》方式可分四类：断章取义、发挥大义、类比引申、遵循本义；释《书》方式可分三类：断章取义、移花接木、遵循本义。

第一节　释义的预设前提：法周隆礼

先秦诸子对经典的阐释并非持纯粹客观的立场，而皆有其预设前提，此前提制约着他们具体的释义实践、方法和原则。正如伽达默尔所言："只有理解者顺利地带进了他的假设，理解才是可能的。……时代、文化、阶级和种族的无法取消的必然的差距总是一种给予理解以紧迫感和生命的超主观的因素。"[①]在春秋战国礼崩乐坏

[①]〔德〕伽达默尔著,洪汉鼎译:《诠释学》,《真理与方法》(下册),上海:上海译文出版社,1999年,第728页。

的大背景下,诸子解经的预设前提体现为对待传统的不同立场、态度、认识①,而对待传统的不同则集中地体现为"法先王"或"法后王"的文化抉择。

一 荀子所谓"先王""后王"皆指周制

就荀子而言,其对待传统的基本立场是"法后王",此立场直接影响了其释义学思想。荀子说:"故《书》者,政事之纪也。"(《劝学》)又说:"《书》言是,其事也。"(《儒效》)荀子法什么、如何法决定了他对《诗》《书》等圣王典籍的取舍与阐释。因此,在研究荀子的释义学思想之前,首先有必要说明荀子"法后王"的思想。

荀子明确声称要"法后王":

> 王者之制,道不过三代,法不贰后王。道过三代谓之荡,法贰后王谓之不雅。衣服有制,宫室有度,人徒有数,丧祭械用皆有等宜。声则凡非雅声者举废。色则凡非旧文者举息。械用则凡非旧器者举毁。夫是之谓复古,是王者之制也。(《王制》)

荀子认为应以后王时期的制度为规范,是谓"法后王"。但荀子

---

① 朱自清说:"有些倾向于守旧的,便起来拥护旧文化、旧制度,……也有些人起来批评或反对旧文化、旧制度;又有些人要修正那些。还有人要建立新文化、新制度来代替旧的;还有人压根儿反对一切文化和制度。这些人也都根据他们自己的见解各说各的,都'持之有故,言之成理'。"不论各派的见解如何,都离不开对传统的阐释。参见朱自清:《经典常谈》,北京:生活·读书·新知三联书店,1980年,第77页。

又说:

> 不闻先王之遗言,不知学问之大也。(《劝学》)
> 将原先王,本仁义,则礼正其经纬蹊径也。(《劝学》)

荀子既然明确提出"法后王",为什么又强调言行要符合"先王"的规范?要理清此问题,需要说明荀子所说的"后王"与"先王"分别指什么。

最早解释"法后王"的是司马迁。他说:"传曰'法后王',何也?以其近己而俗变相类,议卑而易行也。"①他认为"后王"距离当世较近,风俗习惯相差不多,推行其道容易实行。可见,他所指的"后王"乃距今世年代尚近之王。唐杨倞注《不苟》篇"百王之道,后王是也"一条时则说:"后王,当今之王。言后王之道与百王不殊,行尧舜,则是亦尧舜也。"②在杨倞看来,"后王"即与荀子同时代的君主。遗憾的是,杨倞只是解释了荀子"法后王"的基本内涵,对荀子"法先王"的具体所指并未加以说明。近人章太炎说:"故荀子所谓后王者,则素王是;所谓法后王者,则法《春秋》是。"③按照章氏之意,所谓"后"指时间上的将来,"后王"也就是将来能够王天下之圣人。章太炎不仅未能说明荀子"法先王"与"法后王"的异同,对"法后王"的理解也是在今古文经学对立的思维下作出的

---

① 《史记·六国年表》,北京:中华书局,1959年,第686页。
② (清)王先谦撰,沈啸寰、王星贤点校:《荀子集解》(上册),北京:中华书局,1988年,第48页。
③ 章太炎:《尊荀》,《章太炎经典文存》,上海:上海大学出版社,2003年,第211页。

推测,并未提供坚实的证据。与章氏不同,冯友兰通过对比"先王""后王"在荀子不同篇目中的用法得出"法先王"与"法后王"是一回事的结论:"荀况所说的'先王'和'后王'都是指的周文、武。"①应该说,冯论是比较有说服力的。顺着冯的思路,我们回到《荀子》原篇中进行更为细致的论证。荀子说道:

> 故曰:欲观圣王之迹,则于其粲然者矣,后王是也。彼后王者,天下之君也。舍后王而道上古,譬之是犹舍己之君而事人之君也。故曰:欲观千岁,则数今日;欲知亿万,则审一二;欲知上世,则审周道;欲审周道,则审其人,所贵君子。(《非相》)

从这段材料可以看出,荀子所说的"后王"是指周道,即文、武、周公之道。这是相对于唐尧、虞舜、夏、商而言的。他在同篇中又道出何谓"先王":

> 五帝之外无传人,非无贤人也,久故也。五帝之中无传政,非无善政也,久故也。禹汤有传政而不若周之察也,非无善政也,久故也。传者久则论略,近则论详,略则举大,详则举小。愚者闻其略而不知其详,闻其详而不知其大也。是以文久而灭,节族久而绝。凡言不合先王,不顺礼义,谓之奸言。虽辨,君子不听。(《非相》)

---

① 冯友兰:《中国哲学史新编》(上),北京:人民出版社,2007年,第535页。

荀子认为，五帝乃至禹汤时期虽有善政，但距今久远，其事迹多已湮灭；周代距今最近，保留的典章制度也最为齐备、完整。因此，应以周代为取法对象。可见，荀子所说的"先王"同样是指周主，这是相对于荀子所处的时代而言的。

从《儒效》篇中同样可以找到较为可靠的论据。此篇虽云"先王之道，人之隆也"，但未言及唐尧、虞舜、夏、商之事，倒是两次提到周公与成王。很明显，荀子所谓"先王""后王"同指周代人主。

二　斥孟子"略法先王而不知其统"

荀子批驳孟子"略法先王而不知其统"，这桩公案并未完全澄清。对此问题进行回顾，才能厘清荀子阐释经典的基本定向。

孟子主张"法先王"，他说：

> 《诗》云："不愆不忘，率由旧章。"遵先王之法而过者，未之有也。……为政不因先王之道，可谓智乎？（《离娄章句上》）

孟子所法的"先王"指周道，这与荀子所法的"后王"其实是一致的，只是称谓不同。①但是，荀子为何又严厉斥责孟子"略法先王而不知其统"呢？我们回到上下文分析：

> 略法先王而不知其统，犹然而材剧志大，闻见杂博。案往

---

① 参见冯友兰：《中国哲学史新编》（上），北京：人民出版社，2007年，第535页；刘泽华主编：《中国政治思想通史·先秦卷》，北京：中国人民大学出版社，2014年，第132页。

旧造说，谓之五行，甚僻违而无类，幽隐而无说，闭约而无解。案饰其辞而祗敬之曰：此真先君子之言也。子思唱之，孟轲和之。世俗之沟犹瞀儒，嚾嚾然不知其所非也，遂受而传之，以为仲尼、子游为兹厚于后世，是则子思、孟轲之罪也。（《非十二子》）

从表面看，荀子是在斥责孟子"法先王"，实质上是批评思孟学派的主要思想学说"不知其统"。荀子的意思可分三层：第一，子思、孟子虽法圣王，但并不懂圣王的本来事迹，就圣王典籍来说，他们并没有搞懂本义；第二，子思、孟子只是借圣王事迹来造一家之言，体现在典籍上，就是利用经典来创造本学派的思想；第三，后学惑于子思、孟子之言，以为他们的学说就是孔子、子游的本义。荀子的批判自然可看作儒家不同派别论争的典型体现，但从释义学的角度看，荀子对思孟学派的释义实践的批判，体现出重要的反思精神。他揭示出了中国释义学史的基本思路：学者"案往旧造说"——将典籍文献改造为宣扬一家之言的文化武库。然而，由于受制于儒家学说的基本运思逻辑，他的反思只能局限于儒家内部，既无意也不可能对儒家学说全部根基进行质疑：

曲知之人，观于道之一隅而未之能识也。故以为足而饰之，内以自乱，外以惑人，上以蔽下，下以蔽上，此蔽塞之祸也。孔子仁知且不蔽，故学乱术，足以为先王者也。一家得周道，举而用之，不蔽于成积也。（《解蔽》）

荀子认为孔子所行才是真正的"周道"，而孔子对经典文献的整理及阐释是践行周道的基本途径。正如杨倞所注："一家得，谓作《春秋》也。周道举，谓删《诗》《书》，定《礼》《乐》。"①荀子说孔子整理、阐释经典能"不蔽于成积"，其实孔子又何尝没有"成积"？孔子的"周道"已对原本的"周道"作了诸多改良，对经典也作出了新的解读。因此，荀子没有也不可能意识到，孔子乃至己身同样打上了"案往旧造说"的鲜明烙印。相较于荀子，其弟子韩非的反思可谓彻底："故明据先王，必定尧、舜者，非愚则诬也。"(《显学》)

三　法周与论道辩名

与孔子"周监于二代，郁郁乎文哉"(《八佾》)的观点相通，荀子以周代为法，理由是周代存留的文物制度相较于上古以及夏、商乃"粲然者矣"(《非相》)。这一定位直接制约着荀子经典阐释的基本范围：周代保存的典籍文献最为完整，相对于唐、虞、夏、商信而有征，自然成为荀子阐释的主要对象。以《书》为例，《荀子》对《书》较直接的征引共计19条，仅《周书》部分就有12条之多②，占比近十之六七。《书》经中《周书》篇目固然最多，但统计数据仍能说明荀子对《周书》的侧重。

值得注意的是，荀子法周只是以周代文化为主体，并不完全排斥夏、商两代的典章制度。③这种取舍根源于荀子对历史传统的深刻洞察、对道名关系进行的根本性思考：他认为在变化的历史时空中

---

① （清）王先谦撰，沈啸寰、王星贤点校：《荀子集解》(下册)，北京：中华书局，1988年，第393页。

② 参见刘耘华：《诠释学与先秦儒家意义之生成》，上海：上海译文出版社，2002年，第162页。

③ 这从《荀子》引《商书》3条、《夏书》1条、《大禹谟》2条、《尧典》1条可知。

存在着常道，夏、商虽已久远，但从遗留的典制中寻绎"常道"仍然是有可能的，只不过不如周代切近而已；道有常而名无常，周代典籍虽然较夏、商完备，但无非是名的一种形式，不必完全固守。以下分论之。

首先，荀子持"古今同道"说，对"古今异道"说进行了尖锐批评：

> 夫妄人曰："古今异情，其所以治乱者异道。"而众人惑焉。彼众人者，愚而无说，陋而无度者也。其所见焉，犹可欺也，而况于千世之传也？（《非相》）

荀子的"古今同道"说推进了孔子的史学思想。孔子说："殷因于夏礼，所损益可知也；周因于殷礼，所损益可知也。其或继周者，虽百世，可知也。"（《为政》）孔子强调的是历史的变化。在他看来，历史不断变化，文化不断更新，但不管如何变化、如何更新，都是能够被把握、被认识的。而荀子强调的是，在变换的历史长河中，存在着永恒不变的常道。无论历史条件如何不同，无论传统如何更迭，常道是永恒不变的，那么，即使从残留的夏、商文物也有可能寻绎到长久之道。

其次，荀子论恒久之道而辨无常之名。正是因为体察到历史中存在永恒的常道，荀子才会说："刑名从商，爵名从周，文名从《礼》，散名之加于万物者，则从诸夏之成俗曲期。"（《正名》）正名的目的在于求道，常道永恒不变，但"名"之所指却会发生游离转移。因此，正名不可固守某一时期偶然之名，而应适时作出调整。唯有如此，正名才能切近于道。

荀子显然深化了孔子的正名思想。孔子"名不正，则言不顺"的论述明确了名与周代礼乐制度的根本关联，而荀子则意识到，正名不仅要以周代为法，还必须处理名在历史长河中的游移传变问题，进而给出了正名的具体方略：正名不单要依据周制，还要顾及周代之前的旧制以及社会约定俗成的习惯。

典籍为载道之物而非道本身，自然属于名的范畴。毫无疑问，必须通过典籍才能法道，但是，即使是周代典籍也不能与道本身画等号。这是荀子偏重《周书》却并不完全弃置《夏书》《商书》的根本原因。

四　法周的核心内涵：隆礼

以法周为预设前提，荀子将六经视为圣人之道的载体：

> 圣人也者，道之管也。天下之道管是矣，百王之道一是矣，故《诗》《书》《礼》《乐》之归是矣。《诗》言是，其志也；《书》言是，其事也；《礼》言是，其行也；《乐》言是，其和也；《春秋》言是，其微也……天下之道毕是矣。乡是者臧，倍是者亡。乡是如不臧，倍是如不亡者，自古及今，未尝有也。（《儒效》）

在荀子看来，天道、治世之道、圣人及六经具有同一性。天道与治世之道通过圣人得以传述，而六经则是圣人传道的载体。对于六经所蕴含的圣人之道，遵循则兴，违背则亡。圣人之道的核心内容是儒家所遵循的礼制传统：

> 先王之道，仁之隆也，比中而行之。曷谓中？曰：礼义是

也。道者，非天之道，非地之道，人之所以道也，君子之所道也。(《儒效》)

荀子认为：先王之道是对仁的彰显，而仁只有通过切实践行才能达到；仁的践行并不能盲目，而需要"比中而行之"，即通过礼义才能真正完成。如果说孔子"人而不仁，如礼何"，是以仁释礼，那么荀子就是以礼释仁。"非天之道，非地之道"，并不是说人道与天道无关，而是说天道只有通过人对礼义的遵循才能成其为人道，即"人之所以道也，君子之所道也。"

荀子指出，人皆有欲求，有欲求必有纷争，所以先王才制定礼义以使众人的欲求得到合理的安置：

先王恶其乱也，故制礼义以分之，以养人之欲，给人之求。(《礼论》)

荀子充分肯定了人的欲望应该得到满足，但他更为深刻地认识到若因欲望而起争斗，整个人类群体都会遭到毁灭。可以说，正是由于对人欲的自然本性有着深刻的体察与警惕，礼义才成为荀子思想的核心范畴。在礼的统摄下，他对经典的释义可称之为以礼释经。①

礼直接对人的行为提出要求，荀子以礼释经体现出鲜明的实践性特征。实践性是释义学的基本精神特质，洪汉鼎先生在分析"释义学"一词的词源时说："Hermeneutik 就是一种实践的操作，在历

---

① 荀子以"礼"释经的具体实践在第二、三节详论，此不赘。

史上很长时间,它并不是纯正的学问。"①潘德荣先生在探讨中国经典释义学的建构问题时也说:"立足于经典的诠释,实质上已经包含了一种被社会所认同的道德与价值取向,在其引导之下,诠释活动的实践功能(大化流行、教化等)获得了积极的、正面的意义,有益于社会在精神层面的提升。"②以礼释经表明,荀子绝非将经典阐释活动视为学究式的学问,而主张通过体悟经典中的义理来养成德性:

> 学恶乎始?恶乎终?曰:其数则始乎诵经,终乎读《礼》;其义则始乎为士,终乎为圣人。真积力久则入,学至乎没而后止也。故学数有终,若其义则不可须臾舍也。为之,人也;舍之,禽兽也。故《书》者,政事之纪也;《诗》者,中声之所止也;《礼》者,法之大分,群类之纲纪也,故学至乎《礼》而止矣。夫是之谓道德之极。《礼》之敬文也,《乐》之中和也,《诗》《书》之博也,《春秋》之微也,在天地之间者毕矣。君子之学也,入乎耳,著乎心,布乎四体,形乎动静。端而言,蝡而动,一可以为法则。(《劝学》)

荀子强调"始乎诵经,终乎读礼",这不是在自然时间意义上谈终始,而是以《礼》来统摄六经文本。理由是,与《诗》《书》之博、《春秋》之微、《乐》之中和相比,《礼》乃"法之大分,群类之纲纪"。在荀子看来,只有《礼》直接、系统地规定了人之为人所应有的行为准则,所以他才说:"学至乎《礼》而止矣"。《礼》本为六经之一,但荀子以一

---

① 洪汉鼎:《西方诠释学的源流与精神特质》,《河北学刊》2012年第2期。
② 潘德荣:《西方诠释学史》,北京:北京大学出版社,2013年,第535—536页。

部经典统摄群经,进而使六经整合为一个新的意义系统,可谓创举,对整个儒家释义学传统影响颇深。①

当然,读《礼》只是为学的途径,最终目的则在《礼》之义。"义则始乎为士",杨倞注曰:"义,谓学之意,言在乎修身也。"②"义"在修身,也是人之为人的根本。"始乎为士,终乎为圣人"同样不是在时间先后顺序上论述"为士""为圣人",而是说,"为士"是修身的最根本要求,"为圣人"则是修身的终极理想,故"其义则不可须臾舍也"。应该说,"为圣人"是荀子释《礼》进而释六经的最终归宿。

秉持这种思路,荀子对"为读经而读经"者进行了严厉斥责:

> 上不能好其人,下不能隆礼,安特将学杂识志,顺《诗》《书》而已耳。则末世穷年,不免为陋儒而已。(《劝学》)

在荀子看来,若不能尚师循礼,即使"学杂识志,顺《诗》《书》",也只是"陋儒"而已。

如果说孔子"兴于诗,立于礼,成于乐"(《泰伯》)的论述强调了《诗》在礼乐教化中的重要作用,那么荀子则揭示了学《礼》与隆礼的直接关联。荀子充分探讨了经典阐释与修身隆礼间的关系,彰显了儒家释义学传统的实践性品格。

---

① 例如董仲舒、康有为以《春秋》统摄群经。
② (清)王先谦撰,沈啸寰、王星贤点校:《荀子集解》(上册),北京:中华书局,1988年,第11页。

第二节　荀子以礼释《诗》《书》

一　以礼释《诗》

荀子认为六经大义是"圣人之道",其核心思想是礼。以礼释经的实践在《诗》中表现得最为突出。

> 《风》之所以为不逐者,取是以节之也;《小雅》之所以为《小雅》者,取是而文之也;《大雅》之所以为《大雅》者,取是而光之也;《颂》之所以为至者,取是而通之也:天下之道毕是矣。乡是者臧,倍是者亡。乡是如不臧,倍是如不亡者,自古及今,未尝有也。(《儒效》)

荀子分别对《风》《雅》《颂》作了进一步的阐释。对《风》"以节之",杨倞注云:"《国风》所以不随荒暴之君而流荡者,取圣人之儒道以节之也。"他还引《诗序》"发乎情,止乎礼义"之语加以说明。①据杨注可知,"节之"是言礼。对《小雅》"文之",杨倞注云:"文,饰也。"文饰是对礼制的彰显。《礼论》云:"故文饰、声乐、恬愉,所以持平奉吉也。"②据杨注,"文之"也是言礼。杨倞又说《大雅》"光之"是

---

① (清)王先谦撰,沈啸寰、王星贤点校:《荀子集解》(上册),北京:中华书局,1988年,第133—134页。

② (清)王先谦撰,沈啸寰、王星贤点校:《荀子集解》(下册),北京:中华书局,1988年,第363页。

讲发扬，《颂》之"至者"为"盛德之极"。①"光之"是对礼制的发扬，而礼制之"至者"才能称"盛德之极"。

对《风》《雅》《颂》，荀子基本上是着重从"礼"的层面进行了阐发。但是，根据现代学者在文献整理、事实考证层面的研究成果，荀子的解读存在很大的问题。顾颉刚先生指出：《国风》大部分为宣泄个人朴素情感的民歌；《小雅》除了保存不少民歌外，还多讽刺时政之作；只有《大雅》及《颂》才以礼制为主要描写内容。②可见，荀子虽将《风》《雅》《颂》全部从礼的层面加以解释，但已非《风》《雅》《颂》之本义，实多附会发挥。③

就荀子释《诗》的具体实践看，也多从礼德、礼义、礼制、礼学等角度创造发挥。

荀子以礼德释《诗》，如：

> 故厚者，礼之积也；大者，礼之广也；高者，礼之隆也；明者，礼之尽也。诗曰："礼仪卒度，笑语卒获。"此之谓也。（《礼论》）

所引诗句出自《小雅·楚茨》。《楚茨》描绘了周王朝祭祖仪式的全过程，

---

① （清）王先谦撰，沈啸寰、王星贤点校：《荀子集解》（上册），北京：中华书局，1988年，第134页。

② 参见顾颉刚：《〈诗经〉在春秋战国间的地位》，《古史辨》（第三册），上海：上海古籍出版社，1982年。

③ 郝明朝先生认为：荀子生活的战国时代赋诗、歌诗之风不再，作为一个严肃、务实的学者，其引诗或证事，或明理，所看重的正是诗文的直接含义。参见郝明朝：《〈荀子〉引〈诗〉说》，《聊城大学学报》2002年第4期。荀子引《诗》的主要目的确为证事、明理，但更多的情况却并非遵循《诗》的直接含义，而是多有附会发挥。

涉及周代宗教礼制的诸多重要内容。"礼仪"一句本指在祭祀过程中主客举止合乎礼数，言谈笑语合乎分寸。但荀子对此句进行了发挥，由此论证敦厚、宽广、高尚、英明之德皆源于礼。

荀子以礼义释《诗》，如：

> 故曰：君子行不贵苟难，说不贵苟察，名不贵苟传，唯其当之为贵。《诗》曰："物其有矣，惟其时矣。"此之谓也。（《不苟》）

荀子所引出自《小雅·鱼丽》。从全篇看，这是一首描绘贵族宴会的诗。郑玄注"物其有矣，惟其时矣"一句云："鱼既有，又得其时。"[1] 可见此句意在描述食物丰盛，称赞食物供应及时。而荀子将此句从全篇摘出，解为君子的行为、学说、盛名要符合时宜。他评论道，"然而君子不贵者，非礼义之中也"（《不苟》），从而强化了礼义在当世的规范作用。

荀子以礼制释《诗》，如：

> 君之丧，所以取三年，何也？曰：君者、治辨之主也，文理之原也，情貌之尽也，相率而致隆之，不亦可乎？《诗》曰："恺悌君子，民之父母。"彼君子者，固有为民父母之说焉。父能生之，不能养之；母能食之，不能教诲之；君者，已能食之矣，又善教诲之者也。三年毕矣哉！（《礼论》）

---

[1] （清）王先谦撰，沈啸寰、王星贤点校：《荀子集解》（下册），北京：中华书局，1988年，第609页。

所引诗句出自《大雅·泂酌》。整首诗的意思是,君子德行高尚,深受百姓爱戴。"恺悌"一句将君主比作父母,荀子则从为父母守丧三年推出应为君主守丧三年。荀子的推论并不符合全诗本义,他发挥诗句之大义,目的是证明三年丧制的合理性。

荀子以礼学释《诗》,如:

> 故学也者,礼法也。夫师以身为正仪而贵自安者也。《诗》云:"不识不知,顺帝之则。"此之谓也。(《修身》)

所引出自《大雅·皇矣》。郑玄笺"不识不知"一句云:"天之言云:……其为人不识古,不知今,顺天之法而行之者。"①此句本是指上帝告诫文王不要自作主张,应顺从上帝的命令。荀子不顾诗句本义,只取当下用义。他从上帝的权威过渡到师者的权威,进而强调了遵师以学礼的必要性。

荀子以礼释《诗》,从而拓展了《诗》学释义学的路径。孟子是以仁释《诗》:《诗》是王者之诗,王道不行,《诗》也随之湮灭。②其所谓"王道"便是君主以"不忍人之心"推行"不忍人之政"(《公孙丑章句上》)。与孟子截然相反,荀子认为人性本恶。他指出,众民纷争不息,只有靠君主施行礼制才能建立合理的秩序。以礼释《诗》,恰是荀子张扬礼制思想的基本方式。

荀子的释《诗》模式,对《诗序》影响极深。《诗序》云:

---

① 《毛诗正义》,李学勤主编:《十三经注疏》,北京:北京大学出版社,1999年,第1033页。
② "王者之迹熄而《诗》亡,《诗》亡然后《春秋》作。"(《离娄章句下》)

> 先王以是经夫妇，成孝敬，厚人伦，美教化，移风俗。①

《诗序》从夫妇、父子这两对最基本的伦理关系说起，阐发了《诗》对于移风易俗所起到的巨大作用。又云：

> 上以风化下，下以风刺上，主文而谲谏，言之者无罪，闻之者足以戒，故曰风。至于王道衰，礼义废，政教失，国异政，家殊俗，而变风、变雅作矣。②

由《诗》的伦理价值出发，进而言及《诗》与国家治理、王朝兴废的根本关联。可见，《诗序》对《诗》的伦理、政治功用之理解，不离"礼"这一基本范畴。

二 以礼释《书》

《书》作为对古代政治事件的记载，也成为荀子著述论理的思想源泉。他说："《书》言是，其事也。"（《儒效》）又说："故《书》者，政事之纪也。"（《劝学》）他利用"《书》之博"（《劝学》）的特点，阐发了礼在人类历史实践中的根本作用。

荀子对《书》的诠解，用意不在探索古代具体的历史事件，而在

---

① 《毛诗正义》，李学勤主编：《十三经注疏》，北京：北京大学出版社，1999年，第10页。

② 《毛诗正义》，李学勤主编：《十三经注疏》，北京：北京大学出版社，1999年，第13—14页。

于揭示礼是历史活动的根本目的。因此,荀子以礼释《书》,并不纠结于《书》之本义。

荀子通过释《书》表明,隆礼为遵循先王之道的根本:

> 有后而无先,则群众无门;有谄而无信,则贵贱不分;有齐而无畸,则政令不施;有少而无多,则群众不化。《书》曰:"无有作好,遵王之道;无有作恶,遵王之路。"此之谓也。(《天论》)

所引出自《洪范》,孔安国传曰:"言无有为私好恶,动必循先王之道路。"[①]《书》原意是不要作恶,应谨遵先王之道。《书》文并未展开讨论先王之道为何,而荀子则强调礼制为先王之道的核心内涵。此段所衔接的上文是:"治民者表道,表不明则乱。礼者,表也。非礼,昏世也。昏世,大乱也。"(《天论》)这表明,荀子认为,依据先后、贵贱、齐畸、多少等范畴制定行为规范,不仅是礼制提出的必然要求,更是先王之道的实质所在。

隆礼对君主的要求是"以礼分施"(《君道》)。荀子论为君要略云:

> 至道大形,隆礼至法则国有常,尚贤使能则民知方,纂论公察则民不疑,赏克罚偷则民不怠,兼听齐明则天下归之。然后明分职,序事业,材技官能,莫不治理,则公道达而私门塞

---

① 《尚书正义》,李学勤主编:《十三经注疏》,北京:北京大学出版社,1999年,第311页。

矣，公义明而私事息矣。如是，则德厚者进而佞说者止，贪利者退而廉节者起。《书》曰："先时者杀无赦，不逮时者杀无赦。"人习其事而固，人之百事如耳目鼻口之不可以相借官也。故职分而民不探，次定而序不乱，兼听齐明而百事不留。（《君道》）

"先时者"一句，《胤征》作"先时者，杀无赦；不及时者，杀无赦"①，由于《胤征》系伪作，所以"先时者"一句的上下文内容已不可考。但仅据此句也可获知，其内容主要在讲古代刑罚，从违背预定时间就被处以极刑来看，应与军戎之事有关。荀子则离开《胤征》的语境，强调为君者应具备尚贤、察辨、兼听等能力，主旨仍归于礼。所谓"有乱君，无乱国；有治人，无治法"（《君道》），君主依礼而行，才能使职责有别、公私分明、百事有序。

隆礼同时要求为君者应以礼教化众民，如此才能使天下大治：

舜曰："维予从欲而治。"故礼之生，为贤人以下至庶民也，非为成圣也，然而亦所以成圣也。（《大略》）

荀子所引出自《大禹谟》，今传本作"俾予从欲以治"②。孔安国传云："使我从心所欲而政以治，民动顺上命，若草应风，是汝能明刑之美。"《书》原意是，依靠皋陶彰明五刑，舜能随心所欲地治理天下。

---

① 《尚书正义》，李学勤主编：《十三经注疏》，北京：北京大学出版社，1999年，第183页。

② 《尚书正义》，李学勤主编：《十三经注疏》，北京：北京大学出版社，1999年，第92页。

显然,《大禹谟》论五刑,荀子却以礼解之。他指出,引导众民遵循礼制,人才有可能成为圣人,天下才能得到治理。

至于治国理政的基本方略,当然也应依据礼制来制定、实施:

> 上虽好取侵夺,犹将寡获也,而或以无礼节用之,必有贪利纠譑之名,而且有空虚穷乏之实矣。此无它故焉,不知节用裕民也。《康诰》曰:"弘覆乎天,若德裕乃身。"(《富国》)

所引今传《康诰》作"弘于天,若德裕乃身,不废在王命"。孔安国传云:"大于天,为顺德,则不见废,常在王命。"[1]孔颖达正义云:"人事既然,又阐大于天之道而为顺德,又加之宽容,则汝身不见废,常在王命。"[2]可见《书》文意思是,当世君王应弘扬上天旨意、顺应上天大德才不会被上天废黜。荀子只抓住一个"裕"字加以阐发,引申为"节用裕民"的思想,至于其他字句则搁置不释。断章取义一般指只取部分诗句,不管整篇。荀子只抓住个别字词加以引申,不管整句,可称之为"断句取义"[3]。荀子以这种方式释《书》,强调礼制才是富国的必然路径。

---

[1]《尚书正义》,李学勤主编:《十三经注疏》,北京:北京大学出版社,1999年,第361页。

[2]《尚书正义》,李学勤主编:《十三经注疏》,北京:北京大学出版社,1999年,第362页。

[3] 最先提出"断句取义"这一说法的是朱自清先生。参见朱自清:《经典常谈》,北京:生活·读书·新知三联书店,1980年,第32页。

第三节　以礼释《诗》的基本方式

荀子以礼释《诗》的基本方式，可分为四：断章取义、发挥大义、类比引申、遵循本义。

一　断章取义

荀子征引《诗》，常作断章取义式的理解。

荀子论军礼云：

> 故近者歌讴而乐之，远者竭蹶而趋之，无幽闲辟陋之国，莫不趋使而安乐之，四海之内若一家，通达之属莫不从服，夫是之谓人师。《诗》曰："自西自东，自南自北，无思不服。"此之谓也。(《议兵》)

所引诗句出自《大雅·文王有声》。荀子将诗句的意思解释为各方诸侯争相归服文王，但这并不符合《文王有声》的主旨。从全篇来看，此诗更为侧重歌颂文王、武王军事征伐上的成功。"文王受命，有此武功。既伐于崇，作邑于丰"即是直接描述征伐，并未称颂文、武来远之德。因此，《诗序》云："文王有声，继伐也。武王能广文王之声，卒其伐功也。"孔颖达疏亦云："经八章，上四章言文王之事，下四章言武王继之，是继伐。"又云："文王伐崇，武王则伐纣以定天下,是卒其伐功。"①可见,荀子只是单解"自西自东,自南自北,无思不服",并不顾及上下文语境,且进而过渡到对军礼的阐述:"城守不攻,兵格不击,上下相喜则庆之,不屠城,不潜军,不留众,师不越时。"(《议兵》)不攻打坚守与抵抗之敌,为全军上下一心而庆贺,不屠城,不偷袭,不屯驻所取之地,不违背约定时间,这都是军礼的基本规定。

荀子论尊王云:

> 天子也者,势至重,形至佚,心至愈,志无所诎,形无所劳,尊无上矣。《诗》曰:"普天之下,莫非王土;率土之滨,莫非王臣。"此之谓也。(《君子》)

所引诗句出自《小雅·北山》。荀子主张法周隆礼,他对诗句的解释,意在申明天子的至尊地位。但《北山》主旨并非尊王,而是抱怨君主对臣下劳役分配不均。"莫非王臣"的下文"大夫不均,我从事独贤""或燕燕居息,或尽瘁事国。或息偃在床,或不已于行"即是明证。荀子割裂上下文,只取合意诗句加以阐释。

荀子论为君者应隆礼尚贤云:

> 故上好礼义,尚贤使能,无贪利之心,则下亦将綦辞让,致忠信,而谨于臣子矣。……故藉敛忘费,事业忘劳,寇难忘死,城郭不待饰而固,兵刃不待陵而劲,敌国不待服而诎,四

---

① 《毛诗正义》,李学勤主编:《十三经注疏》,北京:北京大学出版社,1999年,第1049页。

海之民不待令而一。夫是之谓至平。《诗》曰:"王犹允塞,徐方既来。"此之谓也。(《君道》)

所引诗句出自《大雅·常武》。荀子说如果君主施行礼制、重用贤士,那么敌国不必征讨就会归顺,百姓不待发令就能听从。看来,他是将"王犹允塞,徐方既来"解释为徐国未经征讨而主动臣服了。荀子的解释与《常武》原旨不合。《常武》对周王伐徐国有明确记述:"进厥虎臣,阚如虓虎。铺敦淮渍,仍执丑虏。"荀子有意断章,从而阐发了隆礼、尚贤的思想。

荀子论上明下化云:

君人者宣则直言至矣,而谗言反矣,君子迩而小人远矣。《诗》曰:"明明在下,赫赫在上。"此言上明而下化也。(《解蔽》)

所引出自《大雅·大明》。荀子将"上"解作君上,将"下"解作臣民,从而说明君上若宣明德行,下面的臣民自然会受到教化。荀子的解释不合《大明》本义。"上"指上帝而非君上,诗句本来的意思是,文王之德上见于天帝,下化臣民。荀子的解释显然脱离了原诗语境。

荀子论君臣关系云:

持宠处位终身不厌之术:主尊贵之,则恭敬而僔;主信爱之,则谨慎而嗛;主专任之,则拘守而详;主安近之,则慎比而不邪;主疏远之,则全一而不倍;主损绌之,则恐惧而不怨。……

虽在贫穷徒处之势,亦取象于是矣,夫是之谓吉人。《诗》曰:"媚兹一人,应侯顺德。永言孝思,昭哉嗣服。"此之谓也。(《仲尼》)

所引出自《大雅·下武》。郑玄笺云:"可爱乎武王,能当此顺德。谓能成其祖考之功也。"①诗句本义是赞美武王对先王的尊顺,荀子则解为臣子对君主的尊顺。为严辨君臣之义,荀子完全置换了诗句本来的语境。

荀子论礼制之文云:

故为之雕琢、刻镂、黼黻、文章,使足以辨贵贱而已,不求其观;为之钟鼓、管磬、琴瑟、竽笙,使足以辨吉凶,合欢定和而已,不求其余;为之宫室台榭,使足以避燥湿,养德辨轻重而已,不求其外。《诗》曰:"雕琢其章,金玉其相。亹亹我王,纲纪四方。"此之谓也。(《富国》)

所引出自《大雅·棫朴》。郑玄笺云:"追琢玉使成文章,喻文王为政治,先以心研精,合于礼义,然后施之。"②又云:"以罔罟喻为政,张之为纲,理之为纪。"③诗句本用"雕琢其章,金玉其相"喻文王精

---

① 《毛诗正义》,李学勤主编:《十三经注疏》,北京:北京大学出版社,1999年,第1047页。
② 《毛诗正义》,李学勤主编:《十三经注疏》,北京:北京大学出版社,1999年,第1001页。
③ 《毛诗正义》,李学勤主编:《十三经注疏》,北京:北京大学出版社,1999年,第966页。

心治理天下,为四方制定秩序,荀子却根据字面解为礼制之文。

二 发挥大义

荀子引《诗》,往往借诗句中的某一点进行发挥,推求其大义。荀子论君子的行为规范云:

> 君子宽而不僈,廉而不刿,辨而不争,察而不激,寡立而不胜,坚强而不暴,柔从而不流,恭敬谨慎而容,夫是之谓至文。《诗》曰:"温温恭人,惟德之基。"此之谓也。(《不苟》)

所引出自《大雅·抑》。郑玄笺云:"宽柔之人温温然,则能为德之基止。"① 诗句强调温柔谦恭是道德的根本,而荀子从中发挥出更为丰富的内涵:君子宽容却不懈怠,廉洁但不刻薄,明辨是非但不作无谓的争吵,洞察一切但不过激,独立自守但不盛气凌人,刚强但不暴虐,温和但不随波逐流,为人恭敬又谨慎。荀子强调以礼息争,进而提出具体的行为规范。他的阐释已远远超出"温温恭人,惟德之基"的本义。

荀子非墨云:

> 故儒术诚行则天下大而富,使而功,撞钟击鼓而和。《诗》曰:"钟鼓喤喤,管磬玱玱,降福穰穰。降福简简,威仪反反。既醉既饱,福禄来反。"此之谓也。故墨术诚行则天下尚俭而弥

---

① (清)王先谦撰,沈啸寰、王星贤点校:《荀子集解》(上册),北京:北京大学出版社,1999年,第1173页。

贫，非斗而日争，劳苦顿萃而愈无功，愀然忧戚非乐而日不和。《诗》曰："天方荐瘥，丧乱弘多。民言无嘉，憯莫惩嗟。"此之谓也。(《富国》)

所引分别出自《周颂·执竞》和《小雅·节南山》。《执竞》描绘的是一番富庶、安乐的场景，而《节南山》描述的则是天怒人怨的情景。荀子指出，《执竞》展现了施行儒术的功效，《节南山》则是墨术危害天下的体现。两诗本与儒、墨毫无关系，荀子却通过发挥诗义以儒批墨。

荀子论礼义云：

故礼及身而行修，义及国而政明，能以礼挟而贵名白，天下愿，令行禁止，王者之事毕矣。《诗》曰："惠此中国，以绥四方。"此之谓也。(《致士》)

所引诗句出自《大雅·民劳》。诗义是民众疲敝，为政者应施惠于中原百姓以安定四方诸侯。诗句并未提及如何施惠，荀子却借题发挥，强调应以礼义为施政纲领。

荀子论君臣伦理云：

故曰：斩而齐，枉而顺，不同而一。夫是之谓人伦。《诗》曰："受小共大共，为下国骏蒙。"此之谓也。(《荣辱》)

所引出自《商颂·长发》。孔颖达疏云："汤受小玉而执之，受大玉而执之,执此二玉,与诸侯会同,为下国作英俊厚德之君。"①诗句是说商汤以德行垂范于下国,荀子则着重强化了君尊臣卑的伦理原则。

三 类比引申

荀子常抓住诗句与所论之理的某一共同点进行类比,从而将诗句本来的意思加以引申。例如:

> 故君子务修其内而让之于外,务积德于身而处之以遵道,如是,则贵名起如日月,天下应之如雷霆。故曰:君子隐而显,微而明,辞让而胜。《诗》曰:"鹤鸣于九皋,声闻于天。"此之谓也。(《儒效》)

所引出自《小雅·鹤鸣》。诗句的字面意思是鹤在沼泽中鸣叫,其声音传到天外。所引诗句与"鹤鸣于九皋,声闻于野"两相呼应。毛传"声闻于野"两句云:"言身隐而名著也。"②郑玄笺云:"喻贤者虽隐居,人咸知之。"③据此可知,所引诗句的深层意思是贤达之人虽然隐居,但其名远扬。④荀子以此类比君子重辞让必能彰显令名的道

---

① 《毛诗正义》,李学勤主编:《十三经注疏》,北京:北京大学出版社,1999年,第1458页。

② 《毛诗正义》,李学勤主编:《十三经注疏》,北京:北京大学出版社,1999年,第668页。

③ 《毛诗正义》,李学勤主编:《十三经注疏》,北京:北京大学出版社,1999年,第668页。

④ 毛传、郑笺虽然直接解释的是"鹤鸣于九皋,声闻于野"一句,但"鹤鸣于九皋,声闻于野"与"鹤鸣于九皋,声闻于天"两句的意思是毫无二致的。

理,而重辞让是礼制的具体体现。又如:

> 以义变应,知当曲直故也。《诗》曰:"左之左之,君子宜之;右之右之,君子有之。"此言君子能以义屈信变应故也。(《不苟》)

所引出自《小雅·裳裳者华》。毛传曰:"左,阳道,朝祀之事。右,阴道,丧戎之事。"郑笺云:"多才多艺,有礼于朝,有功于国。"①毛、郑显然是助《小序》"《裳裳者华》,刺幽王也。古之仕者世禄。小人在位则谗谄并进,弃贤者之类,绝功臣之世焉"之说。②但从《裳裳者华》全篇来看,是在称赞君子的服饰、车马以及仪容体态。因此,"左之左之"一句本是强调君子举止符合时宜的重要性。荀子以此类比君子应根据道义随机应变、屈伸自如,即在不同条件下,皆能符合礼制提出的具体要求。又如:

> 故曰:心容其择也,无禁必自见,其物也杂博,其情之至也不贰。《诗》云:"采采卷耳,不盈顷筐。嗟我怀人,寘彼周行。"顷筐易满也,卷耳易得也,然而不可以贰周行。(《解蔽》)

所引出自《周南·卷耳》。诗句之义是,采卷耳者思念情人,以致无法专注采集。采卷耳者心猿意马,恰如修德者意志不专,故荀子借以

---

① 《毛诗正义》,李学勤主编:《十三经注疏》,北京:北京大学出版社,1999年,第861页。

② 《毛诗正义》,李学勤主编:《十三经注疏》,北京:北京大学出版社,1999年,第860页。

类比当下所论之理，由情入理，过渡自然。又如：

> 仁者必敬人。凡人非贤则案不肖也。人贤而不敬，则是禽兽也；人不肖而不敬，则是狎虎也。禽兽则乱，狎虎则危，灾及其身矣。《诗》曰："不敢暴虎，不敢冯河。人知其一，莫知其它。战战兢兢，如临深渊，如履薄冰。"此之谓也。故仁者必敬人。（《臣道》）

所引诗句出自《小雅·小旻》。诗句本义是，奸佞当道，正直之士处境危险。荀子以诗义类比不敬人者同样危险之极：或沦为禽兽，或为禽兽所伤。又如：

> 人之于文学也，犹玉之于琢磨也。《诗》曰："如切如磋，如琢如磨。"谓学问也。和之璧，井里之厥也，玉人琢之，为天下宝。子赣、季路，故鄙人也，被文学，服礼义，为天下列士。（《大略》）

所引诗句出自《卫风·淇奥》。从"有匪君子，充耳琇莹，会弁如星"以及"有匪君子，如金如锡，如圭如璧"，可知"有匪君子，如切如磋，如琢如磨"本是说君子风度愈加美好，并不是指学问精益求精，而荀子却用之类比做学问的道理。毛传曰："道其学而成也。"[①]但首先用此诗句进行类比引申的是孔子，他将"如切如磋，如琢如磨"类比为道德修持不可懈怠，要精益求精。

---

① 《毛诗正义》，李学勤主编：《十三经注疏》，北京：北京大学出版社，1999年，第216页。

四 遵循本义

可以说，荀子引《诗》在大多数情况下或多或少偏离了《诗》之本义，但引《诗》符合其本义的情况也为数不少。如：

> 鄙夫反是。比周而誉俞少，鄙争而名俞辱，烦劳以求安利，其身俞危。《诗》曰："民之无良，相怨一方。受爵不让，至于己斯亡。"此之谓也。（《儒效》）

所引诗句出自《小雅·角弓》，意思是：小人总是互相埋怨、指责对方，对于爵禄只一味强争，最终导致自我灭亡。诗句的意思恰与荀子明礼息争的用意相合。再如：

> 是故无冥冥之志者无昭昭之明，无惛惛之事者无赫赫之功。行衢道者不至，事两君者不容。目不能两视而明，耳不能两听而聪。腾蛇无足而飞，梧鼠五技而穷。《诗》曰："尸鸠在桑，其子七兮。淑人君子，其仪一兮。其仪一兮，心如结兮。"故君子结于一也。（《劝学》）

所引出自《曹风·鸤鸠》，意思是：君子的仪容端庄如一、用心如一。毛传曰："言执义一则用心固。"[①]这本就是礼制的体现，荀子以此证明君子始终如一的品质。

---

① 《毛诗正义》，李学勤主编：《十三经注疏》，北京：北京大学出版社，1999年，第 476 页。

综上所论，荀子是以礼释《诗》，其方式可分为断章取义、发挥大义、类比引申、遵循本义四类。当然，以礼释《诗》是就荀子的整体状况来说的，并非绝对。此外，还有以尚贤、仁政思想释《诗》的情况，其方式也不外遵循本义、发挥大义。

先看以尚贤思想释《诗》，有时是遵循本义：

> 故人主无便嬖左右足信者谓之暗，无卿相辅佐足任者谓之独，所使于四邻诸侯者非其人谓之孤，孤独而晻谓之危。国虽若存，古之人曰亡矣。《诗》曰："济济多士，文王以宁。"此之谓也。（《君道》）

所引诗句出自《大雅·文王》。诗句的意思是，文王依靠众多人才辅佐才使得国家安定。荀子引诗进一步论证君主无亲信、股肱大臣以及外交人才辅佐国家必然灭亡的道理，符合诗句本义。又如：

> 谄谀者亲，谏争者疏，修正为笑，至忠为贼，虽欲无灭亡，得乎哉！《诗》曰："噏噏呰呰，亦孔之哀。谋之其臧，则具是违；谋之不臧，则具是依。"此之谓也。（《修身》）

所引出自《小雅·小旻》，"噏噏呰呰"，今本作"潝潝訿訿"。诗句意思是：小人对好人乱加诋毁，好的建议不被采纳，错误的谋划都被照搬。荀子引用以说明亲近小人而疏远正直之士必然自取灭亡的道理，所论与所引诗句的意思相合。有时是发挥大义，如：

> 以族论罪，以世举贤，虽欲无乱，得乎哉！《诗》曰："百川

沸腾，山冢崒崩；高岸为谷，深谷为陵。哀今之人，胡憯莫惩！"此之谓也。(《君子》)

所引诗句出自《小雅·十月之交》。诗句描绘了一幅天崩地裂的灾难场面：众多河流沸腾，山峰崩碎，山崖变成深谷，深谷变成山陵。这本是自然现象，但在古代社会的普遍观念中，自然现象与人事密切相关，因此郑玄笺"哀今之人，胡憯莫惩"一句云："变异如此，祸乱方至，哀哉！"[①]荀子从诗句对社会乱象的批判出发，说整顿乱象须通过任用贤才解决，以此发挥其尚贤的思想。

再看以仁政思想释《诗》：

故仁人用，国日明，诸侯先顺者安，后顺者危，虑敌之者削，反之者亡。《诗》曰："武王载发，有虔秉钺，如火烈烈，则莫我敢遏。"此之谓也。(《议兵》)

所引出自《商颂·长发》。诗句的意思是武王无人能挡，诸侯尽皆臣服。荀子此事件推求出仁人当道，诸侯必然归顺、国运必然昌盛的道理，以此彰显儒家一贯的仁政思想，是发挥大义。

还有尚贤、仁政思想皆有体现的情形：

故天之所覆，地之所载，莫不尽其美，致其用，上以饰贤良，下以养百姓而安乐之。夫是之谓大神。《诗》曰："天作高

---

① 《毛诗正义》，李学勤主编：《十三经注疏》，北京：北京大学出版社，1999年，第724页。

山，大王荒之。彼作矣，文王康之。"此之谓也。(《王制》)

所引出自《周颂·天作》。诗句描述的是太王开垦岐山、文王继续治理发展周地的情景。荀子借此发挥：天地间的事物也要像被治理的周地一样，得到充分利用，这是对诗句的第一层发挥；紧接着又说事物各尽其用的目的是供养贤人、养活百姓，这是对诗句的第二层发挥。供养贤人是尚贤思想，养活百姓是仁政思想。

第四节　以礼释《书》的基本方式

荀子以礼释《书》的基本方式，可分为三：断章取义、移花接木、遵循本义。

一　断章取义

荀子曾引《书·吕刑》中"维齐非其"一句论证礼制中严判等级的思想，他说：

> 有天有地而上下有差，明王始立而处国有制。夫两贵之不能相事，两贱之不能相使，是天数也。执位齐而欲恶同，物不能澹则必争，争则必乱，乱则穷矣。先王恶其乱也，故制礼义以分之，使有贫富贵贱之等，足以相兼临者，是养天下之本也。《书》曰："维齐非齐。"此之谓也。(《王制》)

荀子认为等级、贫贱是天经地义的，圣王制礼的目的就是维护等差，因此他将《吕刑》"维齐非齐"解释为：有等差、有不齐，才算真正的齐，才算有秩序。杨倞注曰："言维齐一者乃在不齐，以论有差等然后可以为治也。"①可见，他亦从荀子之说。荀子及杨倞的解释是否正确呢？我们看《吕刑》的记载：

　　上刑适轻，下服。下刑适重，上服。轻重诸罚有权。刑罚世轻世重，惟齐非齐，有伦有要。

孔安国传云："重刑有可以亏减，则之轻服下罪"；"一人有二罪，则之重而轻并数，轻重诸刑各有权宜"；"言刑罚随世轻重也。刑新国用轻典，刑乱国用重典，刑平国用中典。凡刑所以齐非齐，各有伦理，有要善"。②江声说得更明白："上刑适轻，下刑适重，非齐也者。……轻重有权，随也制宜，齐非齐也者。"③所以按照《吕刑》原义看，在不同时代、不同情况下量刑的轻重不同，此为"非齐"，但量刑是有依据的，也就是"有伦有要"，是为"齐"。因此，《吕刑》的原义是虽不齐但有依据，而荀子则解为不齐才算齐、保持等级差别才是真正的齐，割裂了《吕刑》上下文的联系，是较明显的断章取义，其目的则是借助《书》来论证其等级制度的合法性。这也说明他将经典视为阐述己说的工具，在援引经典时随意性较强。又如：

---

　　① （清）王先谦撰，沈啸寰、王星贤点校：《荀子集解》（上册），北京：中华书局，1988年，第152页。
　　② 《尚书正义》，李学勤主编：《十三经注疏》，北京：北京大学出版社，1999年，第550页。
　　③ （清）江声：《尚书集注音疏·周书三十八》，清《皇清经解》本。

> 故上易知则下亲上矣，上难知则下畏上矣。下亲上则上安，下畏上则上危。故主道莫恶乎难知，莫危乎使下畏己。传曰："恶之者众则危。"《书》曰："克明明德。"《诗》曰："明明在下。"故先王明之，岂特玄之耳哉！（《正论》）

所引出自《尧典》。今传《尧典》作"克明俊德"，孔安国传云："能明俊德之士任之。"[①]可见，其意是君主能使贤能之士显明，而荀子将此解释为：君主要宣明政令使臣民知晓，如此才能使政权稳定。所论君主、臣民的关系属于礼制的内容。又如：

> 由其道，则人得其所好焉；不由其道，则必遇其所恶焉：是故刑罚綦省而威行如流。世晓然皆知夫为奸则虽隐窜逃亡之由不足以免也，故莫不服罪而请。《书》曰："凡人自得罪。"此之谓也。（《君子》）

所引出自《康诰》。今传《康诰》作"凡民自得罪，寇攘奸宄，杀越人于货，暋不畏死，罔弗憝"，本是说一些人自取罪行如抢劫、盗窃、奸邪、杀人越货等，他们强横不怕死，无人不憎恨。荀子只取"凡民自得罪"，将其曲解成施行圣人之道，人们就会自愿领罪，与《书》义相差甚远。所谓的"圣人之道"，即是施行礼制，明秩序、息纷争。

[①] 《尚书正义》，李学勤主编：《十三经注疏》，北京：北京大学出版社，1999年，第27页。

二 移花接木

《孟子·梁惠王章句上》所引《书》与《荀子·王制》中的一段文字十分相似，列举如下：

> 孟子对曰："臣闻七十里为政于天下者，汤是也。未闻以千里畏人者也。《书》曰：'汤一征，自葛始。'天下信之，东面而征，西夷怨；南面而征，北狄怨。曰：'奚为后我？'民望之，若大旱之望云霓也。归市者不止，耕者不变。诛其君而吊其民，若时雨降，民大悦。《书》曰：'徯我后，后来其苏。'"（《梁惠王章句下》）

> 故周公南征而北国怨，曰："何独不来也？"东征而西国怨，曰："何独后我也？"孰能有与是斗者与？（《王制》）

荀子的这段文字与孟子所引的《书》，无论在内容上还是在文法上皆高度契合，据此可断定，荀子的这段文字同样引自《书》。但问题是，在孟子那里深得民心而四处征伐的人物是商王汤，在荀子那里则变成了周公，汤与周公相距近六百年，孟、荀所引必有一误。

最早注意这个问题的是日本学者久保爱。他说："《尚书》以此事为汤之事，而此为周公之事者，周公亦有此事。《诗》曰：'周公东征，四国如皇'是也。"① 久保爱认为，荀子所论本于《诗经》"周公东征，四国如皇"的记载，而非《书》。但久保爱之说难以成立，原因

---

① 参见王天海：《荀子校释》（上），上海：上海古籍出版社，2005年，第410—411页。

有二：其一，荀子不仅明确说到"东征"，还说到"南征"，而《诗经》只提到"东征"；其二，《荀子》中有"西国怨""北国怨"的内容，这与《诗经》中"四国如皇"的记载也不相合。

另一日本学者帆足万里则说："孟子以为汤事，此以为周公，传闻之异耳。"①此说更不能成立。因为，"孟子以为汤事"是明确根据《书》，荀子作为孟子的后学，必然见过孟子征引《书》的说法。今本《荀子》多次征引《书》，说明荀子对《书》十分熟悉，他不可能没看到过孟子所引《书》的原文。帆足万里将孟、荀记载的不同归结为传闻的差异，既无证据又缺乏基本的逻辑。

据上可断定，荀子是将《仲虺之诰》中的商王汤换成了周公，并且是有意为之。他的错换行为影响很大，以致班固也跟着错："古者周公一举则三方怨，曰'奚为而后已'。"②荀子为什么将汤的事安到周公身上呢？这可能是荀子"法后王"的缘故。他所谓的"后王"即"周道"：

> 舍后王而道上古，譬之是犹舍己之君而事人之君也……欲知上世则审周道。……禹汤有传政而不若周之察也，非无善政也，久故也。（《非相》）

在荀子看来，禹、汤的事迹不如周代的清楚，因此要法"周道"。出于这个立场，在阐释《书》时，他竟将商王汤的事迹安到了周公身上，置换了《尚书》中的主要人物。

---

① 参见王天海：《荀子校释》(上)，上海：上海古籍出版社，2005年，第411页。
② 《后汉书·班彪列传》，北京：中华书局，2012年，第1052页。

这里有必要对比孟、荀对《书》的态度，孟子说：

> 尽信《书》，则不如无《书》。吾于《武成》，取二三策而已矣。仁人无敌于天下，以至仁伐至不仁，而何其血之流杵也？（《尽心章句下》）

孟子认为，武王是"至仁"的化身。本于此立场，他在毫无证据的情况下否定《书》的记载，这是一种纯主观的态度。与孟子相比，荀子有过之而无不及。荀子本就力排孟子，他曾大骂道："子思唱之，孟轲和之。世俗之沟犹瞀儒，嚾嚾然不知其所非也，遂受而传之，以为仲尼子弓为兹厚于后世，是则子思孟轲之罪。"（《非十二子》）因此，孟子即使引用了《书》中的原文，荀子作为后学也不以为意，为阐述已意不惜移花接木、偷梁换柱。

三 遵循本义

前文论证了荀子对《书》的曲解，而其正解《书》意的情况也是存在的。他虽将《书》看作政事的记载，认为"《书》者，政事之纪也"（《劝学》），"《书》言是，其事也"（《儒效》），但却不是引《书》以证古事，而是证当下所论之理。例如：

> 刑称罪则治，不称罪则乱。故治则刑重，乱则刑轻，犯治之罪固重，犯乱之罪固轻也。《书》曰："刑罚世轻世重。"此之谓也。（《正论》）

所引出自《吕刑》，孔安国传云："言刑罚随世轻重也。刑新国用轻典,刑乱国用重典,刑平国用中典。"①荀子这里十分遵循《书》之原义,他引《书》不是为了证明古代刑罚的具体历史状况,而是证明时代不同刑罚施行程度随之不同的道理。荀子所谓的"刑"不是法治的"刑",而是礼制的"刑",他说:"以善至者待之以礼,以不善至者,待之以刑。"(《王制》)所以,还是以礼释《书》。又如:

> 故因其惧也,而改其过;因其忧也,而辨其故;因其喜也,而入其道;因其怒也,而除其怨:曲得所谓焉。《书》曰:"从命而不拂,微谏而不倦,为上则明,为下则逊。"此之谓也。(《臣道》)

今传伪《伊训》作:"从谏弗咈,先民时若。居上克明,为下克忠。"与荀子所引有语序、字句上的差别,但大体一致。引文的意思是:服从命令而不违上,委婉劝诫而不懈怠,为君者明智,为臣者遵循。这恰恰符合荀子当下所论的君臣关系,此关系是礼制的重要内容。又如:

> 昔者舜之治天下也,不以事诏而万物成。处一危之,其荣满侧;养一之微,荣矣而未知。故《道经》曰:"人心之危,道心之微。"危微之机,惟明君子而后能知之。(《解蔽》)

所引,今传伪《大禹谟》作:"人心惟危,道心惟微。"伪孔传曰:

---

① 《尚书正义》,李学勤主编:《十三经注疏》,北京:北京大学出版社,1999年,第550页。

"危则难安,微则难明。"①荀子引此证明只有君子才能掌握治理天下的深奥玄妙之道,符合《书》义。从荀子的整体思想来看,他所认为的治理天下的奥秘即是隆礼。

同样,以礼释《书》也是就整体状况来说的。此外,还有以仁政、尚贤思想释《书》等情况。

先看以仁政思想释《书》:

> 故王者之兵不试。汤、武之诛桀、纣也,拱挹指麾而强暴之国莫不趋使,诛桀、纣若诛独夫。故《泰誓》曰"独夫纣",此之谓也。(《议兵》)

所引,今传伪《泰誓下》作"独夫受"。荀子引《书》以证桀纣是众叛亲离的独夫,汤、武诛之,天下莫不服从。以《书》之原义说明王者之师无人能敌的道理。

再看以尚贤思想释《书》的情形。荀子为牵合己意,甚至改造《书》经文本,例如:

> 尧授能,舜遇时,尚贤推德天下治。虽有贤圣,适不遇世孰知之?尧不德,舜不辞,妻以二女任以事。大人哉舜!南面而立万物备。舜授禹,以天下,尚得推贤不失序。外不避仇,内不阿亲贤者予。禹劳心力,尧有德,干戈不用三苗服。举舜畎亩,任之天下身休息。得后稷,五谷殖,夔为乐正鸟兽服。(《成相》)

---

① 《尚书正义》,李学勤主编:《十三经注疏》,北京:北京大学出版社,1999年,第93页。

刘起釪先生认为，此段文字本于《尧典》，荀子在语序、字句上有一定改造，使其更有声韵。①两相对比，刘先生所言甚是。此外，还应注意的是，荀子在这里提到了"尚贤"，这是荀子一贯的思想，可以看作对《尧典》的一种再创造。

---

① 参见刘起釪：《尚书学史》，北京：中华书局，1989年，第15页。

第四章 "述而不作"再思考：
墨子的释义学思想

对"述""作"关系，墨子进行了不同于儒家的思考。儒、墨皆言"述古"，但就所"述"的范围、内容而言，墨子与儒家差异很大。儒家声称"不作"，墨子却明确肯定了"作"的必要性。

墨子释《诗》，大部分符合本义。释《书》则分两类：一是遵循本义，引《书》证理；一是通过误释来阐发新义。

第一节 墨子的"述""作"关系论

一 墨子"述""作"之论针对孔子而发

最早论述"述""作"关系的是孔子。其后，墨子针对孔子所论，进行了颇具针对性的回应。

《耕柱》篇载：

> 公孟子曰："君子不作，术而已。"子墨子曰："不然，人之其不君子者，古之善者不诛，今也善者不作。其次不君子者，古之善者不遂，已有善则作之，欲善之自己出也。今诛而不作，

是无所异于不好遂而作者矣。吾以为古之善者则诛之，今之善者则作之，欲善之益多也。"

与墨子辩难的公孟子在当时应为儒家的代表人物，可惜并未得到当今儒学研究者的充分重视。宋翔凤曰："公孟子与墨子问难，皆儒家之言。"[1]通观《墨子》全书中所留存的公孟子之语，可证实宋说。例如："君子必古言服，然后仁"，"三年之丧，学吾之慕父母"，"君子若钟"。(《公孟》)与宋翔凤相比，惠栋、孙诒让则对公孟子的身份地位作出了更为详细的推断。惠栋断言："公孟子即公明子，孔子之徒。"孙诒让则云："公孟子疑即子高，盖七十子之弟子也。"[2] 惠、孙之说虽有出入，但俱肯定了公孟子在孔门传授谱系中的重要位置。

"术""诛""遂"同"述"。毕沅云："术同述。"又云："诛疑当为述。术、诸、遂疑皆声误。"[3]俞樾云："诛当作诉，字之误也。上文'君子不作，术而已'，此云'古之善者不诉'，术与诉并述之假字，其字并从术声，故得相假借也。若作诛，则与述声绝远矣。"孙诒让亦云："俞说是也。"[4]显然，墨子所论是针对儒家"述而不作"而发。

---

[1] (清)孙诒让撰,孙启治点校:《墨子间诂》(下册),北京:中华书局,2009年,第449页。

[2] (清)孙诒让撰,孙启治点校:《墨子间诂》(下册),北京:中华书局,2009年,第449页。

[3] (清)孙诒让撰,孙启治点校:《墨子间诂》(下册),北京:中华书局,2009年,第434页。

[4] (清)孙诒让撰,孙启治点校:《墨子间诂》(下册),北京:中华书局,2009年,第434页。

墨子并不绝对主张"述"或"作",而是强调"述""作"并重。他认识到,无论是"述"还是"作",都应以追求"善者"为根本的价值导向:对"古之善者",则"述之";对"今之善者",则"作之"。如此,才能使"善之益多"。

墨子揭示出,"述""作"关系问题,实质上是"古""今"问题,而"欲善益多"的价值追求则是处理古今问题的根本原则。其实,如何处理古今问题,是先秦诸子共同的问题。如何理解传统、如何顾及现实社会状况,决定了诸子的"述""作"观。但是,唯有墨子对此问题辨析最为清晰、透彻。

二 传统制度与儒家学说:墨子之"述"的基本视域

传统制度及儒家关于传统制度的学说,是墨子论说的基本视域。因此要理解墨子"述"的内涵,必须说明墨子对待传统制度、对待儒家学说的基本立场。

冯友兰对此问题的回应似乎过于简单草率。他说:"墨子是战斗的传教士。他传教的目的在于,把传统的制度和常规,把孔子以及儒家的学说,一齐反对掉。"①此说大可商榷。首先,墨子并非反对一切传统制度和常规,恰相反,传统制度和常规是墨子的立论根据。《贵义》篇载:"古之圣王,欲传其道于后世,是故书之竹帛,镂之金石,传遗后世子孙,欲后世子孙法之也。今闻先王之遗而不为,是废先王之传也。"墨子以先王为法,绝非完全摒弃旧制。其次,儒家学说的核心命题往往成为墨子论说的逻辑起点。《天志中》开篇即

---

① 冯友兰:《中国哲学简史》,《三松堂全集》第六卷,郑州:河南人民出版社,2001年,第47页。

云:"今天下之君子之欲为仁义者,则不可不察义之所从出。"可见,儒、墨俱道仁义。冯友兰显然将墨子对儒家的非驳简单化了。

相较于冯友兰,朱自清与钱穆更为恰切地分析了墨子对待传统及儒家学说的立场。

朱自清说孔子是"守原来上层社会的旧",而墨子则"守原来下层社会的旧"。[1]这一论点打破了僵化理解孔、墨与传统制度关系的错位思维。不少学者不仅将孔子与传统制度等同,还将墨子视为孔子的直接对立面,进而得出孔子是传统制度的维护者、墨子是传统制度反对者这一粗浅结论。朱自清从不同层面讨论孔、墨与传统制度的承继关系,确有见地。

自然,与孔子维护传统礼乐制度不同,墨子主张"兼爱""尚贤""节葬",确实对传统礼乐制度进行了驳斥,但墨子只是反对"大传统",对"小传统"[2]却是遵循的。例如,墨子在《明鬼》中对传统的鬼神信仰进行了系统地阐述,其中对古代典籍的密集征引可以看作"述古"的典型体现。如果说,孔子以"述"典籍来维护"大传统",那么墨子则通过"述"典籍来维护"小传统"。

对儒、墨间的学术渊源,钱穆先生说:"墨子初亦治儒,继而背弃,则墨固从儒中来,而儒反受其抵排。"[3]钱先生的观点并非创见,而是来源于《淮南子·要略》中的记载:

---

[1] 朱自清:《经典常谈》,北京:生活·读书·新知三联书店,1980年,第82页。
[2] 美国人类学家罗伯特·雷德菲尔德在《农民社会与文化》一书中,以"大传统"与"小传统"二元对立的框架对人类社会进行分析。他将上层、下层社会文化分别称为"大传统"与"小传统"。
[3] 钱穆:《先秦诸子系年》,北京:商务印书馆,2001年,第113页。

> 墨子学儒者之业，受孔子之术，以为其礼烦扰而不说，厚葬靡财而贫民，服伤生而害事。故背周道而用夏政。禹之时，天下大水。……死陵者葬陵，死泽者葬泽。故节财薄葬闲服生焉。①

根据《要略》所言，墨子之学本源于孔子。但是，墨子认为孔子的礼制思想不切民用，与底层的生活、生产条件相脱节，故与儒学分道扬镳。

《要略》认为，夏代以抗争洪水为首要问题，所以夏制要而不烦，能够与百姓基本的生存状况相符，而墨子节用、节葬的思想实以夏制为法。这只是《要略》的推测。《尚贤下》："所以贵尧舜禹汤文武之道者，何以故哉？以其唯毋临众发政而治民，使天下之为善者可而劝也。"《贵义》："凡言凡动，合于三代圣王尧舜禹汤文武者为之；凡言凡动，合于三代暴王桀纣幽厉者舍之。"可见，墨子上法三代，并非只法夏政。但无论如何，《要略》认为墨学源于儒学的观点是值得重视的。在此启发下，韩愈更为深入地揭示了儒、墨的共同点：

> 儒讥墨，以尚同兼爱尚贤明鬼，而孔子畏大人，居是邦不非其大夫。《春秋》讥专臣，不尚同哉？孔子泛爱亲仁以博施济众为圣，不兼爱哉？孔子贤贤，以四科进褒弟子，疾殁世而名不称，不尚贤哉？孔子祭如在，讥祭如不祭者，曰"我祭则受福"，不明鬼哉？儒墨同是尧舜，同非桀纣，同修身正心以治天

---

① 陈广忠：《淮南子译注》，长春：吉林文史出版社，1990年，第1029—1030页。

下国家,奚不相悦如是哉……孔子必用墨子,墨子必用孔子。①

韩愈强调,儒、墨并非势同冰炭,在"尚同""兼爱""尚贤""明鬼"这些核心命题上,儒、墨其实是互渗的。在此意义上,孔、墨皆言"述古",绝非偶然。

三 墨子"述"的内涵与儒家不同

墨子"述"的具体内涵与儒家不同:其一,墨子视"三法"为述古的基本原则,从而深化了"述"的内涵;其二,所"述"经典的范围与儒家不同;其三,对经典内容的取舍与儒家不同;其四,墨子对儒家"述古"的实践进行了批判。

(一) "三法"

墨子主张法圣王之道,而"三法"则为"述古"的基本方略,这就深化了"述"的内涵。《非命中》云:

> 凡出言谈、由文学之为道也,则不可而不先立义法。若言而无义,譬犹立朝夕于员钧之上也,则虽有巧工,必不能正焉。然今天下之情伪,未可得而识也,故使言有三法。三法者何也?有本之者,有原之者,有用之者。于其本之也,考之天鬼之志、圣王之事;于其原之也,征以先王之书;用之奈何?发而为刑。此言之三法也。

---

① 马通伯:《韩昌黎文集校注·读墨子》,北京:古典文学出版社,1957年,第22—23页。

墨子认为，任何学说的建立都要遵循三个原则，即"天志"与先王事迹、先王典籍、学说的实用性。"三法"之间存在着严密的逻辑关系："天志"并非不可征验，先王的丰功伟绩本身就是天志的体现；先王典籍则是先王事迹的载体；只有遵循天志与先王事迹，学说才能实现其应有的效用。因此，学说言谈必须以"述古"为根基，而所谓"述古"不仅仅是对先王历史功绩的传说，更是对上天的意志的遵循。

（二）所"述"范围的不同：引各国《春秋》

"六经"是儒家将古代典籍系统化的结果。但古籍是诸子共同的文化遗产，不只经过儒家的整理与传授。与儒家相比，墨子传述的典籍在范围上与"六经"存在很大不同。

就《春秋》而言，儒家仅传鲁《春秋》，而墨子所传乃诸国《春秋》。孟子说："晋之《乘》，楚之《梼杌》，鲁之《春秋》，一也。其事则齐桓、晋文，其文则史。"（《离娄章句下》）孟子虽言及晋、楚之史，但所述仍囿于鲁《春秋》。墨子则广泛征引各国《春秋》。仅《明鬼下》篇就征引周《春秋》杜伯射杀周宣王、燕《春秋》庄子仪杖杀燕简公、燕《春秋》袾子杀观辜、齐《春秋》以死羊断讼四则鬼神故事。由于不语"怪力乱神"，这些史料自然不会被儒家所传。可以说，墨子所引诸国《春秋》应是儒家视野之外的官方旧史。

有学者说墨子所引是民间野史，这种看法恐难成立。①理由是：墨子主张立说应"征以先王之书"（《非命中》），而所谓"先王之书"是指具有极大权威性与明确传授系统的典籍，绝非民间野史。《明鬼下》还征引了《尚书》中尧、舜、禹、汤与桀、纣、幽、厉等的故事，

---

① 参见董芬芬：《〈墨子〉"说"体与先秦小说》，《暨南学报》2013年第10期。

可见墨子视各国《春秋》与《尚书》为性质相同的官方史书。

（三）对古书内容的取舍

儒、墨皆"述"古籍，可对具体内容的取舍差异甚大。韩非在《显学》中说："孔子、墨子俱道尧、舜，而取舍不同，皆自谓真尧、舜。"韩非虽以法家立场批评儒、墨，却敏锐地抓住了两者的差异。儒家主张行仁政，故多对古书中关于血腥战争的记载避而不谈，例如孟子歌颂武王仁义，竟对《尚书》的记载不予承认："仁人无敌于天下，以至仁伐至不仁，而何其血之流杵也？"（《尽心章句下》）而墨子主张"非攻"，故多对古籍所载的征战之事进行评论，如《非攻中》多述《春秋》中的大规模血腥战争，且《天志下》说道："好攻伐之君有重不知此为不仁不义也，有书之竹帛，藏之府库。"可见，对如何去取古籍，儒、墨存在完全不同的理解。

（四）对儒家"述古"实践的批判

墨子指出，古代圣王已逝，后学"述古"者已失其本真。他在《节葬下》篇中说：

> 今逮至昔者三代圣王既没，天下失义。后世之君子，或以厚葬久丧以为仁也，义也，孝子之事也；或以厚葬久丧以为非仁义，非孝子之事也。曰二子者，言则相非，行即相反，皆曰："吾上祖述尧舜禹汤文武之道者也。"而言即相非，行即相反，于此乎后世之君子皆疑惑乎二子者言也。

从《节葬下》全篇来看，所谓"二子"是指儒、墨。墨子指出：儒、墨皆声称"述古"，但关于丧葬制度的学说完全相悖，儒家主张厚葬久丧，墨家则主张节葬，这令后世学者困惑不已。墨子看似是以中立的立场分析儒、墨之别,但从全篇肯定节葬的主张来看,他实际上是以墨非儒。墨子的用意在于表明墨家所"述"之"古"为"真古"、儒家所"述"之"古"是"伪古"。在他看来,圣王事迹已逝,唯有墨家所述才不失大义,这就彻底否定了儒家"述古"的正当性。

四 确立"作"的合法性地位

与儒家"述而不作"不同,墨子强调"作"与"述"具有同等重要的作用,这无疑是重大的思想突破。

如此重视"作",实出于墨子的不得已。与儒家维护周礼不同,墨子总体上是反礼乐制度的,"兼爱""非乐""节葬"等命题是直接针对礼乐制度创发的新说。而只有在理论上确立"作"的合法性,才能为创立新说扫清障碍。

墨子彻底否定了儒家"不作"的流行论调。他尖锐地批驳了"不作"观的局限性:

> 又曰:君子循而不作。应之曰:古者羿作弓,伃作甲,奚仲作车,巧垂作舟。然则今之鲍、函、车、匠皆君子也,而羿、伃、奚仲、巧垂皆小人邪?且其所循,人必或作之,然则其所循皆小人道也?(《非儒》)

"循而不作"即"述而不作"。顾千里云:"《广雅·释言》:循,述也。"[①]墨子指出,只"述"不"作"在逻辑上是不可能的,因为古人

---

① 参见(清)孙诒让撰,孙启治点校:《墨子间诂》(上册),北京:中华书局,2009年,第293页。

"作"于先,今人才有"述"的可能。这也意味着,只有今人"作"之,后人才有据可"述"。可见,孔、墨虽皆十分推崇古人创作之功,但唯有墨子如此肯定今人创作的必要性。

墨子强调,"作"应该符合百姓的切身利益。他说:

> 古之民未知为宫室时,就陵阜而居,穴而处。下润湿伤民,故圣王作为宫室。……凡费财劳力,不加利者,不为也。……是故圣王作为宫室,便于生,不以为观乐也。(《辞过》)
> 昔者暴王作之,穷人术之,此皆疑众迟朴。(《非命下》)

墨子特别强调,圣王之"作"与暴王之"作"的区别在于是否能够解决底层平民的生存问题。所以,创作新说也必须以维护百姓生计为命意,否则便是妄作妄说。

墨子对"作"的理解始终围绕底层的切实问题展开,不免有"蔽于用而不知文"[①]的嫌疑,但无论如何,墨子强调创立新制、创新学说的主张,对破除旧制、旧说具有思想解放的重要意义。

第二节 墨子释《诗》

一 墨子对《诗》、乐的不同立场

《诗》、乐本为一,但墨子对《诗》、乐的立场却决然不同。他一

---

① 荀子在《解蔽》篇对墨子的批判。

方面明确提出"非乐":"姑尝厚措敛乎万民,以为大钟鸣鼓、琴瑟竽笙之声,以求兴天下之利,除天下之害,而无补也。是故子墨子曰:为乐非也"(《非乐上》);而另一方面,他又大量引《诗》、论《诗》。据统计,《墨子》一书中引《诗》凡 11 处,论《诗》凡 5 处。①墨子对《诗》、乐的态度为何截然相反?我们需要剖析墨子"非乐"与说《诗》的不同意图。

《诗》、乐本为一体,但后世学者完全可以分途而论。②墨子"非乐",实质上是批判周礼:

> 子墨子谓公孟子曰:"丧礼,君与父母、妻、后子死,三年丧服,伯父、叔父、兄弟期,族人五月,姑、姊、舅、甥皆有数月之丧。或以不丧之间诵诗三百,弦诗三百,歌诗三百,舞诗三百。若用子之言,则君子何日以听治?庶人何日以从事?"(《公孟》)

墨子反对"诵诗三百,弦诗三百,歌诗三百,舞诗三百",但他反对的不是《诗》之文本,而是"诵""弦""歌""舞"这些为乐的行为。他说:"繁饰礼乐以淫人,久丧伪哀以谩亲。"(《非儒下》)为乐是对周礼的践行,墨子"非乐"等于对周礼进行了根本的批判,不关《诗》之文本。

---

① 参见王长华:《墨子的〈诗经〉观》,《文艺理论研究》2000 年第 2 期。
② 孔子说:"《诗》三百,一言以蔽之,曰'思无邪'。"(《为政》)这是单论《诗》文本思想内容的,与音律无关。他又说:"师挚之始,关雎之乱,洋洋乎盈耳哉!"(《泰伯》)这是单论《关雎》的乐律的,与《关雎》文本无关。墨子也是如此,"非乐"不一定非《诗》。

由否定整个礼制传统出发,墨子在直接的现实政治、社会层面上,给出了"非乐"的充分理由,而这并未言及《诗》本身。

首先,墨子指出王公大人制作乐器,必然劳民伤财:

> 今王公大人虽无造为乐器,以为事乎国家,非直掊潦水、折壤坦而为之也,将必厚措敛乎万民,以为大钟鸣鼓、琴瑟竽笙之声。古者圣王亦尝厚措敛乎万民,以为舟车,既以成矣,曰:"吾将恶许用之?"曰:"舟用之水,车用之陆,君息其足焉,小人休其肩背焉。"……然则乐器反中民之利亦若此,即我弗敢非也。(《非乐上》)

墨子反对制作乐器,因为此举对民力消耗巨大。《诗》之文本与民力消耗无关,墨子完全没有反对的必要。

其次,墨子指出统治阶层沉溺于音乐享受,必然荒疏政务:

> 今惟毋在乎王公大人说乐而听之,即必不能蚤朝晏退,听狱治政,是故国家乱而社稷危矣。今惟毋在乎士君子说乐而听之,即必不能竭股肱之力,亶其思虑之智,内治官府,外收敛关市、山林、泽梁之利,以实仓廪府库,是故仓廪府库不实。(《非乐上》)

墨子从听觉感官的角度论述了沉溺音乐对为政的消极影响,这同样与《诗》之文本无关。

最后,若底层劳动者沉溺音乐,也会荒废劳作:

> 今惟毋在乎农夫说乐而听之，即必不能蚤出暮入，耕稼树艺，多聚叔粟，是故叔粟不足。今惟毋在乎妇人说乐而听之，即不必能夙兴夜寐，纺绩织纴，多治麻丝葛绪，捆布縿，是故布縿不兴。（《非乐上》）

底层劳动人民文化水平较低，不足以体会《诗》之文本的思想意义。因此，墨子只是对底层人民沉溺听觉感官享受进行批判，也不涉及《诗》之文本。

墨子"非乐"与《诗》文本无涉，而说《诗》同样不涉及乐。墨子只是将《诗》作为宣扬墨家思想的文献资料，例如他举《周颂·载见》篇来论证尚同思想：

> 是以先王之书《周颂》之道之曰："载来见彼王，聿求厥章。"则此语古者国君诸侯之以春秋来朝聘天子之廷，受天子之严教。退而治国，政之所加，莫敢不宾。（《尚同中》）

墨子将《大雅·文王》《周颂·载见》称作"先王之书"，可见他仅将《诗》作为文献典籍来使用，并不及乐。

二 断章取义并非墨子释《诗》的主要倾向

罗根泽说："墨家尚质不尚文，其对于《诗》，只是'断章取义'、以为自己立说的一种帮助而已。"[①] 这种说法确有一定道理，如：

---

① 罗根泽：《中国文学批评史》（第一册），北京：中华书局，1962年，第42页。

《皇矣》道之曰:"帝谓文王,予怀明德,不大声以色,不长夏以革,不识不知,顺帝之则。"帝善其顺法则也,故举殷以赏之,使贵为天子,富有天下,名誉至今不息。故夫爱人利人,顺天之意,得天之赏者,既可得留而已。(《天志中》)

墨子先引《皇矣》证明必须遵循天帝的意志,文王顺应"天志",所以得到天的赏赐,这里还比较符合《皇矣》的原义。可接下来墨子说"爱人利人,顺天之意",这就是用"兼相爱、交相利"的思想去解释"顺帝之则"一句,至于"顺帝之则"前面的几句,他都不管。从这段诗句的整体意思来看,并无"兼爱"的思想,墨子割裂上下文,只取"顺帝之则"一句,以此将"兼爱"思想附会上去。又如:

《周诗》即亦犹是也。《周诗》曰:"王道荡荡,不偏不党,王道平平,不党不偏。其直若矢,其易若厎,君子之所履,小人之所视。"若吾言非语道之谓也?古者文武为正,均分赏贤罚暴,勿有亲戚弟兄之所阿,即此文武兼也。虽子墨子之所谓兼者,于文武取法焉。不识天下之人所以皆闻兼而非之者,其故何也?(《兼爱下》)

"王道"四句本出自《尚书·洪范》,暂置不论。"其直若矢"四句出自《小雅·大东》。紧承此四句的诗文作"眷言顾之,潸焉出涕",因此"其直若矢"四句其实是穷困贫民的怨词,而墨子不管整体语境,将这此句摘出来以"兼爱"思想来解释。

由上可知，罗根译说墨子"断章取义"是有其道理的。但是，罗说恐有以偏概全之误，除上述两例外，统观墨子解《诗》，大致上是比较符合文本原义的。例如：

> 故古者圣人之所以济事成功，垂名于后世者，无他故异物焉，曰：唯能以尚同为政者也。是以先王之书《周颂》之道之曰："载来见彼王，聿求厥章。"则此语古者国君诸侯之以春秋来朝聘天子之廷，受天子之严教。退而治国，政之所加，莫敢不宾。当此之时，本无有敢纷天子之教者。《诗》曰："我马维骆，六辔沃若。载驰载驱，周爰咨度。"又曰："我马维骐，六辔若丝。载驰载驱，周爰咨谋。"即此语也。（《尚同中》）

这段连引《周颂·载见》《小雅·皇皇者华》二诗。从《载见》整首诗的内容来看，讲的是诸侯来朝，周成王率诸侯祭武王庙。孔颖达谓之"诸侯始见武王庙之乐歌也"[①]。墨子对所引两句诗的解释基本是直译，十分符合整首诗的意思。《皇皇者华》整首诗讲的是君主派遣使臣，以向下传递君主的美德。孔颖达云："言君遣使臣也。"[②]墨子所引的八句也恰好能体现出墨子所论的"尚同"思想。又如：

> 子墨子曰：《周书》《大雅》有之。《大雅》曰："文王在上，於

---

① 《毛诗正义》，李学勤主编：《十三经注疏》，北京：北京大学出版社，1999年，第1336页。

② 《毛诗正义》，李学勤主编：《十三经注疏》，北京：北京大学出版社，1999年，第564页。

昭于天。周虽旧邦，其命维新。有周不显，帝命不时。文王陟降，在帝左右。穆穆文王，令闻不已。"若鬼神无有，则文王既死，彼岂能在帝之左右哉？此吾所以知《周书》之鬼也。（《明鬼下》）

所引出自《大雅·文王》。墨子根据文本记载的"在帝左右"来证明鬼神的存在，其宣扬鬼神的思想固然荒诞不经，但其论断毕竟是严格依据《诗》文本的记载作出的。又如：

先王之所书，《大雅》之所道曰："无言而不雠，无德而不报。投我以桃，报之以李。"即此言爱人者必见爱也，而恶人者必见恶也。（《兼爱下》）

所引出自《大雅·抑》。从引用诗句的内容可以看出，墨子所引与其论证的爱人见爱、恶人见恶的"兼爱"思想高度契合。

三 墨、孟解《诗》比较举隅

相较于儒家《诗》学，墨家《诗》学多遭冷落。比较墨、儒差异，有助于揭示出先秦时期经典阐释的整体面貌。

（一）墨、孟释《大雅·文王》之异

墨子引《文王》篇以证明鬼神的存在，见上文所述。墨子通过细读文本，对《文王》中的鬼神观念加以阐明，所论基本符合《文王》本义。

孟子引《文王》篇则云：

> 今国家闲暇，及是时，般乐怠敖，是自求祸也。祸福无不自己求之者。《诗》云："永言配命，自求多福。"(《公孙丑章句上》)

孟子指出，国家相对安定却懈怠享乐，这是自求祸害。他强调福祸皆由己生，引"永言配命，自求多福"以证其理。孟子虽引了两句诗，但只解释了"自求多福"一句，"永言配命"一句并不顾及，这是较明显的断章取义。同样《离娄章句上》所引也是如此：

> 爱人不亲，反其仁；治人不治，反其智；礼人不答，反其敬。行有不得者皆反求诸己，其身正而天下归之。《诗》云："永言配命，自求多福。"

孟子论证为仁、为礼、治人的关键是加强自我修养，最后引用《文王》诗句强化论证。同上例，孟子仍未顾及"永言配命"一句。孟子以儒家思想解释"永言配命，自求多福"，并不符合《文王》全篇之义。

(二) 墨、孟释《大雅·桑柔》之异

墨子引《桑柔》以论"尚贤"云：

> 爵位不高则民不敬也，蓄禄不厚则民不信也，政令不断则民不畏也。故古圣王高予之爵，重予之禄，任之以事，断予之令，夫岂为其臣赐哉，欲其事之成也。《诗》曰："告女忧恤，诲女予爵，孰能执热，鲜不用濯。"则此语古者国君、诸侯之不可

> 以不执善承嗣辅佐也,譬之犹执热之有濯也,将休其手焉。(《尚贤中》)

所引《桑柔》四句之义是,要忧恤天下,把官爵封给贤能之士。郑玄笺云:"我语女以忧天下之忧,教女以次序贤能之爵,其为之当如手持热物之用濯,谓治国之道,当用贤者。"①可见,墨子所阐述之"尚贤"思想恰与所引诗句相契合。

孟子则云:

> 今也欲无敌于天下而不以仁,是犹执热而不以濯也。《诗》云:"谁能执热,逝不以濯?"(《离娄章句上》)

孟子以仁政思想解释"谁能执热,逝不以濯",至于"告女忧恤,诲女予爵"则不在孟子的解释范围,这就割裂了诗句上下文的联系。

可以说,墨子引《诗》大致符合《诗》之本义,而孟子则多是断章取义。墨子重视"作",具体解释却多与经典相契合;儒家讲"述而不作",孟子却多断章取义。可见儒、墨在经典阐释的过程中,阐释口号与阐释实践是错位的。

---

① 《毛诗正义》,李学勤主编:《十三经注疏》,北京:北京大学出版社,1999年,第1181页。

第三节　墨子释《书》

从《墨子》引《书》的情况来看，大致可分为两类：一类是引《书》论理，将《书》作为文献资料来使用，其引用也大致符合《书》原义；一类是曲解《书》以就己意，借助《书》的权威性来宣扬墨家思想。

一　引《书》证理

先来看引《书》证理一类。墨子论鬼神思想云：

> 《禹誓》曰："大战于甘，王乃命左右六人，下听誓于中军，曰：'有扈氏威侮五行，怠弃三正，天用剿绝其命。'有曰：'日中，今予与有扈氏争一日之命，且尔卿大夫庶人，予非尔田野葆士之欲也，予共行天之罚也。左不共于左，右不共于右，若不共命；御非尔马之政，若不共命。是以赏于祖而僇于社。'"赏于祖者何也？言分命之均也。僇于社者何也？言听狱之事也。故古圣王必以鬼神为赏贤而罚暴，是故赏必于祖而僇必于社。此吾所以知《夏书》之鬼也。（《明鬼下》）

刘起釪先生将《禹誓》与今本《甘誓》对照，认为《禹誓》即《甘誓》，只是文句稍有出入。① "赏于祖而僇于社"是说，听从命令者会在先祖的神位前得到赏赐，而违背命令者就会在神社里被杀掉。墨子引用

---

① 参见刘起釪：《尚书学史》，北京：中华书局，1989年，第16页。

《书》中关于先祖、社主的记载来证明鬼神的存在,论证符合《书》原义。又如墨子论"天志"云:

> 《大誓》之道之,曰:"纣越厥夷居,不肯事上帝,弃厥先神祇不祀,乃曰吾有命,无廖其务。天亦纵弃纣而不葆。"察天以纵弃纣而不葆者,反天之意也。故夫憎人贼人,反天之意,得天之罚者,既可得而知也。(《天志中》)

所引《大誓》的大致意思是,纣王不侍奉天帝,不祭祀天帝,并妄称自己有命,最终遭到天帝遗弃。墨子援引纣王故事说明违背上天的意志必将受到惩罚,从而证明"天志"存在的必然性,所论符合《书》原义。再如墨子论"尚同"云:

> 圣王皆以尚同为政,故天下治。何以知其然也?于先王之书也《大誓》之言然,曰:"小人见奸巧乃闻,不言也,发罪均。"此言见淫辟不以告者,其罪亦犹淫辟者也。(《尚同下》)

所引《大誓》的意思是,如见到奸佞行为必须向上级报告,否则与奸佞者一同治罪。墨子对《大誓》基本上是直译,以此来佐证其"尚同"思想。

可见,墨子基本上将《书》文作为论理的文献资料,符合《书》之原义。

二 曲解《书》以就己意

墨子释《书》,有时也借助《书》文来发挥墨家的基本思想,曲解

《书》文以就已意。方法有发挥大义、断章取义。

先看发挥大义。墨子论"兼爱"云：

> 今若夫兼相爱、交相利，此自先圣六王者亲行之。……《泰誓》曰："文王若日若月乍照，光于四方，于西土。"即此言文王之兼爱天下之博大也，譬之日月兼照天下之无有私也，即此文王兼也。虽子墨子之所谓兼者，于文王取法焉。(《兼爱下》)

所引《书》文是说文王的德行如日月一般光耀四方，并未展开关于德行的具体内涵。墨子却以"兼爱"思想重释《书》文，显然偏离了其原义。又如：

> 且不唯《泰誓》为然，虽《禹誓》即亦犹是也。禹曰："济济有众，咸听朕言，非惟小子敢行称乱，蠢兹有苗，用天之罚，若予既率尔群对诸群以征有苗。"禹之征有苗也，非以求以重富贵、干福禄、乐耳目也，以求兴天下之利，除天下之害，即此禹兼也。虽子墨子之所谓兼者，于禹求焉。(《兼爱下》)

所引《书》文内容是：禹对部下宣誓说，不是我禹要行乱，而是上天命令我率领你们去惩罚有苗。墨子则说，禹不为个人私利而为全天下除害，证明禹怀有"兼爱"思想。显然，墨子是在发挥《书》文之义。

再来看断章取义。墨子论"非乐"云：

> 是故子墨子曰：为乐非也。何以知其然也？曰先王之书汤

之《官刑》有之，曰："其恒舞于宫，是谓巫风。其刑，君子出丝二卫，小人否，似二伯黄径。"(《非乐上》)

根据《官刑》的记载，常在宫中起舞，就要受到惩处。《官刑》否定的是过度沉溺舞乐的淫逸之举，并未禁止一切舞乐。但墨子为阐发"非乐"思想，有意忽略了"恒"字，故意强化了刑罚禁乐的威慑力。这就扭曲了文本的原义。

第五章　大道、语言及阐释的有效性：庄子的释义学思想

与儒、墨借经典来阐述一家之言不同，庄子从根本上质疑、否定经典与经典阐释，其否定的哲学基础是天道观。庄子的释义学思想具有内在矛盾性：虽在理论上否定一切典籍，却又有称颂的痕迹；虽质疑经典阐释的合法性，却又将《老子》作为经典进行阐释。

当今学界对《庄子》中的篇目哪些为庄子本人所作、哪些为其后学所作尚未加以彻底辨别。① 这样一来，庄子本人的释义学思想与庄子后学的释义学思想也就难以区分。本书不拟进行篇章方面的考证，对庄子及其后学也就不予区分，而是着重讨论庄子学派释义学思想的整体特点，姑且以"庄子的释义学思想"名之。

---

① 颜世安先生说：研究庄子思想，先要对三十三篇有一个通盘的把握。是以三十三篇的综合理解为基础，还是以某些篇（如内篇）为基础？如果以综合理解为基础，如何对待三十三篇内容、风格、年代不统一的问题？ 如果以其中的一些篇为基础，那么理由是什么？为什么重此不重彼？这些作为基础的篇与其他篇的关系如何处理？这些问题，学者已有很多争论。参见颜世安：《庄子评传》，南京：南京大学出版社，1999 年，第 39 页。

第一节　庄子释义学思想的反思性特征

一　对经典释义的质疑、反思

先秦诸子中，孔、孟、荀、墨、韩均大量征引《诗》《书》《易》等先王经典，唯庄子不然。《庄子》一书中仅有一处征引《诗》：

> 儒以诗礼发冢。大儒胪传曰："东方作矣，事之何若？"
> 小儒曰："未解裙襦，口中有珠。《诗》固有之曰：'青青之麦，生于陵陂。生不布施，死何含珠为！'接其鬓，压其顪，儒以金椎控其颐，徐别其颊，无伤口中珠！"（《外物》）

成玄英疏云："此是逸诗，久遭删削。凡贵人葬者，口多含珠，故诵《青青之诗》刺之。"①与儒家对经典的尊崇态度截然相反，庄子不仅对儒家进行了辛辣的讽刺，更以戏谑用《诗》的方式消解经典的神圣性。《山木》篇中讲得更为直接："绝学捐书。"《骈拇》篇亦云："挟笑读书……博塞以游。……其于残生伤性均也。"可见，庄子对经典持明确的否定态度。在此立场下，他对经典活动阐释本身提出了深刻的质疑和反思：

---

① （清）郭庆藩撰，王孝鱼点校：《庄子集释》，北京：中华书局，2013年，第815页。

第五章 大道、语言及阐释的有效性：庄子的释义学思想

孔子谓老聃曰："丘治《诗》《书》《礼》《乐》《易》《春秋》六经，自以为久矣，孰知其故矣；以奸者七十二君，论先王之道而明周召之迹，一君无所钩用。甚矣夫！人之难说也，道之难明邪？"

老子曰："幸矣子之不遇治世之君也！夫六经，先王之陈迹也，岂其所以迹哉！今子之所言，犹迹也。夫迹，履之所出，而迹岂履哉！夫白鶂之相视，眸子不运而风化；虫，雄鸣于上风，雌应于下风而风化；类自为雌雄，故风化。性不可易，命不可变，时不可止，道不可壅。苟得于道，无自而不可；失焉者，无自而可。"（《天运》）

孔子深研六经，意图通过阐述六经义理来彰显周道。可是他不得国君之用，因此深感困惑。老子从根本上否定经典，他认为：六经皆为先王陈迹，因此对六经的阐述也毫无效用；大道自然而然，非刻意追求所能得，妄想通过阐述六经把握大道，是不可能的。庄子借老子之口表达了对六经的质疑、否定，从而体现出对经典释义的深刻反思。文本是历史事件、圣人言行的残留，相对于已经逝去的历史，文本是滞后无效的。既然如此，意欲通过阐述文本来解历史、圣人思想也绝不可能。《天道》篇轮扁论书的寓言更加深化了这一问题：

桓公读书于堂上。轮扁斫轮于堂下，释椎凿而上，问桓公曰："敢问，公之所读者何言邪？"

公曰："圣人之言也。"

曰："圣人在乎？"

公曰："已死矣。"

曰："然则君之所读者，古人之糟魄已夫！"

桓公曰："寡人读书，轮人安得议乎！有说则可，无说则死。"

轮扁曰："臣也以臣之事观之。斫轮，徐则甘而不固，疾则苦而不入。不徐不疾，得之于手而应于心，口不能言，有数存焉于其间。臣不能以喻臣之子，臣之子亦不能受之于臣，是以行年七十而老斫轮。古之人与其不可传也死矣，然则君之所读者，古人之糟魄已夫！"

桓公认为书载圣人之言，故主张怀崇敬之心细加研学。匠人轮扁则认为，桓公所言根本难以成立。他指出，书籍与圣人思想绝难等同，二者间有着不可逾越的鸿沟，因此，圣人本真不可能通过书籍传述下去，就像自己不能将斫轮技巧传给儿子一样。可以说，当圣人死去，后人所读之圣人之书就只是古人残留的糟粕，毫无意义。

轮扁对桓公的批评，可视为庄子对诸家经典阐释理论与实践的深刻反思。从释义学的角度看，庄子严格区分了作者、文本及读者间的界限，并对文本的效用、文本解读的合理性进行了深刻地质疑。他认为，文本只是作者的影像，根本靠不住。这就在根本上动摇了诸家在作者与文本间建立联系的企图：既然文本失效，诸家解读文本的活动自然也是无效的。

庄子立论的前提是，作为对象的历史是不可知的。儒家则强调遗存的文物、文献本身就是认知历史的坚实根据，故有"百世可知""知人论世"（《万章章句下》）之说。在此前提下，荀子进一步从阐释者修为的角度指出了阐释的有效性问题：

> 今夫偷生浅知之属，曾此而不知也，粮食大侈，不顾其后，俄则屈安穷矣，是其所以不免于冻饿、操瓢囊为沟壑中瘠者也。况夫先王之道，仁义之统，《诗》《书》《礼》《乐》之分乎。彼固天下之大虑也，将为天下生民之属长虑顾后而保万世也，其沠长矣，其温厚矣，其功盛姚远矣，非孰修为之君子莫之能知也。故曰：短绠不可以汲深井之泉，知不几者不可与及圣人之言。夫《诗》《书》《礼》《乐》之分，固非庸人之所知也。（《荣辱》）

在荀子看来，《诗》《书》《礼》《乐》等经典承载了圣王之道，其中包含圣王为天下万民长远考虑的重大规划，它们在世间流传长久，其深厚的思想泽及世人，功德至伟至大。经典既然是圣王之道的承载物，其思想深厚宽广，那么要理解经典就要靠修为高深的君子，庸庸碌碌的凡夫俗子连基本的生计问题都缺乏考虑，他们就更没有资格、没有能力去理解经典了。

儒家对历史认知的条件进行了分析，进而指出经典阐释在何种意义上才是有效的。与之相比，庄子从根本颠覆了儒家立论的前提，进而否定了有效阐释的可能性。

二 质疑、反思的哲学基础

庄子为何会否定经典，为何对文本、释义活动有着如此深刻的质疑和反思？这根源于庄子对世界的整体性理解。他以"道"来描述整全，认为作为整全的"道"既不能通过理性进行认知，也不能通过语言进行把握。《知北游》云：

> 知北游于玄水之上，登隐弅之丘，而适遭无为谓焉。知谓无为谓曰："予欲有问乎若：何思何虑则知道？何处何服则安道？何从何道则得道？"三问而无为谓不答也，非不答，不知答也。

"知"即人的理性认知能力。按照常理，人应该而且必须通过认知能力去把握"道"，所以"知"三问"无为谓"如何得"道"。但是，"知"三问而无获。这说明，试图通过认知能力而把握"道"是人的妄念，最终只能是徒劳疲敝而无所得。"无为谓""不知答"更是意味着，"道"根本不能用语言来说明。

语言是认知的工具，但通过语言来认知"道"的途径被完全否定了。庄子讲得十分彻底：

> 至言去言，至为去为。（《知北游》）
> 丘也闻不言之言矣，未之尝言，于此乎言之。（《徐无鬼》）
> 鸡鸣狗吠，是人之所知；虽有大知，不能以言读其所自化，又不能以意其所将为。（《则阳》）

一旦使用语言，就将对整全进行限制与割裂，所以"道"是不能通过语言来认知的。既如此，那么运用语言的一切文本就完全失去了意义：

> 世之所贵者书也，书不过语，语有贵也。语之所贵者意也，意有所随。意之所随者，不可以言传也，而世因贵言传书。世

虽贵之，我犹不足贵也，为其贵非其贵也。故视而可见者，形与色也；听而可闻者，名与声也。悲夫，世人以形色名声为足以得彼之情！夫形色名声果不足以得彼之情，则知者不言，言者不知，而世岂识之哉！(《天道》)

庄子深刻阐述了语言、文本、意义之间的关系：其一，文本是对语言行为的记载，文本的本质是语言；其二，语言的本质在于承载意义；其三，意义是不能通过语言、文本流传下来的。

庄子所论与尊奉经典的传统思维是截然不同的。历代学者无不重视经典，力图通过阐释经典来表明本学派的思想。庄子则认为书的本来意义不能被流传下来，通过书更不能体认大道。他说"挟筴读书……博塞以游。……其于残生伤性均"(《骈拇》)，并主张"绝学捐书"(《山木》)。至于对先王典籍的尊崇及阐释，在他看来甚是荒唐可笑：

徐无鬼出，女商曰："先生独何以说吾君乎？吾所以说吾君者，横说之则以《诗》《书》《礼》《乐》，从说之则以《金板》《六弢》，奉事而大有功者不可为数，而吾君未尝启齿。今先生何以说吾君，使吾君说若此乎？"

徐无鬼曰："吾直告之吾相狗马耳。"(《徐无鬼》)

成玄英疏曰："姓徐，字无鬼，隐者也。姓女，名商，魏之宰臣。"又疏曰："《金板》《六弢》，《周书》篇名也，或言秘谶也。本有作韬字者，随字读之，云是太公兵法，……武侯好武而恶文，故以兵法为从,六经为横也。"①可见,徐无鬼是道家人物,庄子是托徐之口表明己意。女商也非实指,只是庄子借来影射儒家的。②女商竭力通过阐述先王典籍来劝说君主却毫无成效,徐无鬼则通过看似低贱的相狗马之论打动了君主。这是因为,典籍不能承载大道,执于阐释典籍,反而离大道愈远;而相狗马之说,本是接近大道的"真人之言",只不过久在君主之侧,君主漠然不知,即"久矣夫莫以真人之言謦欬吾君之侧"(《徐无鬼》)。在庄子看来,对典籍的阐释只能算作搬弄是非、胡言乱语的罪行。他借盗跖之口对孔子进行了辛辣的嘲讽:

> 谒者入通,盗跖闻之大怒,目若明星,发上指冠,曰:"此夫鲁国之巧伪人孔丘非邪?为我告之:'尔作言造语,妄称文武,冠枝木之冠,带死牛之胁,多辞缪说,不耕而食,不织而衣,摇唇鼓舌,擅生是非,以迷天下之主,使天下学士不反其本,妄作孝弟而儌幸于封侯富贵者也。子之罪大极重,疾走归!不然,我将以子肝益昼餔之膳!'"(《盗跖》)

孔子自称"述而不作,信而好古""吾从周"(《八佾》)。但在庄子看来,孔子"不反其本"以致悖离大道,其阐释经典的行为乃"作言造语,妄称文武",只是为了干名利、求富贵而自我造作的虚假外衣,罪不容诛。他还借老子之口批评了孔子,虽不像盗跖那样破口大骂,但对孔子经典阐释的质疑力度却有增无减:

---

① (清)郭庆藩撰,王孝鱼点校:《庄子集释》,北京:中华书局,2013年,第723页。

② 也可能包括兵家、阴阳家。

往见老聃,而老聃不许,于是繙十二经以说。
老聃中其说,曰:"大谩,愿闻其要。"
孔子曰:"要在仁义。"
老聃曰:"请问,仁义,人之性邪?"(《天道》)

孔子为整理典籍,求见藏书甚多的老子,但被拒绝。孔子以仁义阐释经典,期求打动老子,但在老子看来,仁义并非自然本性,是有悖天道的。可见,老子否定了孔子一以贯之的仁义思想,自然也就消解了孔子阐释经典的预设前提。

除批儒外,庄子还将矛头指向但凡立论皆"征以先王之书"(《非命中》)的墨家。在具体论述中,往往儒、墨并举:

下有桀跖,上有曾史,而儒墨毕起。于是乎喜怒相疑,愚知相欺,善否相非,诞信相讥,而天下衰矣。(《在宥》)
若儒墨者师,故以是非相齑也,而况今之人乎!(《知北游》)
儒者伪辞,墨者兼爱,五纪六位将有别乎?(《盗跖》)

儒家以仁义释经,墨家以兼爱释经。二者相互攻讦,争论不休,反而使大道遮蔽。《齐物论》云:"故有儒、墨之是非,以是其所非而非其所是。欲是其所非,而非其所是,则莫若以明。"儒、墨立场相异、观点相左,却都力图辨别是与非。然而,一旦开始辩说是非,就会对整全的大道进行限定与割裂,终将远离大道。

三 言与道

庄子彻底否定经典，进而对经典释义活动展开了深刻的质疑和反思。这在根本上基于庄子对大道的体认。在他看来，道根本不能通过认知来把握，这同时意味着，作为认知工具的语言、记载语言活动的典籍始终是游离于道体的。

庄子揭示出，知、言、经典与大道之间存在不可跨越的障碍。他进而指出：既然经典本身悖离大道，那么诸子对典籍的阐释自然是荒谬、虚伪的。庄子对诸子释义活动的质疑和反思，抓住了语言问题。语言问题是现代释义学的理论基石。伽达默尔说："在这种情况下，语言并不只是一种工具，或者只是人类天赋所有的一种特殊能力；宁可说它是中介，我们一开始就作为社会的人生活在这种中介之中，这种中介展示了我们生活于其间的那种全体性。"[①] 与西方理论家充分肯定语言的中介作用不同，庄子彻底切断了语言与大道间的联系。

但是，只要对大道稍有表述，就不得不使用语言。《知北游》将此悖论凸显出来：

> 黄帝曰："彼无为谓真是也，狂屈似之；我与汝终不近也。夫知者不言，言者不知。"
>
> 黄帝曰："彼其真是也，以其不知也；此其似之也，以其忘之也；予与若终不近也，以其知之也。"狂屈闻之，以黄帝为

---

① 〔德〕伽达默尔著，姚介厚译：《论科学中的哲学要素和哲学的科学特性》，《哲学译丛》1986年第3期。

知言。

对于大道,"无为谓"全然不知,"狂屈"欲言又忘,"知"与黄帝则有所知。由于不知,"无为谓"才不离大道;由于忘却,"狂屈"才有可能接近大道;由于刻意使用智识,"知"与黄帝反而与大道疏离。但仍未解决的问题是,既然"知者不言","狂屈"为何又以黄帝所言为"知言"?这说明,即使只是对大道有所提示,也不得不使用语言。

庄子说:"孰知不言之辩,不道之道?若有能知,此之谓天府。"(《齐物论》)使用语言必将割裂大道,但大道不通过语言又无法描述。针对此悖论,庄子提出寓言、重言、卮言之说:

> 寓言十九,藉外论之。(《寓言》)
> 重言十七,所以已言也,是为耆艾。(《寓言》)
> 卮言日出,和以天倪,因以曼衍,所以穷年。(《寓言》)

如果不得不使用语言,那么只有寓言、重言、卮言才有可能对一般的知识性语言进行突破。无论是借彼说此的寓言,还是具有智慧的耆老重言,都打破了常规语言对大道的僵化规定。相较于寓言与重言,卮言并非实指人的言说,而是"智者不言"之言。唯有卮言能"和以天倪",它并非是对大道说什么,而是对大道的体悟行为。在此思路下,庄子尤为反对辩者之辩:

> 以坚白同异之辩相訾,以觭偶不仵之辞相应。(《天下》)
> 骈于辩者,累瓦结绳窜句,游心于坚白同异之间,而敝跬

誉无用之言非乎？（《骈拇》）

庄子虽反对辩，但却主张"不言之辩"。他说："彼之谓不道之道，此之谓不言之辩。"（《徐无鬼》）但事实证明，所谓的"不言之辩"是不可能的。庄、惠观鱼（《秋水》）的事例说明，庄子不但借助语言，还使用了诡辩。对言语的理解，应结合其上下文语境，惠子所云"汝安知鱼之乐"，按常理应理解为"你怎能知道鱼乐"，而庄子则解释为"你从哪儿知道鱼乐"。庄子悄无声息地置换了惠子提出的问题，并不合逻辑。

从上述论证可以看出，庄子虽对语言持质疑态度，却又不得不借助语言来表述本学派的思想；强调"知言不言"，却又使用寓言、重言、卮言；虽对"辩"不屑一顾，自己却又在"辩"，甚至诡辩；虽有称颂的痕迹，但与儒、墨相比，庄子毕竟是非毁圣典的。庄子主要征引的经典是《老子》而非六经，在他看来，《老子》的重要性要远远大于六经，此其一。其二，他十分重视记载异事、怪事的古书以及野语、乡谚，例如《逍遥游》开篇就说："《齐谐》者，志怪者也。"

第二节　庄子释《老》例说

庄子体察到，处于语言的限定中，必然会游离于大道之外，而唯有追求"至言去言"（《知北游》）"不言之言"（《徐无鬼》）的境界，才有可能破解语言的羁绊。因此，先贤苦心孤诣保存、传授的典籍，乃灭质溺心之举，将导致"无以反其性情而复其初"（《缮性》）的境况。

但是，庄子仍然需要通过阐释经典来立说，这实属不得已而为之。只不过庄子阐释的经典不是儒墨传颂的圣王典籍，而是道家经典——《老子》。

一 释《老》与哲学阐述

《庄子》一书中征引最多的是《老子》，在征引中体现出庄子对《老子》的理解。其最大的特点是，在一段议论中征引多条以加强论证，并且所引多符合《老子》的原义。例如：

> 黄帝曰："彼无为谓真是也，狂屈似之；我与汝终不近也。夫知者不言，言者不知，故圣人行不言之教。道不可致，德不可至。仁可为也，义可亏也，礼相伪也。故曰：'失道而后德，失德而后仁，失仁而后义，失义而后礼。礼者，道之华而乱之首也。'故曰：'为道者日损，损之又损之以至于无为，无为而不无为也。'今已为物也，欲复归根，不亦难乎！其易也，其唯大人乎！"（《知北游》）

这一段话中引《老子》三条，如下：

> 智者不言，言者不知。（五十六章）

此条的意思是，真正有大智慧的人不言说，多言说者无大智。所引基本符合《老子》的原义。

> 故失道而后德，失德而后仁，失仁而后义，失义而后礼。

> 夫礼者，忠信之薄，而乱之首。（三十八章）

此条说的是，道是最高的境界，德、仁、义、礼次之，礼是祸乱的根源。所引符合《老子》原义。

> 为学日益，为道日损。损之又损，以致于无为，无为而无不为。（四十八章）

此条说的是，研究世俗之学，欲望、虚伪日益增多，而为道欲望、虚伪日益减少，少之又少，直至无为的境界，只有无为才能无所不为。所引符合《老子》原义。这一段连续引《老子》三条来论证知、言、道三者的关系，大大加强了论证的力度，所引三条基本符合《老子》本来的意思。

又如：

> 夫道，有情有信，无为无形；可传而不可受，可得而不可见；自本自根，未有天地，自古以固存；神鬼神帝，生天生地；在太极之先而不为高，在六极之下而不为深，先天地生而不为久，长于上古而不为老。（《大宗师》）

此段引《老子》两条，第一条如下：

> 窈兮冥兮，其中有精。其精甚真，其中有信。（二十一章）

"有情有信"其实化自"其中有情""其中有信"。① 此条说的是,那大道遥远幽深而有规律,这规律十分真切,并且可以得到验证。高明注曰:"阐述其中之实不仅存在,而且甚真,并以其自身之运动规律可供信验。"② 从整段话的意思来看,庄子所引符合《老子》原义。所引第二条如下:

> 有物混成,先天地生。寂兮寥兮,独立而不改,周行而不殆,可以为天地母。(二十五章)

此条说的是,大道是一种混沌的状态,它先于天地而存在。庄子虽没有完全遵守原文字句,但所引符合《老子》原义。

通过上述事例可以看出,庄子在征引《老子》时,往往征引多条以加强论证,其对引文的使用基本符合《老子》的原义,基本也是对《老子》进行哲学层面的阐述。这与孔、墨、孟、荀征引《诗》《书》以断章取义、类比引申、发挥大义为主截然不同。究其原因,儒、墨征引《诗》《书》之根本目的在宣扬本派学说,不在经典本义,所以多曲解;而老、庄本一脉相承,《老子》中的许多重要思想庄子皆直接承袭,所以庄子征引《老子》时多遵循本义,此其一。其二,《诗》《书》产生已久,经义多有不明,这反而为儒墨注重经文当下之用提供了条件;而《老子》其书距离庄子较近,其义较为明了,庄子征引自然要顾及《老子》原义。

---

① 参见王明:《道家与道教思想研究》,北京:中国社会科学出版社,1985年,第39页。

② 高明:《帛书老子校注》,北京:中华书局,1996年,第332页。

二 释《老》与现实政治干预

庄子引《老子》虽多遵循其本义,但也不是绝对。他对《老子》的使用亦有脱离原义、引申发挥的状况,此时其阐释不再注重《老子》中玄妙的哲学,而是将形而上层面的哲学阐述为更为具体实在的治理天下之道,具有强烈的现实批判性。这是庄子阐释《老子》的另一特点。例如:

> 故曰:"鱼不可脱于渊,国之利器不可以示人。"彼圣人者,天下之利器也,非所以明天下也。故绝圣弃知,大盗乃止;擿玉毁珠,小盗不起;焚符破玺,而民朴鄙;掊斗折衡,而民不争;殚残天下之圣法,而民始可与论议。擢乱六律,铄绝竽瑟,塞瞽旷之耳,而天下始人含其聪矣;灭文章,散五采,胶离朱之目,而天下始人含其明矣;毁绝钩绳而弃规矩,攦工倕之指,而天下始有其巧矣。故曰:"大巧若拙。"削曾史之行,钳杨墨之口,攘弃仁义,而天下之德始玄同矣。(《胠箧》)

仅这一段话就征引了《老子》四条,如下:

> 柔弱胜强。鱼不可脱于渊,国利器不可以示人。(三十六章)
> 绝圣弃智,民利百倍。绝仁弃义,民复孝慈。绝巧弃利,盗贼无有。(十九章)
> 大直若屈,大巧若拙,大辩若讷。(四十五章)
> 挫其锐,解其纷,和其光,同其尘,是谓玄同。(五十六章)

"鱼不可脱于渊"一条本来是讲守柔才能战胜刚强,这种玄机就像鱼不能脱离深渊一样,不能将它随便示人。而庄子发挥其大义,将"国之利器"解释为圣人之道,不能将圣人那一套东西明示出来,所以要绝圣弃智。这种解释已经偏离了《老子》本来的意思。"绝圣弃智"一条讲的是否定智慧、仁义、私利,但庄子将其进一步引申发挥,解释为否定一切制度规范。"大巧若拙"本来包含着深刻的辩证法思想,但在这里却被具体解释为毁弃一切智巧。"玄同"一条是说挫败人的锐气,混合人们分辨事物的能力,消除人们的纷争。这"玄同"消弭了一切评判事物的标准,包含着相对主义哲学思想,但庄子并没有从哲学层面上进行解释,而是从现实论战的具体层面进行发挥,认为既然要"玄同",那就要摒弃曾、史、杨、墨。又如:

> 老聃曰:"知其雄,守其雌,为天下溪;知其白,守其辱,为天下谷。"人皆取先,己独取后,曰受天下之垢;人皆取实,己独取虚,无藏也故有余,岿然而有余。(《天下》)

所引《老子》原文作:

> 知其雄,守其雌,为天下谿。为天下谿,常德不离。常德不离,复归于婴儿。知其荣,守其辱,为天下谷。为天下谷,常德乃足。常德乃足,复归于朴。(二十八章)

两相对比,可知引文对原文有所截取,并且对原文的意思作了进一步的引申。《老子》中"雄"与"雌"、"荣"与"辱"之间的辩证关系被引申为具体的处世之道：人人争先，唯独自己甘愿处后，要承受世间的垢辱；人人都贪图利益，但唯独自己平和淡薄，并不患得患失。这样《老子》中深奥的哲学就被解释为更具体的内容。韩非也是如此，例如：

> 故万物必有盛衰，万事必有弛张，国家必有文武，官制必有赏罚。是以智士俭用其财则家富，圣人爱宝其神则精盛，人君重战其卒则民众。民众则国广，是以举之曰："俭故能广。"（《解老》）

所引《老子》原文作：

> 夫慈，故能勇；俭，故能广；不敢为天下先，故能成器长。（六十七章）

《老子》中的"俭"是守约之意，通过俭能持守自然之道，所以才与"慈""不敢为天下先"一并被老子称为"三宝"。韩非将"俭"解释为君主治国之术，"俭"所包含的哲学意义被完全抹去。庄、韩在阐释《老子》的过程中，皆有将《老子》中的形而上哲学阐释为形而下内容的倾向。所不同的是，庄子阐释《老子》，是将其看作治理天下之大道以及处世之法，其思想是被动的；而韩非则将《老子》阐释为君主治国之术，其思想是积极进取的。

第三节 写的历史：庄子的历史释义学

庄子是如何理解与解释历史的？这一问题并未得到重视。学界囿于传统的"信史"观念，认为《庄子》中涉及的历史事件荒诞不经，故而对庄子史学不甚留意。但是，"写的历史"与"本来的历史"间必然存在差异，历史解释与还原历史的关系始终紧张。在此意义上，探讨庄子的历史释义学，或可打开中国早期历史解释的另一面。

一 古史重塑：体无之圣与儒、墨之圣

古代圣王形象，实质上是后人对历史的重新理解与塑造，而并非古代圣王本身。[①]儒家对尧、舜、禹、汤的重释奠定了华夏民族的基本认知，进而规定了本民族对于当政者的政治期许。

正由于此，庄子对古代圣王的重释，被儒家的主流理解所挤压，长期以来受到忽视。有人曾指出："对于这些人物，庄子或者消解他们的历史真实性，给予他们全新的身份和言行，或者在其原始面貌的基础上，加入自己的思想印记，将其重塑为替自己说话的形象。"[②]这一思路不无启发性，可惜在讨论圣王形象的过程中脱离了庄子的

[①] 对于历史人物与历史解释间的分判，先秦思想家进行了诸多深入的思考。《论语·子张》载子贡之语曰："纣之不善，不如是之甚也。是以君子恶居下流，天下之恶皆归焉。"《韩非·显学》："孔子、墨子俱道尧舜，而取舍不同，皆自谓真尧舜。尧舜不复生，将谁使定尧舜之诚乎？"

[②] 王晋丽：《变形人物形象研究》，青海师范大学硕士学位论文，2016年。

哲学思考与根基，以致停留在表层，未能深入。①

《逍遥游》云："至人无己，神人无功，圣人无名。"这并非是对无己之至人、无功之神人及无名之圣人进行非此即彼的区分，而恰是强调至人、神人、圣人的同一性。成玄英疏曰："至言其体，神言其用，圣言其名。"②可见，"无己""无功""无名"只是对体悟大道者从不同层面进行的描述。

圣人体"无"，并非不关世事。所谓"无"，既非与世俗的仁、义、礼、法直接对立，也非弃之不顾，而在于不刻意为之。《在宥》云："圣人观于天而不助，成于德而不累，出于道而不谋，会于仁而不恃，薄于义而不积，应于礼而不讳，接于事而不辞，齐于法而不乱，恃于民而不轻，因于物而不去。"可见，庄子绝非反对事功，而是强调不刻意而成。

《刻意》讲得更为明了："若夫不刻意而高，无仁义而修，无功名而治，无江海而闲，不道引而寿，无不忘也，无不有也，澹然无极而众美从之。此天地之道、圣人之德也。"天道自然，世人刻意则悖逆天道。若能入世而不刻意，不刻意而功成，并达到"至礼有不人，至义不物，至知不谋，至仁无亲，至信辟金"（《庚桑楚》）的至境，实乃圣人之大德。可见，圣人体无，亦具有积极的入世精神③，

---

① 相关的研究还有：梁晓燕：《〈庄子〉人物形象研究》，西北师范大学硕士学位论文，2012年；杨青兰：《〈庄子〉中的"孔子"形象研究》，陕西师范大学硕士学位论文，2015年。

② （清）郭庆藩撰，王孝鱼点校：《庄子集释》，北京：中华书局，2013年，第23页。

③ 学界多将庄子思想与现实政治问题切断。对此，已有学者提出质疑与反思。参见陈徽：《庄子的"不得已"之说及其思想的入世性》，《复旦学报》（社会科学版）2019年第3期。

并非如学界一般所说的无关世事。

但是,圣人已逝,《胠箧》追述古事道:

> 昔者容成氏、大庭氏、伯皇氏、中央氏、栗陆氏、骊畜氏、轩辕氏、赫胥氏、尊卢氏、祝融氏、伏牺氏、神农氏,当是时也,民结绳而用之,甘其食,美其服,乐其俗,安其居,邻国相望,鸡狗之音相闻,民至老死而不相往来。若此之时,则至治已。

庄子所述,并非史实,而是托古寄思。崇古的真正用意在于针砭时弊。他指出,当世之主或以仁义"撄人之心"(《在宥》),或施行赏罚致使民众不能"安其性命之情"(《在宥》),这在根本上违拗、戕害了人的自然天性。他借庚桑子之语嗟叹道:"大乱之本,必生于尧舜之间,其末存乎千世之后。千世之后,其必有人与人相食者也!"(《庚桑楚》)

庄子托远古追述体道之圣,儒墨托近古追述仁义、兼爱之圣。但在庄子看来,圣人早已逝去,而儒、墨所谓圣人若盗跖之流,必将使天下"争归于利,不可止"(《马蹄》)。所以,他才激愤地说:"圣人不死,大盗不止"(《胠箧》);"绝圣弃知,而天下大治"(《在宥》)。

二 历史演义:以庄释孔

中国积累了丰厚的历史演义实践。[①]对其进行探讨,是建构中国

---

① "演义"一词最早见于博士范升非毁周党之语:"党等文不能演义,武不能死君,钓采华名,庶几三公之位。"参见《后汉书·逸民列传》,北京:中华书局,2012年,第2219页。

历史释义学必须面对的任务。在先秦诸子中,庄子的历史演义独树一帜。

依据史实又不为史实所限,是历史演义的基本特征。庄子演义的特点在于不为史实所羁绊,将义理阐发置于历史演义的中心。《人间世》载,叶公子高受楚王之命将出使齐国,为成败患得患失,故问于孔子:

> 仲尼曰:"天下有大戒二:其一,命也;其一,义也。子之爱亲,命也,不可解于心;臣之事君,义也,无适而非君也,无所逃于天地之间。是之谓大戒。是以夫事其亲者,不择地而安之,孝之至也;夫事其君者,不择事而安之,忠之盛也;自事其心者,哀乐不易施乎前,知其不可奈何而安之若命,德之至也。为人臣子者,固有所不得已。行事之情而忘其身,何暇至于悦生而恶死!夫子其行可矣!"

叶公子高请益于孔子,并非庄子的虚构。《论语·子路》载叶公子高问孔子于子路,子路不对;《墨子·耕柱》《韩非子·难三》则载叶公直接问政于孔子。但是,庄子据请益之事加以演义,赋予故史以新义。其一,从孔子的思维起点展开,肯定忠、孝为人安身立命之所在,称许"忠之盛""孝之至"的境界。其二,揭示孔子困局:"忠孝之至"虽值得称许,但并未达到"德之至"的化境。其三,由孔入庄:正由于忠、孝为安身立命所在,故唯有"自事其心""安之若命",才能达到"德之至"的最高境界。可见,庄子最终以道家思想置换了儒家思想。

除据事件演义外,庄子还在历史人物对话的基础上加以演义,更直接地创发思想。《人间世》云：

> 孔子适楚，楚狂接舆游其门曰："凤兮凤兮，何如德之衰也！来世不可待，往世不可追也。天下有道，圣人成焉；天下无道，圣人生焉。方今之时，仅免刑焉。福轻乎羽，莫之知载；祸重乎地，莫之知避。已乎已乎，临人以德！殆乎殆乎，画地而趋！迷阳迷阳，无伤吾行！吾行郤曲，无伤吾足！"

《论语·微子》载楚狂、接舆过孔子，孔子欲回应二人而不得。①但在《人间世》中，孔子则被庄子置于受教者的位置。不仅如此，《人间世》还大篇幅地增衍了《论语》中二人歌诗的内容，从而极大地强化了应在乱世之中全性保真的思想。

另外，为更自由地创发思想，庄子甚至最大限度地淡化了历史语境，直接就人物思想进行演义。如《人间世》载孔子心斋云：

> 回曰："敢问心斋。"仲尼曰："若一志，无听之以耳而听之以心；无听之以心而听之以气。听止于耳，心止于符。气也者，虚而待物者也。唯道集虚。虚者，心斋也。"

又如《大宗师》载颜回坐忘云：

> 颜回曰："堕肢体，黜聪明，离形去知，同于大通，此谓

---

① 楚狂接舆歌而过孔子曰："凤兮凤兮！何德之衰？往者不可谏，来者犹可追。已而已而！今之从政者殆而！"孔子下，欲与之言。趋而辟之，不得与之言。

坐忘。"仲尼曰:"同则无好也,化则无常也。而果其贤乎!丘也请从而后也。"

庄子借托孔、颜对话表述道家思想绝非偶然。他意识到在修身的根本精神上,道家与"孔颜乐处"存在相互沟通的可能。心斋要求听之以气,如此方能虚而待物,不违天道;坐忘要求离形去智,如此方能同于大通,不违天道。孔、颜之"乐处",同样在于不违天道。天道自然成为儒、道沟通的根基。由此,《论语》中安贫乐道之孔、颜,被庄子演义为"心斋""坐忘"之孔、颜。必须指出,《论语》中孔、颜的整体精神本是积极入世的,"孔颜乐处"只是一个侧面。但是,庄子抓住这一侧面加以演义而不及其余,使孔颜在《人间世》《大宗师》中呈现为以道家哲思为主体的基本面貌。

三 历史虚构:得意忘史

叙事学包含历史学,而非相反。保罗·利科说:"历史编撰学和文学批评被召集在一起,并被带向共同重建一个广义的叙事学,在这种新的叙事学中,历史叙事和虚构叙事将在其中享有同等的权利。"[①]他认为,应以广义叙事学统观历史叙事与虚构叙事,而在广义叙事中,历史叙事与虚构叙事应该平分秋色。这给我们的启发是:一,历史叙事与虚构叙事从来就是互渗、互补的;二,虚构可以主动参与到历史叙事当中。对此,中国丰富的史传作品、历史小说生动而确凿地给予了证明。

---

① 〔法〕保尔·利科著,王文融译:《虚构叙事中时间的塑形——时间与叙事》,北京:生活·读书·新知三联书店,2003年,第290页。

第五章 大道、语言及阐释的有效性：庄子的释义学思想 193

对庄子而言，虚构历史是阐述学说的基本手段。在他那里，虚构重于述史，完全消解了儒家"无征不信"的述史原则。《齐物论》云：

> 故昔者尧问于舜曰："我欲伐宗、脍、胥敖，南面而不释然。其故何也？"舜曰："夫三子者，犹存乎蓬艾之间。若不释然，何哉？昔者十日并出，万物皆照，而况德之进乎日者乎！"

尧舜问答绝非历史事实。庄子虚构二者对话意在表明，至德者应如日朗照万物，若因私意而悖逆天道，不仅使彼损伤而不能自适，于己亦不能自怡。庄子重意轻史，得意而忘史。《养生主》云：

> 庖丁为文惠君解牛，手之所触，肩之所倚，足之所履，膝之所踦，砉然响然，奏刀𬴃然，莫不中音。合于《桑林》之舞，乃中《经首》之会。

庄子对庖丁为魏文惠君解牛的创构，既是哲学，也是美学。魏君问庖丁："技盖至此乎？"答曰："臣之所好者道也，进乎技矣。始臣之解牛之时，所见无非全牛者。三年之后，未尝见全牛也。方今之时，臣以神遇而不以目视，官知止而神欲行。依乎天理，批大卻，导大窾，因其固然。"（《养生主》）庖丁解牛，在道不在技，他遵守天道，故能神乎其技。庄子意图表明，为君者当遵守自然之道，依天而行，切忌妄作妄为。魏君"东败于齐，长子死焉，西丧地于秦七百里，南辱于楚"（《梁惠王章句上》），这一系列重大历史事件被庄子轻轻抹去，而将虚构的庖丁之事置于叙述中心，这既是哲学的境界，也是美学的追求。

四 史事评价:历史哲学化

历史评价是史学的根本问题。迥异于儒家将伦理、道德、政治评价置于突出位置,庄子史评体现出由哲入史的价值取向。

海登·怀特认为:"选择某种有关历史的看法而非选择另一种,最终的根据是美学的或道德的,而非认识论的。"①庄子的确不从认识论的层面上理解历史。一方面,他有意弱化历史具体细节,进而使世俗性史观退场;另一方面则强化哲学思辨,将历史事件理解为根本的人生哲学问题。

《人间世》论古史云:

> 昔者桀杀关龙逢,纣杀王子比干,是皆修其身以下伛拊人之民,以下拂其上者也,故其君因其修以挤之。是好名者也。昔者尧攻丛枝、胥敖,禹攻有扈,国为虚厉,身为刑戮,其用兵不止,其求实无已。是皆求名实者也,而独不闻之乎?

与儒家从人格操守、政治功利角度评价历史人物截然相反,庄子将名利羁绊视为人生在世的根本问题,试图使人在名利场中得以超拔。他认为:"古之至人,先存诸己而后存诸人。"(《人间世》)"存诸己"包含两层含义:一,重生;二,不违天道。要达到"存诸己"的境界,须时刻警惕名利的损伤。关龙逢、比干好名拂上而招致杀身之

---

① 〔美〕海登·怀特著,陈新译:《元史学:十九世纪欧洲的历史想象》,南京:译林出版社,2013年,第4页。

祸，尧、禹逐利致使天下疲敝，所以他在《大宗师》中说："与其誉尧而非桀也，不如两忘而化其道。"可见，庄子彻底颠覆了儒家史学的评价维度。

《齐物论》论近史云：

> 予恶乎知说生之非惑邪！予恶乎知恶死之非弱丧而不知归者邪！丽之姬，艾封人之子也。晋国之始得之也，涕泣沾襟；及其至于王所，与王同筐床，食刍豢，而后悔其泣也。予恶乎知夫死者不悔其始之蕲生乎？

晋伐骊戎、骊姬乱政作为重大历史事件，被儒家经典《左传》所详述。但在庄子的论述中，骊姬不再是被抽空的历史符号，而是被重新赋予生命，成为活生生的、具体的人。喜怒哀乐不仅是骊姬的个人情感问题，更是每个人所面临的人生哲学问题。借此，庄子由一哀乐，升华到齐彭殇的哲思。

庄子史评，依据基本史实而发。然而，历史过程与细节从来不是他关注的中心，而是其发挥哲学思辨的基本场域。

第六章　革新制度与非毁经典：
韩非子的释义学思想

韩非以"法""术""势"思想对经典作出新解。他对儒、墨的经典阐释实践持质疑、批判态度；释《老子》则以世俗的政治学说为圭臬，消解了《老子》中玄奥的哲学思考。韩非通过托古仓颉作"公""私"二字来阐明公私之分是亘古不变的真理，据以批判当时公私不明的政治、经济问题。《储说》是其对古代史料的汇编，他对这些材料作了较大改动，进行了重新阐释。

第一节　经典、经典释义的合法性问题

一　以法令取代经典

以法令取代经典是韩非的基本立场。他主张毁弃经典，不同于儒、墨对经典的尊崇；主张传授法令，又不同于老、庄否定一切文本。①

---

① 《老子》五十六章："智者弗言，言者弗知。"《庄子·天道》："世之所贵者书也，书不过语，语有所贵也。语之所贵者意也，意有所随。……世虽贵之，我犹不足贵也，为其贵非其贵也。"

第六章 革新制度与非毁经典:韩非子的释义学思想

在韩非看来,只有毁弃经典才有可能树立法令文本的权威性。这承续了商鞅将经典与法令直接对立起来的思维框架:

> 商君教秦孝公以连什伍,设告坐之过,燔《诗》《书》而明法令。(《和氏》)

相较于古代经典的教化功能,法令更具有直接规范社会秩序的强制力。随着礼乐制度的崩溃,古代经典的效用遭到严重削弱和质疑。在此历史背景下,商鞅主张以法令取代先王经典。①在商鞅的启发下,韩非提出更为彻底的主张:

> 无书简之文,以法为教;无先王之语,以吏为师。(《五蠹》)

如果说商鞅"燔《诗》《书》而明法令"使古代文献遭遇劫难,那么韩非"以法为教""以吏为师"的主张则对古代经学传统进行了根本性的颠覆。商鞅只是以行政化手段禁毁经典,韩非则要断绝经典传授的一切可能。吏师不再传授古代文献,仅教授、宣传法令。《问田》云:

> 然所以废先王之教,而行贱臣之所取者,窃以为立法术,设度数,所以利民萌,便众庶之道也。

---

① 《史记·商君列传》载商鞅语:"治世不一道,便国不法古。故汤武不循古而王,夏殷不易礼而亡。反古者不可非,而循礼者不足多。"参见《史记》,北京:中华书局,1982年,第2229页。

经典所承载的圣王之"道"被弃置,取而代之的是贱臣胥吏之"术"。值得注意的是,所谓"利民萌,便众庶之道",是指解决众民生计问题、满足实际利益的途径,并非形而上之"道"。由于毁弃经典,通过经典来阐发义理、干预现实的途径被完全切断,道统几至中断。

二 知性思维主导下对儒、墨经典释义的驳斥

韩非主张毁弃经典,自然对儒、墨的经典阐释活动持批判的态度:

> 孔子、墨子俱道尧、舜,而取舍不同,皆自谓真尧、舜;尧、舜不复生,将谁使定儒、墨之诚乎?殷、周七百余岁,虞、夏二千余岁,而不能定儒、墨之真;今乃欲审尧、舜之道于三千岁之前,意者其不可必乎!无参验而必之者,愚也;弗能必而据之者,诬也。故明据先王,必定尧、舜者,非愚则诬也。愚诬之学,杂反之行,明主弗受也。(《显学》)

他从历史认知的条件出发进行驳诘:首先,先王的事迹已成为遥远的历史,因此认识事件的真相是不可能的;其次,要论述当时的历史,就必须拿出证据,无证据的论述不是愚昧就是骗局;最后,儒、墨根据自身立场、现实需要来解释先王事迹,这本身就是愚不可信的。对儒、墨而言,先王事迹与其说是纯粹客观的过去,倒不如说是价值信仰的依托。儒、墨对经典的征引是法先王的基本途径。由于理解先王事迹必须通过阐释经典文献来实现,故而韩非指出历史遗迹不可知,并指出儒、墨的解释"非愚则诬",这无疑撼动了儒、

墨的立论根基，直接颠覆了他们解释经典的有效性。

可以说，韩非所论早已击中了当今释义学研究者所谓的"过度阐释"问题。过度阐释论是典型知性思维，它的立论前提有二：其一，被解释的对象是纯粹客观的客体；其二，解释者的解释要符合客体，否则即为过度阐释。[①]韩非表明：首先，认识经典本义要靠证据说话，无证据的随意发挥是不能接受的[②]；其次，古人距今年代已久，证据不存，因而经典本义是不可知的；最后，具体到儒、墨的经典释义，自然是曲解附会的愚诬之说。

韩非以狭窄知性思维讨论经典阐释的可能性，必然会导致不可知论。因为对理解者来说，要破解古代经典总会"证据不足"。如此，古人永远难以接近，古代经典的本义不可能获知。在不可知论的倾向下，韩非进一步指出后世经典阐释的特点：

> 先王之言，有其所为小而世意之大者，有其所为大而世意之小者，未必可知也。说在宋人之解书，与梁人之读记也。故先王有郢书，而后世多燕说。（《外储说左上》）

他指出了释义活动中的一个普遍规律：既然经典本义不可知，当经典遭遇读者时，其本义或者被读者放大以致推求微言大义，或者被缩小以致忽视其深刻内涵。

那么，对于过去的经典，本义真的不可认知吗？如果将经典本

[①] 张江对"强制阐释"的界定是：背离文本话语，消解文学指征，以前在立场和模式，对文本和文学作符合论者主观意图和结论的阐释。参见张江：《作者能不能死：当代西方文论考辨》，北京：中国社会科学出版社，2017年，第200页。

[②] 讲证据是知性思维的典型体现。

义视为历史事实,那么严格地说,历史事实已经成为过去,它是不能被完全还原的。但是,历史学的任务不是还原历史事实,而是不断接近它。正如冯友兰说的:"主观的认识总不能和其所认识的客观对象完全符合。所以认识,一般地说,充其量也只是相对真理。写的历史同本来的历史也不能完全符合。……写的历史也永远要重写,历史学家也永远有工作可做。"① 因此,认知经典本义是历史研究的任务,在此意义上,经典本义有可能而且必须得到认知。

从现代释义学的角度来说,认知性释义学的重要任务之一就是探求作者原义:"他们所追求的类似自然科学中的真理概念,是自然科学关于客观知识的信念在精神科学领域中的翻版。"② 韩非将"接近"历史与"还原"历史混淆,必然导致不可知论。在此思维逻辑的主导下,他不仅否定了儒、墨经典释义的合法性,而且他本人也放弃了阐释古代经典的重要任务。

当然,无论是对历史是否可知的追问,还是"还原"抑或"接近"的回答,都未能摆脱认知性思维的束缚。只有跳出认知性思维的限制,才能对历史学的任务进行更为深入的反思。认知性思维忽视了一个显而易见的事实,即充分展开当下对过去事件的理解才是历史研究的归宿。如果不承认"一切历史都是当代史",那么历史学所追求的客观事实将毫无意义。就此而言,当下的重新理解本身就是对经典本义的回归。

---

① 冯友兰:《中国哲学史新编》(上),北京:人民出版社,2007年,第2页。
② 潘德荣:《西方诠释学史》,北京:北京大学出版社,2013年,第14—15页。

三 实用性思维主导下对儒、墨经典释义的驳斥

韩非对儒、墨经典阐释实践的批驳,除从理论上指出二者缺乏证据外,更是从社会效用层面上予以彻底否定。

在韩非看来,经典已经与现实问题脱节。尽管儒、墨可以对经典作出种种微言大义式的理解,但终究难以发挥真正的现实效用:

> 然则今有美尧、舜、汤、武、禹之道于当今之世者,必为新圣笑矣。是以圣人不期修古,不法常可,论世之事,因为之备。……今欲以先王之政,治当世之民,皆守株之类也。(《五蠹》)

韩非强调,依据先王旧制治理当世之民绝不可行。在他看来,时代永远处于变化之中,"修古""法常"如同守株待兔一样荒谬可笑。韩非看到了历史之"变",却有意忽视了历史之"常"。历史虽然不断发生变化,但永恒不变之道却寓于整个历史过程中。韩非否定"常可",从而完全隔断了传统与当下的联系。

对于经典阐释活动,韩非说:"工文学者非所用。"(《五蠹》)又说:"请许学者而行宛曼于先王,或者不宜今乎。"(《外储说左上》)自然,如果从当下的直接效用来看,学者对古代经典的阐释的确"非所用""不宜今"。但是,儒、墨对经典的阐释,始终以求道为己任,绝非停留于一时之用。韩非消解了经典所包蕴的形而上学,只是从形而下层面去关注法令解决社会问题的直接效用。

韩非从迫切的社会现实需要出发,认为鼓励经典之学将导致国乱君危,必须明令禁止:

> 且夫世之愚学，皆不知治乱之情；谫读多诵先古之书，以乱当世之治；智虑不足以避阱井之陷，又妄非有术之士。听其言者危，用其计者乱，此亦愚之至大而患之至甚者也。……而圣人者，审于是非之实，察于治乱之情也。故其治国也，正明法，陈严刑，……此亦功之至厚者也！(《奸劫弑臣》)

韩非直斥研习经典之学者有三弊：不知治乱之情、以古乱今、迂腐无术。与儒、墨借古论今不同，他主张君主应怀驭臣之术，并在国内申明严刑峻法，如此方能成功。

应该说，韩非的政治理念制约了他对经典之学的基本认识。韩非所要解决的现实问题是，在列国兼并的大势下，如何解决国家贫弱的困境，如何改变国君失势的局面。① 但是，他并未从整个天下出发思考治乱问题。如此一来，经典所承载的永恒之"道"便被轻易搁置，取而代之的是一时之"术"。相较而言，儒、墨则试图通过对经典的阐释，对整个天下的问题予以回应，从而展现出远为宏阔的政治理想。在此意义上，韩非对儒、墨经典阐释的批驳，始终游离于二者之外。

---

① 韩非考虑的是如何使一国在兼并战争中占据主导地位。《史记·老子韩非列传》载："非见韩之削弱，数以书谏韩王，韩王不能用。于是韩非疾治国不务修明其法制，执势以御其臣下，富国强兵而以求人任贤，反举浮淫之蠹而加之于功实之上。"

第二节 "法""术""势":经典释义的三重维度

韩非既宣称经典本义不可知,那么他为何还要解释经典?《韩非子》一书中,直接解释或征引《诗》2条,引《逸周书》3条,[①]引《左传》"楚王子围将聘于郑"1条。除此之外,还有专门解释《老子》的《解老》《喻老》篇。

出于古代经典的权威性,韩非不可能对经典完全避而不谈。他将经典的神圣性抹去,完全以政治的、现实的、世俗的视角解读经典,目的不在解释经典原义,而在于阐发他关于"法""术""势"的政治思想。[②]

一 以"法"释经

他首先通过解释经典来阐述"法"的思想:

> 先王之法曰:"臣毋或作威,毋或作利,从王之指;无或作恶,从王之路。"古者世治之民,奉公法,废私术,专意一行,具以待任。(《有度》)

《尚书·洪范》的"惟辟作福,惟辟作威,惟辟玉食"与《有度》篇颇有

[①] 参见文末附录"诸子征引文献一览表"。
[②] 根据冯友兰之说,"法""术""势"是韩非综合商鞅、申不害、慎到三派学说的产物。参见冯友兰:《中国哲学史新编》(上),北京:人民出版社,2007年,第587—588页。

出入,《有度》所引可能是其他典籍。韩非所说的"法",至早是春秋时期生产关系变化之后的产物,而在此之前的主要政治制度是"礼",①因此他对"先王之法"的解释只不过是他"托古改制"的一种手段。这种手段是他所反复使用的:

> 公私不可不明,法禁不可不审,先王知之矣。(《饬邪》)
> 且先王之所以使其臣民者,非爵禄则刑罚也。(《外储说右上》)

将"公私"之别、"法禁"之审、"非爵禄则刑罚"等思想托于先王。

> 刑重则不敢以贵易贱,法审则上尊而不侵,上尊而不侵则主强而守要,故先王贵之而传之。(《有度》)
> 故安国之法若饥而食,寒而衣,不令而自然也。先王寄理于竹帛,其道顺故后世服。(《安危》)

"先王贵之而传之""先王寄理于竹帛"亦是将法家思想托于先王经典。可见在韩非那里,先王成了建立、贯彻法家思想的人物。

二 以"术"释经

除从"法"的角度解释先王典籍外,韩非还将其解释为帝王之"术":

---

① 参见冯友兰:《中国哲学史新编》(上),北京:人民出版社,2007年,第46页。

且先王之赋颂、钟鼎之铭，皆播吾之迹、华山之博也。然先王所期者利也，所用者力也。筑社之谚，目辞说也。(《外储说左上》)

从《韩非子》全书对"赋颂""钟鼎"两词的使用来看，所谓的"赋颂、钟鼎之铭"应该是指先王典籍。他指出，所谓的经典都是古代帝王牟利的工具，是阴谋骗局。要注意的是，他这里批判的是后世尊经之人不明经典本义而将经典神圣化①，不是在批判帝王搞政治阴谋，这从其大讲君人南面之"术"可知。韩非站在统治者的角度为君王设置了严密的统治驭人之术："术者，因任而授官，循名而责实，操杀生之柄，课群臣之能者也，此人主之所执也。"(《定法》)他认为"术"最重要的特点就是使用阴谋诡计，不能使臣民知道自己的真实意图："函掩其迹，匿其端，下不能原"(《主道》)；"故明主之行制也天，其用人也鬼。天则不非；鬼则不困"(《八经》)。"用人也鬼"讲得就是令臣民不能捉摸帝王的真实意图。照这个推理，帝王所说的话必然是获取政治利益的欺骗手段，那么记载帝王言行的典籍自然也就是君主谋取政治利益的工具。可作佐证的是，韩非举了许多非常形象的例子，以下只取两例说明：

文公伐宋，乃先宣言曰："吾闻宋君无道，蔑侮长老，分财不中，教令不信，余来为民诛之。"
越伐吴，乃先宣言曰："我闻吴王筑如皇之台，掘渊泉之

---

① 因为下文紧接着就是"故先王有郢书，而后世多燕说"。

池,罢苦百姓,煎靡财货,以尽民力,余来为民诛之。"(《外储说左上》)

文公、越王都打着仁义的招牌,其实暗地里另搞一套,他们的宣誓都是攻打别国的门面话,这是典型的帝王之术。按韩非的认识,文公、越王的宣誓是帝王之术,那记录先王言行的经典自然也是帝王之术。《说林上》记载,智伯向魏宣子索地,魏宣子不想给,仁章劝魏时就引用了《周书》中的话:"《周书》曰:'将欲败之,必姑辅之;将欲取之,必姑予之。'"王先慎注曰:"王应麟疑此为苏秦所读《周书》《阴符》之类。"[①]王应麟的说法虽难以证实,但至少可知任章显然是将《周书》解为帝王之术了。从这段文字的上下文来看,韩非与任章的看法是一致的,所以他会说:"且先王之赋颂、钟鼎之铭,皆播吾之迹、华山之博也。然先王所期者利也,所用者力也。筑社之谚,目辞说也。"

三 以"势"释经

韩非"势"的思想也在经典解释中得到进一步的发挥。

上古之传言,《春秋》所记,犯法为逆以成大奸者,未尝不从尊贵之臣也。……偏借其权势,则上下易位矣,此言人臣不可借权势。(《备内》)

---

① (清)王先慎撰,钟哲点校:《韩非子集解》,北京:中华书局,1998年,第173页。

"势"是君主统治的政治威权,"贤智未足以服众,而势位足以缶贤者"(《难势》)。韩非从"势"的角度解读《春秋》,指出不可将"势"移交给大臣。又如:

> 人主无法术以御其臣,虽长年而美材,大臣犹将得势,擅事主断,而各为其私急。而恐父兄豪杰之士,借人主之力以禁诛于己也,故弑贤长而立幼弱,废正的而立不义。故《春秋》记之曰:"楚王子围将聘于郑,未出境,闻王病而反,因入问病,以其冠缨绞王而杀之,遂自立也。齐崔杼,其妻美,而庄公通之,数如崔氏之室。及公往,崔子之徒贾举率崔子之徒而攻公。公入室,请与之分国,崔子不许;公请自刃于庙,崔子又不听。公乃走,逾于北墙。贾举射公,中其股,公坠,崔子之徒以戈斫公而死之,而立其弟景公。"(《奸劫弑臣》)

楚王子围和齐庄公两件事见《左传》昭公元年[①]、襄公二十五年[②]。通过《左传》记载的两件事,韩非再次说明了大臣夺君王之"势"的危险。

韩非批评儒、墨对经典的解释"非愚则诬",理由是经典本义不可认知。但是,他以"法""术""势"解释经典,不也陷入"非愚则诬"的境地吗?

他虽对经典作出了阐释,但经典毕竟与其宣扬的法家思想格格

---

① 《春秋左传正义》,李学勤主编:《十三经注疏》,北京:北京大学出版社,1999年,第1169页。

② 《春秋左传正义》,李学勤主编:《十三经注疏》,北京:北京大学出版社,1999年,第1013—1014页。

不入，这就迫使他不得不寻求新的思想资源进行阐释，《解老》《喻老》即为代表。

第三节 释《老子》

一 《解老》《喻老》的作者问题

在先秦时期，只有《解老》《喻老》是就某一经典文本作出解释的专篇，但《解老》《喻老》是否为韩非所作，学界仍有不同的看法。研究韩非的释义学思想，首先要澄清《解老》《喻老》的作者问题。

质疑《解老》《喻老》为韩非所作的代表人物是容肇祖、郭沫若、梁启雄。容肇祖认为韩非在《五蠹》篇中猛烈抨击所谓的"微妙之言"，又在《忠孝》篇中反对"为恬淡之学，而理恍惚之言"，而"《解老》《喻老》是解释微妙之言。韩非一人不应思想这样的冲突，可证非彼所作"。①郭沫若认为唯《解老》不是韩非所作，理由是《解老》中论述了仁、义、礼、智等儒家思想的核心概念，他说："《解老》与《喻老》在我看来可能不是一个人所作，因为这两篇的笔调、思想，对于老子语的解释都不相同，甚至连所引用的底本也有文字上的出入。因而与儒家思想太接近的《解老》一篇大约可以除外，而在思想体系上与《六微》篇及韩非全书相符合的《喻老》，实在是无法除外。"②梁启雄同样质疑《解老》篇："本篇自第三节以下论仁论义论礼，全是儒

---

① 容肇祖：《韩非的著作考》，《古史辨》（第四册），上海：上海古籍出版社，1982年，第662页。

② 郭沫若：《十批判书》，北京：科学出版社，1956年，第367页。

家思想,跟韩非的思想体系不合。在'工人数变业'一节说:'法令更则利害易,利害易则民务变。……治大国而数变法则民苦之。'跟他的'法与时转则治'的主张不同。"①

前辈学者质疑《解老》《喻老》的理由可总括为三点:《解老》《喻老》不符合韩非反对"恍惚之言""微妙之言"的基本立场;《解老》含有诸多的儒家思想;《解老》中有反对变法的思想。

这些理由能否成立?我们回到上文语境进行分析,先说《解老》《喻老》是不是在阐述"恍惚之言""微妙之言"。就《老子》本身来说,确是一部思辨性较强的哲学著作,其言辞偏于深奥玄妙,但韩非解释《老子》,其着力点并不在《老子》本身纯粹思辨性的内容。这一点司马迁早已作出较深刻地认识:

> 韩非者,……喜刑名法术之学,而其归本于黄老。②
> 老子所贵道,虚无,因应变化于无为,故著书辞称微妙难识。……韩子引绳墨,切事情,明是非,其极惨礉少恩。皆原于道德之意,而老子深远矣。③

司马迁说得很明白,老子的书玄妙难懂,韩非虽受老子影响极深,但其总体是在阐述法家思想,其特点是切合于社会实际问题的。这在《解老》《喻老》中有大量的例证。例如对"孰知其极"(第五十八章)的解释:

---

① 梁启雄:《韩子浅解》(上册),北京:中华书局,1960年,第138页。
② 《史记·老子韩非列传》,北京:中华书局,1959年,第2146页。
③ 《史记·老子韩非列传》,北京:中华书局,1959年,第2156页。

> 夫缘道理以从事者，无不能成。无不能成者，大能成天子之势尊，而小易得卿相将军之赏禄。夫弃道理而举妄动者，虽上有天子诸侯之势尊，而下有猗顿、陶朱卜祝之富，犹失其民人而亡其财资也。众人之轻弃道理而易妄举动者，不知其祸福之深大而道阔远若是也，故谕人曰："孰知其极。"（《解老》）

《老子》"孰知其极"的原文是："祸兮福之所倚；福兮祸之所伏。孰知其极？"这本是说福祸之间的转化难以把握，人的命运无定难测，其思想倾向是偏于被动、消极的。但韩非却赋予了"孰知其极"积极主动的进取精神，认为要遵循事物的规律来谋取功名利禄。这种解释既切合现实问题，又十分通俗。

相比较《解老》《喻老》更是以大量的历史典故比附《老子》中的哲言。例如解释"罪莫大于可欲"（第四十六章）：

> 翟人有献丰狐、玄豹之皮于晋文公。文公受客皮而叹曰："此以皮之美自罪。"夫治国者以名号为罪，徐偃王是也。以城与地为罪虞、虢是也。故曰："罪莫大于可欲。"（《喻老》）

老子是说节欲，其旨归是消极被动的，而韩非对节欲的譬喻，落脚点却在政治作为上，认为节欲只是治国的手段而非目的。他通过栩栩如生的历史故事来说明治国的道理。《喻老》此类例证很多，不赘举。

通过上面的论证可以看出，《解老》《喻老》十分切于社会、政治问题，比起《老子》的深奥玄妙来，也较为通俗易懂，认为它们是"恍惚之言""微妙之言"的说法并不成立。

再来分析《解老》中是否有儒家思想。《解老》确实涉及"仁""义""礼"三个重要的儒家概念，但韩非论述这些概念并不是为了宣扬儒家思想。《老子》原文中也涉及这些概念，但并不能说《老子》主张儒家思想，《老子》只是以道家的眼光去看待这些儒家概念而已。同样，韩非也不过是在《老子》论述这些儒家概念的基础上又以法家的眼光进行了二度解释。先看老子如何看待这些概念：

> 上德不德，是以有德；下德不失德，是以无德。
> 上德无为而无以为；下德无为而有以为。
> 上仁为之而无以为；上义为之而有以为。
> 上礼为之而莫之应，则攘臂而仍之。
> 失道而后失德，失德而后失仁，失仁而后失义，失义而后失礼。
> 夫礼者，忠信之薄也，而乱之首。（第三十八章）

老子说最高明、完善的是"道"，其次才是"德"，"仁""义""礼"只不过是"道"与"德"失去之后的产物，所以他讲"仁""义""礼"，并不是为了宣扬儒家思想，而恰恰是把这些概念作为批评的对象。韩非的二度解释也是这个逻辑，例如他讲"仁"：

> 仁者，谓其中心欣然爱人也。其喜人之有福而恶人之有祸也，生心之所不能已也，非求其报也。故曰："上仁为之而无以为也。"（《解老》）

单从这段话来看,韩非认为努力去做而并不图某种功利目的就是"仁",确实符合儒家所谓的"仁"。韩非紧接着又说到"义"和"礼",也都大体上符合儒家"义""礼"的意思。但是从上下文的整体语境来看,韩非谈"仁""义""礼"不是为了宣扬儒家思想,而恰恰是为了把这些儒家核心概念作为自己反驳的靶子,因为韩非紧接着就说:

> 道有积而德有功,德者道之功。功有实而实有光,仁者德之光。光有泽而泽有事,义者仁之事也。事有礼而礼有文,礼者义之文也。故曰:"失道而后失德,失德而后失仁,失仁而后失义,失义而后失礼。"(《解老》)

从这段论述来看,韩非认为"道"的地位最高,"德"只是"道"的功效,"仁"只不过是"德"流溢出来的东西,守不住的"道"会沦为"德",依次而"仁""义""礼"。韩非紧接着又专门批判了儒家的"礼",他说:

> 礼为情貌者也,文为质饰者也。夫君子取情而去貌,好质而恶饰。……今为礼者事通人之朴心,而资之以相责之分,能毋争乎?有争则乱,故曰:"夫礼者,忠信之薄也,而乱之首乎!"(《解老》)

因此可以说,韩非《解老》二度解释了《老子》中所讲的"仁""义""礼"等儒家概念,其目的不在宣扬,而在批判。

再来看《解老》是否反对变法这个问题。前辈学者认为《解老》反对变法是基于如下记载：

> 凡法令更则利害易，利害易则民务变，民务变之谓变业。故以理观之，事大众而数摇之则少成功，藏大器而数徙之则多败伤，烹小鲜而数挠之则贼其宰，治大国而数变法则民苦之。是以有道之君贵虚静而变法，故曰："治大国者若烹小鲜。"（《解老》）

这段话从表面上看好像是反对变法，但细加推敲，其真正主旨其实是反对律令多变、朝令夕改，"数摇之""数徙之""数挠之""数变法"是其明证。反对律令多变是符合韩非的法家思想的，因为要达到国富兵强的目的，不仅要实施变法，还要在变法之后保持法令的相对稳定性。变法是根据社会发展状况来制订更为先进的法律制度，同时淘汰陈旧落后、阻碍社会发展的制度，但这并不等于法令可以随意更改。在《五蠹》篇中，他既表明变法的立场和决心，"圣人不期修古，不法常可，论世之事，因为之备"，同时又指出"法莫如一而固，使民知之"。而在《亡征》篇中，他甚至把法令数变看作亡国之兆："法禁变易，号令数下者，可亡也。"就连法家早期代表人物申不害也因政令多变而受到韩非的严厉批评：

> 晋之故法未息，而韩之新法又生；先君之令未收，而后君之令又下。申不害不擅其法，不一其宪令，则奸多。（《定法》）

因此，上述以此论证《解老》不是韩非所作的说法并不能成立。

二　韩非释《老子》的三种思路

韩非对老子思想的改造，学界已有不少研究成果，此不赘述。①下文仅从释义学的角度，以《解老》《喻老》篇为主，同时参照《韩非子》其他篇章，对韩非释《老子》的特点进行归纳。

首先，《解老》的释义思路是将《老子》中消极避世的哲学转化为积极进取的哲学，以此作出哲学上的创新。例如对"道"的解释：

> 道譬诸若水，溺者多饮之即死，渴者适饮即生；譬之若剑戟，愚人以行忿则祸生，圣人以诛暴则福成。故得之以死，得之以生，得之以败，得之以成。（《解老》）

韩非虽然也讲要顺应"道"，但他突出强调了顺应"道"就可以取得外在行为的成功，违背"道"就会自取灭亡，其旨归在现实的功业层面上，与老子所论述的"道"有较大差异。他在《扬权》篇中也说：

> 夫道者，弘大而无形；德者，核理而普至。至于群生斟酌用之，万物皆盛而不与其宁。道者，下周于事，因稽而命，与时生死。参名异事，通一同情。……道无双，故曰一。是故明君贵独道之容。君臣不同道，下以名祷，君操其名，臣效其形，形名参同，上下和调也。

---

① 参见陈奇猷：《韩非与老子》，陈鼓应编：《道家文化研究》（第六辑），上海：上海古籍出版社，1995年，第183—191页。

在这里,"道"不是虚无缥缈的大道,而是切于实际问题的,并且最重要的是,"道"与君主循名核实的统治术紧密地结合了起来,"道"成为君主统治臣下之道。又如他对"不敢为天下先"的解释:

> 理定而物易割也。……故欲成方圆而随其规矩,则万事之功形矣。而万物莫不有规矩。议言之士,计会规矩也。圣人尽随于万物之规矩,故曰:"不敢为天下先。"不敢为天下先,则事无不事,功无不功,而议必盖世,欲无处大官,其可得乎?处大官之谓为成事长,是以故曰:"不敢为天下先,故能为成事长。"(《解老》)

老子讲"不敢为天下先",落脚点在"不敢为",其思想基调是消极被动的,而韩非将"不敢为天下先"解释为不要违背万物发展变化的规律,只有遵循规律,才能在现实的、世俗的世界中取得大的功业。韩非讲"理""规矩",这是他在哲学上的创新,也为其法家思想奠定了哲学上的基础。

其次,韩非用法家的政治学来解说《老子》中的玄妙哲学,从而消解了《老子》中的形而上学内容。例如,他将"重积德,则无不克;无不克,则莫知其极"(第五十九章)解释为:

> 积德而后神静,神静而后和多,和多而后计得,计得而后能御万物,能御万物则战易胜敌,战易胜敌而论必盖世,论必盖世故曰"无不克"。无不克本于重积德,故曰:"重积德则无不克。"战易胜敌则兼有天下,论必盖世则民人从。进兼天下而退从民人,其术远则众人莫见其端末。莫见其端末,是以莫知

其极。故曰:"无不克则莫知其极。"(《解老》)

老子的重点放在"重积德"上,认为德积累得深厚,大道也就掌握了,所以叫"无不克",这是一种形而上学的思维方法。而韩非的解说重点却放在"无不克"上,并用战争、兼并、治民等道理加以阐发,这是韩非针对现实问题的思考。"莫知其极",是对"德"的一种终极追问和思考,而韩非将这种终极追问降级为君主统治之"术",所谓"其术远,则众人莫见其端末"。又如前文所引"凡法令更则利害易,……故曰:治大国者若烹小鲜"(《解老》)。

《老子》"治大国若烹小鲜"的下文是:"以道莅天下,其鬼不神。非其鬼不神,其神不伤人;非其神不伤人,圣人亦不伤人。"(六十章)可见老子是从大道也就是本体论的高度说治国。而在韩非那里,这一哲学性的内容被抹去,仅从现实政治的角度论述不能频繁变异法令的道理。韩非所谓的"有道之君"也仅仅指在世俗世界掌握政治权力的帝王,老子具有超越性内涵的"圣人"概念被取代。

最后,韩非用大量的历史故事和传说来譬说《老子》,使《老子》中的深奥哲理通俗化。借历史典故、传说、寓言来阐述一家之言是韩非的惯用手段,这在《喻老》中有着鲜明的体现。例如:

越王入宦于吴,而观之伐齐以弊吴。吴兵既胜齐人于艾陵,张之于江、济,强之于黄池,故可制于五湖。故曰:"将欲翕之,必故张之;将欲弱之,必固强之。"(《喻老》)

韩非通过吴越争雄的故事解释《老子》原文,这样一来"将欲翕之,必故张之"就被解释为诸侯国间的尔虞我诈之术。又如:

> 楚庄王莅政治三年，无令发，无政为也。……处半年，乃自听政，所废者十，所起者九，诛大臣五，举处士六，而邦大治。……故曰："大器晚成，大音希声。"(《喻老》)

通过楚庄王先荒怠后勤政的故事，将"大器晚成，大音希声"解释为治国驭人之术。

从上述两例来看，韩非虽通过一些为人熟知的历史故事将《老子》解释得十分通俗易懂，但《老子》中所包含的深刻辩证法思想也就被埋没了。庄子也善用故事来讲《老子》。所不同的是，韩非多借用历史故事，而庄子则自撰寓言，并且这些寓言具有极强的哲学思辨性，其寓意基本符合《老子》本义，例如：

> 黄帝游乎赤水之北，登乎昆仑之丘而南望。还归，遗其玄珠。使知索之而不得，使离朱索之而不得，使喫诟索之而不得也。乃使象罔，象罔得之。黄帝曰："异哉，象罔乃可以得之乎？"(《天地》)

成玄英疏曰："罔象，无心之谓。离声色，绝思虑，故知与离珠自涯而反，喫诟言辩，用力失真，唯罔象无心，独得玄珠也。"又曰："离娄迷性，恃明目而丧道，轩辕悟理，叹罔象而得珠。"[①]可见"玄珠"一词的核心是"玄"，"玄"象征大道，这大道不能通过认知能

---

① (清)郭庆藩撰，王孝鱼点校：《庄子集释》，北京：中华书局，2013年，第373—374页。

力获得,恰恰相反,杜绝认知才能得到大道。"玄"本是《老子》中的一个核心范畴。《老子》云:"玄之又玄,众妙之门。"(第一章)庄子通过寓言来阐释《老子》,颇合老子之说,这与韩非通过历史故事将《老子》解为法家的政治学说差别甚明。

第四节 释"公""私"

一 韩非所释"公""私"为金文"�""○"

韩非从字形角度出发,对"公""私"二字的意义作出了解释。今本《韩非子·五蠹》篇云:"古者仓颉之作书也,自环者谓之私,背私谓之公。公私之相背也,乃仓颉固以知之矣。"必须追问的是,今本字形之"公""私",是韩非所释之原字吗?只有解决这一问题,才能全面把握韩非专门释字的深意。

东汉许慎在《说文解字》中说:

厶,奸邪也。《韩非》曰:仓颉作字,自营为厶。凡厶之属于皆从厶。①

公,平分也。从八厶。八犹背也。韩非曰:背厶为公。②

---

① (清)段玉裁:《说文解字注》,上海:上海古籍出版社,1981年,第436页。
② (清)段玉裁:《说文解字注》,上海:上海古籍出版社,1981年,第49页。

卢文弨注释《五蠹》篇时据《说文》云：

《说文》引作"自营为厶"，"营""环"本通用。"私"当作"厶"。①

段玉裁根据《说文》更加明确地指出"私"字是禾名。"私"通行之后逐渐取代"厶"字：

今字私行而厶废矣。私者，禾名也。韩非曰：苍颉作字，自营为厶。见《五蠹》篇。今本韩非营作环，二字双声语转。营训帀居，环训旋绕，其义亦相通。自营谓厶，六书之指事也。八厶为公，六书之会意也。②

根据《说文》及卢、段之说可知，今本《韩非子》中的"公""私"二字在许慎所见的《韩非子》版本中作"公""厶"。

然而，许慎已距韩非三百多年，"公""厶"是韩非所解释的原字吗？至少可以肯定，韩非是从"环绕"的意思来解释"厶"，进而解释"公"的原字的。我们来看"厶"，发现它并不是完全符合"环绕"，而是有缺口的，呈三角状。针对这一出入，清末孙诒让指出，许慎所见《韩非子》版本中的"公""厶"由更早的" "" "衍化而来：

---

① （清）王先慎撰，钟哲点校：《韩非子集解》，北京：中华书局，1998年，第450页。

② （清）段玉裁：《说文解字注》，上海：上海古籍出版社，1981年，第436页。

金刻公字多作◉。《韩非子·五蠹》篇："古者仓颉之作书也，自环者谓之私，背私谓之公。"故古文厶或作◉。①

孙说能够直接表明，韩非所释之字为金文"㕣"与"◉"。因为相较于许慎所见《韩非子》版本中的"厶"字，金文"◉"字更符合韩非所说的"环绕"之意。

继孙之后，近人高洪缙进一步根据"公"字的甲骨文及金文构形②，指出"私"字本作"◉"而不作"厶"：

按)(为八。乃分支初文。◉为物之通象。物平分则为公矣。……此字甲文金文俱不从厶，而韩非子竟有自环为厶背厶为公之语。则此字形体之省变，必在战国末期。其后小篆言之耳。③

与孙诒让的不同之处在于，高洪缙并不认为韩非所释为"㕣"与"◉"二字。但是，"韩非子竟有自环为厶背厶为公之语"的说法实际上难以成立。"为厶""背厶"是许慎引用所见《韩非子》版本所致，并不是韩非释字的实际情形。高依据甲骨文、金文的构形指出"私"字本作"◉"，反而证明了韩非的"环绕"之说。

---

① 李圃主编：《古文字诂林》（第一册），上海：上海教育出版社，1999年，第655页。
② 至今所见的甲骨文中尚无"私"字。
③ 李圃主编：《古文字诂林》（第一册），上海：上海教育出版社，1999年，第658页。

为更直观地说明问题，以下附"公""厶"二字的衍变图示：

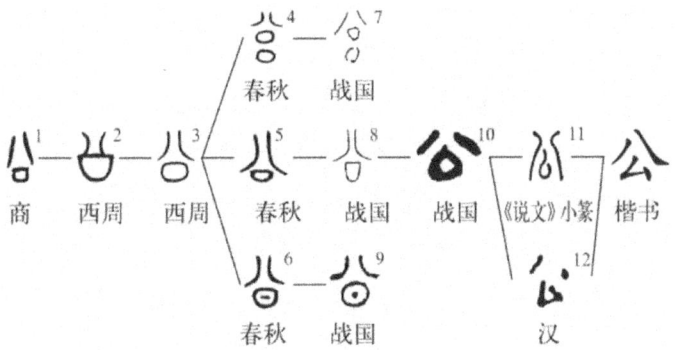

图一 "公"字字形衍变图

（资料来源：李学勤主编：《字源》，天津：天津古籍出版社，2012年，第66页。）

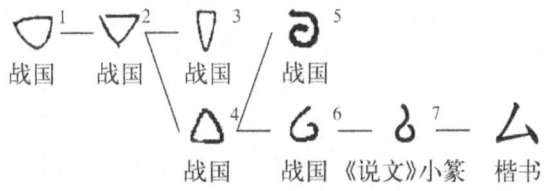

图二 "厶"字字形衍变图

（资料来源：李学勤主编：《字源》，天津：天津古籍出版社，2012年，第809页。）

据此可以断定，韩非本人所释之字为金文"㕣"与"〇"，二字应为当时所能见到的最古字体。"公""厶"为许慎所见《韩非子》版本所用之字，"公""私"为今本《韩非子》所用之字。

二 推究微言大义

通观《韩非子》一书，专门解释字义的仅此一处。那么不以训诂见长的韩非，释"㕣""〇"二字的真正用意何在？后世学者如许慎、段玉裁等耽溺于文字学之时，显然没有细究韩非的深意。

我们不妨将韩非对"㕔""○"二字的训释置于上下文语境中加以考察。他说:"公私之相背也,乃仓颉固以知之矣。今以为同利者,不察之患也。……故不相容之事不两立也。"(《五蠹》)可见,韩非通过托古于仓颉作"㕔""○",表明公、私之分为亘古不变的真理,进而指出公、私不明为当今最为紧迫的社会的问题。

首先,韩非释"㕔""○",意在从政治层面上揭示公私不明的问题。韩非常将擅权大臣称作"私臣",将君主推行的制度称为"公法"。在他看来,私臣权势过重以致威胁君主,致使公法难以推行:

> 故当今之时,能去私曲就公法者,民安而国治,能去私行行公法者,则兵强而敌弱。故审得失有法度之制者加以群臣之上,则主不可欺以诈伪;审得失有权衡之称者以听远事,则主不可欺以天下之轻重。(《有度》)

"私曲"是对"群臣"而言,"公法"是对"主"而言。只有摆脱私臣的钳制,为人主者才能推行公法,方可使国治兵强。

韩非进一步指出,私臣之所以能养成势力,在于以私恩收揽人心,故而君主必须以赏罚为手段破除私恩。他说:

> 禁主之道,必明于公私之分,明法制,去私恩。夫令必行,禁必止,人主之公义也。必行其私,信于朋友,不可为赏劝,不可为罚沮,人臣之私义也。私义行则乱,公义行则治,故公私有分。(《饬邪》)

赏罚使人趋避,若君主能够赏功罚罪,必可破除私人恩惠。韩非特别强调，以赏罚破私恩，并非一时的政治手腕，而是在根本上有道义可循的，理由是：私臣施行私恩，施恩者与受恩者之间即使存义，也只是一时私义；君主以赏罚瓦解私恩，看似无义，实为推行公法以实现国治兵强，乃为公义。

其次，韩非释"厶""○"，将矛头直指公、私不分的经济政策。他说："今上征敛于富人以布施于贫家，是夺力俭而与侈堕也，而欲索民之疾作而节用，不可得也。"（《显学》）他认为，保护私人财富是鼓励生产的基本条件，而今却取于富而施于贫，与促进生产的目的背道而驰。

人性自私是韩非阐述经济思想的基本前提："挟夫相为则责望，自为则事行。故父子或怨噪，取庸作者进美羹。"（《外储说左上》）韩非强调，在追求实利的经济活动中，人伦关系必须为利益纽带让位。父子会相互抱怨，雇主与雇工却能达成一致，这说明人与人之间仅仅存在利益关系。正由于此，君主所推行的经济制度应该利用人的私心因势利导，如此才能充分调动生产的积极性。

综上所论，韩非解释"厶""○"，表面上是从文字学角度进行研究，实质上是托古于仓颉，以为阐述法家学说提供依据。从政治层面上来说，是批判私臣权利过重，为君主集权服务。从经济层面上来说，是保护私有财富，充分调动经济生产的积极性。在政治上严防私臣与在经济上保护私人财富并不矛盾，强有力的君主是推行经济政策的基本保障。

韩非对"厶""○"二字微言大义的推究，最终服务于法家的政治学、经济学思想，体现出强烈的现实干预性。这恰符合释义学的实践性特征："作为解释或说明的理论，它本身并不仅仅是一种理论。从古老的时代一直到今天，解释学始终都在强调，它关于各种可能性、规则和解释手段的思考将直接有用于和有利于人们的解释实践。"①可以说,韩非仅将字义解释作为手段,以助于对现实问题的批判。

以托古之法来推究单字微言大义的释义方式,直接影响到汉代的经典释义学。例如汉董仲舒释"王"字云:

> 王,天下所归往也。董仲舒曰:"古之造文者,三画而连其中谓之王。三者,天、地、人也,而参通之者王也。"孔子曰:"一贯三为王。"凡王之属皆从王。②

按照董仲舒的解释,一竖贯三横为"王"字。三横分别代表天、地、人,一竖代表在天、地、人三者间起统贯作用的君主。

董仲舒对字形、字义的解释值得细究。"王"字的原初字形并非一竖贯三横。"王"最初作"𠂇",后作"𠂇",再后作"𠂇",而"王"属于较后的形态。③正由于此,"王"字的原初义显然不是指人主对天、地、人的统贯。徐中舒先生根据"王"字的甲骨构形说:"象刃部下向之斧形,以主刑杀之斧钺象征王者之权威。"④据此,"王"字的初义是指掌握刑杀大权、具有绝对权威者。

可见,董仲舒对"王"字的解释只是托于"古之造文者",并非"王"之原初义。如此解释的深层用意,在于试图为汉初大一统的政

---

① 〔德〕伽达默尔著,薛华等译:《科学时代的理性》,北京:国际文化出版公司,1988年,第82页。
② (清)段玉裁:《说文解字注》,上海:上海古籍出版社,1981年,第9页。
③ 李圃主编:《古文字诂林》(第一册),上海:上海教育出版社,1999年,第206页。
④ 徐中舒:《甲骨文字典》,成都:四川辞书出版社,1989年,第32页。

治局势作出理论上的说明。周予同先生说:"董仲舒是中国封建社会发展时期盖屋顶的人。……汉代政治上需要这样的'大一统'思想。"[1]经过董仲舒的解释,"王"不再是仅仅统御万民的强权者,更是能够统贯天、地、人的命定者。可以说,他在理论上赋予了汉初君主沟通天人的神圣性[2],这与大一统的思想完全契合。

董仲舒的解释路径进一步影响到许慎。只不过,董仲舒托于"古之造文者",许慎则托于孔子。许慎道:"孔子曰:'一贯三为王。'"所谓孔子之语在《论语》中找不到任何痕迹,必然是许慎假托。他进一步发挥"王"字大义道:"王,天下所归往也。"又道:"凡王之属皆从王。"这几乎完全承袭了董仲舒的解释。

第五节 《储说》:对典籍材料的编选与释义

《储说》经过韩非之手殆无疑义,但其为韩非本人的著作,还是经韩非搜集整理的史料汇编,这个问题尚有争议。

对于《储说》的性质问题,司马迁认为是韩非的著作。《史记·老子韩非列传》云:"故作《孤愤》《五蠹》《内外储》《说林》《说难》十余万

---

[1] 周予同:《中国经学史讲义》,上海:上海人民出版社,2012年,第33页。
[2] 董仲舒云:"《春秋》大一统者,天地之常经,古今之通谊也。"参见《汉书·董仲舒传》,北京:中华书局,1962年,第2523页。《春秋繁露·为人者天》又云:"传曰:唯天子受命于天,天下受命于天子,一国则受命于君。君命顺,则民有顺命;君命逆,则民有逆命。故曰:'一人有庆,兆民赖之。'此之谓也。"参见张世亮等译注:《春秋繁露》,北京:中华书局,2012年,第400—401页。

言。"①司马迁本人对"作"的性质有着清晰的认识,他曾说:"余所谓述故事,整齐其世传,非所谓作也。"②可见他说韩非"作"《储说》,就是将《储说》看作韩非本人的著作。司马贞索引亦云:"此皆非所著书篇名也。……《内外储》,按韩子有《内储》《外储》篇。……储畜二事,所谓明君也。"③司马贞从太史公之说,进一步指出韩非著《储说》的用意是向君主进言。

与二司马将《储说》看作韩非本人著作不同,近人则多将《储说》看作韩非搜集史料的汇编。台湾学者陈瑞庚说:"韩非子本篇号称《储说》,从这个篇名,我们就可明了这是韩非子平日搜集的故事资料,以备著述时运用的,所以它的作用,应该如六朝以来的'类书'。"④他根据名义分析法指出《储说》的性质是"类书",是韩非汇编的典籍材料,这种说法很有说服力。陈奇猷注《说林》篇时说:"盖韩非搜集之史料备著书及游说之用。"⑤他认为《说林》是韩非搜集的史料。照他的思路类推,与《说林》内容相似的《储说》也应该是韩非搜集史料的汇编。

对于《储说》是著作还是史料汇编,这个问题不能看死,因为《储说》中既有大量的史料,也有韩非的原创性观点。从释义学的角度看则更为明了:《储说》中储存了大量的历史故事、民间寓言,这些故事大部分都来源于古代史籍和诸子著述,并非韩非独创,这些材料对于韩非来说是"文本",但韩非在搜集、筛选、编排这些史料的同

---

① 《史记·老子韩非列传》,北京:中华书局,1959年,第2147页。
② 《史记·太史公自序》,北京:中华书局,1959年,第3299—3300页。
③ 《史记·老子韩非列传》,北京:中华书局,1959年,第2148页。
④ 陈瑞庚:《晏子春秋考辨》,台北:长安出版社,1980年,第170—171页。
⑤ 陈奇猷:《韩非子新校注》,上海:上海古籍出版社,2000年,第461页。

时,也对材料进行了改造、解说,也就是说韩非对"文本"进行了重新"阐释"。据此,《储说》就是"文本"与"阐释"实践的融合。以下详论韩非编选史料的原则、体例以及对史料的独特阐释。

一 编选原则与编选体例

(一) 异说并存的编选原则

先来说《储说》的编选原则,其最重要的一点是异说并存。《储说》中在讲述一个历史故事时,往往同时保存内容相似、相近的记载,其形式是"一曰"。例如《外储说右下》载:

> 田鲔教其子田章曰:"欲利而身,先利而君;欲富而家,先富而国。"
> 一曰:田鲔其子田章曰:"主卖官爵,臣卖智力。故曰:自恃无恃人。"

这两则资料都在讲田鲔教子为臣的原则,但关于田鲔的言语记载却颇有出入。据统计,《储说》中所存"一曰"的记载达44则,占《储说》的五分之一。但问题是,韩非在论证时举一例即可说明问题,为什么还要附加上"一曰"呢?因此,"一曰"是否韩非所作历来存在争议。顾广圻认为"一曰"为汉刘向所作:

> 按"一曰"者,刘向叙录时所下校语也。①

---

① 陈奇猷:《韩非子新校注》,上海:上海古籍出版社,2006年,第573页。

陈奇猷认为"一曰"为六朝人所作：

> 《内外储说》各篇，多有在一古事之后列一"或曰"，纪该事之异闻当是魏、晋文士读《内外储》之笔记。……《韩子·内外储说》为连珠体之始祖，魏、晋文士多仿效而为之。……《杨升庵外集》云："韩非书中有连语，先列其目，然后著其解，谓之连珠。"则《韩子·内外储说》诸篇在魏、晋、南北朝时为文坛所重视。以此推之，《内外储说》中之异闻，必是出于魏、晋、南北朝时如陆机、李先之流，读《内外储说》时记录之异闻，以备参考者。①

陈启天认为"一曰"为韩非后学所作：

> 皆系后人所加而混入正文者，或出于刘向之前，或出于刘向之后。……所谓"一曰"云云者，则为出于韩非子后学，殆无疑义也。②

与以上诸说相对立，日本学者太田方认为"一曰"乃"韩子记异闻也，'一曰'之语，今见《晏子春秋》，然有异同"③。梁启雄的看法与太田方之说基本一致："用'一曰'的体裁作补充叙说，或保存

---

① 陈奇猷：《韩非子新校注》，上海：上海古籍出版社，2006年，第1204—1206页。
② 陈启天主编：《韩非子校释》，上海：上海书店，1941年，第436页。
③ 〔日〕太田方：《韩非子翼毳》（上册），上海：中西书局，2014年，第361页。

不同的异说。"①周勋初从"一曰"的总体内容判断其为韩非所作，反驳了刘向所作之说："这些'一曰'，夹杂着大量的议论，表达了韩非对这些事件的看法，纯属法家之言，不可能是刘向所引用的其他典籍中的文字。"②

各家或从思想内容进行判断，或从文体上进行推测，所论尚缺乏有力的证据。但从《内外储说》中的经与"一曰"的关系入手，可证"一曰"确为韩非所作。

例一：经五：

《诗》曰："不躬不亲，庶民不信。"傅说之以"无衣紫"。（《外储说左上》）

说五：

齐桓公好服紫，一国尽服紫。当是时也，五素不得一紫。桓公患之，谓管仲曰："寡人好服紫，紫贵甚，一国百姓好服紫不已，寡人奈何？"管仲曰："君欲止之，何不试勿衣紫也？谓左右曰：'吾甚恶紫之臭。'于是左右适有衣紫而进者，公必曰：'少却，吾恶紫臭。'"公曰："诺。"于是日，郎中莫衣紫，其明日，国中莫衣紫；三日，境内莫衣紫也。

一曰：齐王好衣紫，齐人皆好也。齐国五素不得一紫。齐王患紫贵，傅说王曰："《诗》云：'不躬不亲，庶民不信。'今

---

① 梁启雄：《韩子浅解》（上册），北京：中华书局，1960年，第226页。
② 周勋初：《韩非子札记》，《周勋初文集》，南京：江苏古籍出版社，2000年，第283页。

王欲民无衣紫者,王请自解紫衣而朝,群臣有紫衣进者,曰:"益远!寡人恶臭。"是日也,郎中莫衣紫;是月也,国中莫衣紫;是岁也,境内莫衣紫。(《外储说左上》)

在《储说》的体例中,"经"是对"说"的总括。经文中的劝诫者作"傅",而说五之首例中的劝诫者是"管仲","一曰"中作"傅",可见经文"傅"字样直接袭取的是"一曰"中的"傅",这说明"一曰"原本就辖于经五之下,绝非后人所加。

例二:经三:

季孙终身庄而遇贼。(《外储说左下》)

说三:

季孙好士,终身庄,居处衣服常如朝廷。而季孙适懈,有过失,而不能长为也。故客以为厌易已,相与怨之,遂杀季孙。故君子去泰去甚。

一曰:南宫敬子问颜涿聚曰:"季孙养孔子之徒,所朝服与坐者以十数,而遇贼,何也?"曰:"昔周成王近优侏儒以逞其意,而与君子断事,是能成其欲于天下。今季孙养孔子之徒,所朝服而与坐者以十数,而与优侏儒断事,是以遇贼。故曰:不在所与居,在所与谋也。"(《外储说左下》)

经三与说三之"一曰"中皆有"遇贼"的字样,而说三之首例却无,这说明经三与说三之"一曰"原初即为总说与分说之关系。

例三：经一：

是以太公望杀狂矞。(《外储说右上》)

说一：

太公望东封于齐，齐东海上有居士曰狂矞、华士昆弟二人者，立议曰："吾不臣天子，不友诸侯，耕作而食之，掘井而饮之，吾无求于人也；无上之名，无君之禄，不事仕而事力。"太公望至于营丘，使执而杀之，以为首诛。……

一曰：太公望东封于齐，海上有贤者狂矞，太公望闻之，往请焉，三却马于门而狂矞不报见也，太公望诛之。(《外储说右上》)

说一之首例中说的是太公望杀掉了狂矞、华士兄弟二人，而在"一曰"中却只说杀掉狂矞一人，恰与经一的内容相符。

例四：经二：

说在申子之言六慎。(《外储说右上》)

说二：

申子曰："上明见，人备之；其不明见，人惑之。其知见，人惑之；不知见，人匿之。其无欲见，人司之；其有欲见，人饵之。故曰：吾无从知之，惟无为可以规之。"

一曰：申子曰："慎而言也，人且知女；慎而行也，人且随女。而有知见也，人且匿女；而无知见也，人且意女。女有知也，人且臧女；女无知也，人且行女。故曰：惟无为可以规之。"（《外储说右上》）

这段材料从慎子的著作中摘出。经二中有"六慎"字样，经二之首例中无此字样，而"一曰"中"慎"字出现了两次，这说明经二与说二之"一曰"为同时所作。

从上述几个例证的分析可知，经与"一曰"原本就是同时完成的，"一曰"为后人添加的说法不能成立。那么，韩非为什么在搜集材料时异说并存呢？他举一例就足以说明道理，为何还要赘加类似的材料呢？可能韩非在搜集材料时注意有些材料虽在思想内容上较为相似，但在具体细节例如人名、地名、言行上存在差异，例如：

文王伐崇，至凤黄虚，袜系解，因自结。太公望曰："何为也？"王曰："(上)君与处皆其师，中皆其友，下尽其使也。今皆先王之臣，故无可使也。"

一曰：晋文公与楚人战，至黄凤之陵，履系解，因自结之。左右曰："不可以使人乎？"公曰："吾闻：上，君所与居，皆其所畏也；中，君之所与居，皆其所爱也；下，君之所与居，皆其所侮也。寡人虽不肖，先君之人皆在，是以难之也。"（《外储说左下》）

这则材料就思想内容来看比较一致，但事件发生的历史背景、主要人物皆不同。韩非不能断定其真伪，为了最大限度地接近历史原貌，并存异说。

(二) 编选体例

今本《储说》分为内、外,《内储说》再分上、下二篇,《外储说》再分为左上、左下、右上、右下四篇。关于分篇的依据,历来便有分歧。《史记·老子韩非列传》司马贞索引云:

> 《内储》,言明君执术以制臣下,制之在己,故曰"内"也。《外储》,言明君观听臣下之言行,以断其赏罚,赏罚在彼,故曰"外"也。①

与古说相反,太田方认为今本《储说》六篇本为一篇,内、外、左、右、上、下之分并无实际意义:

> 《储说》一篇,分为内、外。内篇又分为上、下,即九、十之卷也。外篇分为左、右,左、右各分复为上、下矣。内、外、左、右、上、下非有他义例,以简编重多故耳,犹《老子》上、下篇,《庄子》内外篇也。②

太田方之说十分盛行,陈奇猷、陈启天、梁启雄皆从之。③

---

① 《史记·老子韩非列传》,北京:中华书局,1959年,第2148页。
② 〔日〕太田方:《韩非子翼毳》(上册),上海:中西书局,2014年,第355页。
③ 陈奇猷:"太说是也。"参见陈奇猷:《韩非子集释》(上册),北京:中华书局,1958年,第516页。陈启天:"以《翼毳》所说为是,《储说》六篇为一整篇,内外左右上下只标明篇次,无他义。"参见陈启天:《韩非子校释》,上海:上海书店,1941年,第377页。梁启雄在《储说》卷首引太田方语,从太说。参见梁启雄:《韩子浅解》(上册),北京:中华书局,1960年,第226页。

以上诸说过于简略,没有提出实证。我们从《储说》的内容进行分析,《内储说上》开篇便说:

> 主之所用也七术,所察也六微。七术:一曰众端参观,二曰必罚明威,三曰信赏尽能,四曰一听责下,五曰疑诏诡使,六曰挟知而问,七曰倒言反事。此七者,主之所用也。

紧跟其下的七条经文条目名称分别是"参观""必罚""赏誉""一听""诡使""挟智"。可见《内储说上》论述的是开篇所说的"七术",而开篇提到的"六微"却没有论述。《内储说下》开篇云:

> 六微:一曰权借在下,二曰利异外借,三曰托于似类,四曰利害有反,五曰参疑内争,六曰敌国废置。此六者,主之所察也。

所谓的"六微"明显与《内储说上》开篇的"六微"对应。据此可判定,内、外《储说》本为一篇,《内储说上》开篇的"主之所用也七术,所察也六微"是对这一整篇内容的概括。后人将其分为上、下两篇,其分割的原因很有可能就是太田方所说的"简编重多"。

再来看《外储说》。《外储说右上》开篇云:"君所以治臣者三。"这应该是对下文的总括。下文经一和说一论证君主应及早除掉难以控制的大臣,紧握权柄;经二和说二说明君主应防备奸臣欺骗;经三和说三说明应坚决铲除国之"社鼠"。这些内容讨论的都是君主驭臣之术,正应开篇的"君所以治臣者三"。而《外储说右下》有五条经文及相应的经说,并且内容例如经二论述的"人主者,守法责成以立功者"、经五论述的"国事之理,则不劳而成"与《外储说右上》所说的"君所以治臣"等内容不相对应。除此之外,《外储说左上》《外储说左下》的开篇皆无类似于"君所以治臣者三"等概括性的话。据此可推断,《外储说右上》应为独立的单篇,与另三篇《外储说》并无紧密的关系。关于《外储说》左上、左下、右下这三篇,郑良树在《韩非之著述及其思想》中通过对比《外储说》左上、左下、右下与《内储说》上、下,指出《外储说》三篇与《内储说》两篇多有重复,从而推断《外储说》三篇只是初稿,只是被后人分为三篇。①他的推断是很有道理的。

因此,《内储说上》《内储说下》本为一篇,其内容论述的是君主驭臣之术,司马贞"言明君执术以制臣下,制之在己,故曰'内'也"的说法大致不错。《外储说》右上应为独立一篇,与左上、左下、右下三篇之间并无必然的联系,后三篇只是初稿,被后人强分。从《外储说》的内容来看,也有不少关于君主驭臣之术的内容,并非皆是司马贞所说的"言明君观听臣下之言行"。

二 对典籍材料的阐释

(一) 对材料的改动与阐释

需要指出的是,韩非在汇编材料时,不是照抄原文,而是做了较大的改动,并且对这些材料进行了重新解释。这里举两例以证:

例一:

晋文公攻原,裹十日粮,遂与大夫期十日。至原十日,而

---

① 参见郑良树:《韩非之著述及其思想》,台北:台湾学生书局,1993年,第283页。

原不下,击金而退,罢兵而去。士有从原中出者,曰:"原三日即下矣。"群臣左右谏曰:"夫原之食竭力尽矣,君姑待之。"公曰:"吾与士期十日,不去,是亡吾信也。得原失信,吾不为也。"遂罢兵而去。原人闻曰:"有君如彼其信也,可无归乎!"乃降公。卫人闻曰:"有君如彼其信也,可无从乎!"乃降公。孔子闻而记之曰:"攻原得卫者,信也。"(《外储说左上》)

这段文字本于《左传·僖公二十五年》:

冬,晋侯围原,命三日之粮。原不降,命去之。谍出,曰:"原将降矣。"军吏曰:"请待之。"公曰:"信,国之宝也,民之所庇也,得原失信,何以庇之?所亡滋多。"退一舍而原降,迁原伯贯于冀。①

韩非以《左传》的记载为主干,加入了很多细节,而孔子"攻原得卫者,信也"的话在《论语》中找不到任何迹象,可见是韩非借孔子之口进一步发表了自己的见解,说明君主必要取信于臣民的道理。但问题是韩非一向是批判孔子的,《难》篇中他就曾三次驳斥孔子,②这里韩非为什么要借孔子之口立言呢?韩非托古于孔子只是手段,其目的还在宣扬法家学说。孔子的权威性、影响力甚大,韩非只是借

---

① 《春秋左传正义》,李学勤主编:《十三经注疏》,北京:北京大学出版社,1999年,第429页。

② "仲尼不知善赏。"(《难一》)"仲尼以文王为智也,不亦过乎?"(《难二》)"仲尼之对,亡国之言也。"(《难三》)

尸还魂,将儒家开创者孔子改造了成了法家人物的传声筒。这里的"信"也不是儒家意义上的"信",而是法家意义上的"信"。

这个例子中,既有韩非对典籍材料的改动,也有他对典籍材料进行义理层面的阐发。

例二:

> 势重者,人主之渊也;臣者,势重之鱼也。鱼失于渊而不可复得也,人主失其势重于臣而不可复收也。古之人难正言,故托之于鱼。
>
> 赏罚者,利器也,君操之以制臣,臣得之以拥主。故君先见所赏,则臣鬻之以为德;君先见所罚,则臣鬻之以为威。故曰:"国之利器不可以示人。"(《内储说下》)

"国之利器,不可以示人""鱼失于渊而不可复得"皆取自《老子》,韩非将其解释为君王南面之术,是在直接阐发典籍义理。

从上述两例可以看出,韩非在编选这些材料时,对原材料做了较大的程度的改造,且有意识地对这些材料进行义理层面上的阐发。从这个意义上说,《储说》就不只是故事汇编集,还是阐释古代典籍的著作。因为材料内容大多是世人熟知的故事、警句,他就能通过阐释这些材料,以更通俗的方式、最大限度地宣扬其法家学说。除《储说》外,《说林》《十过》《奸劫弑臣》《难》皆可看作同类作品。例如:

> 汤以伐桀,而恐天下言己为贪也,因乃让天下于务光。而恐务光之受之也,乃使人说务光曰:"汤杀君,而欲传恶声于

子,故让天下于子。"务光因自投于河。(《说林上》)

此事本于《庄子·让王》,但与《庄子》记载又有较大差异:

> 汤遂与伊尹谋伐桀,克之。以让卞随,……乃自投椆水而死。汤又让瞀光曰:"知者谋之,武者遂之,仁者居之,古之道也。吾子胡不立乎?"瞀光辞曰:"废上,非义也;杀民,非仁也;人犯其难,我享其利,非廉也。吾闻之曰,非其义者,不受其禄;无道之世,不践其土。况尊我乎!吾不忍久见也。"乃负石而自沉于庐水。(《让王》)

在《让王》篇中,人物有汤、伊尹、桀、卞随、瞀光,而在《说林上》中,只剩下主要人物汤与务光;《让王》篇详细记载了汤与瞀光的对话内容,而《说林上》只简略叙述其事;《让王》篇中记载的汤为礼贤下士的圣王,而到了《说林》中,汤一反仁义的形象,成为阴谋诡诈的人物。表面上看,韩非只是改造了古籍材料,实际上这种改造体现了他对材料的独特理解,其旨归还是君王诡诈之术。

(二) 总论、经与经说

前文论证了《内储说》上、下本为一篇,因此我们单从《内储说》来分析其体例,其特点是总论、经、经说成三级系统。从此体例来看,经不仅是对经说的摘要,还包括重要的义理阐释,将经说中的通俗故事升华为法家思想;而开篇的总论也不仅是对经的简单概括,它更是著者对经、经说的总括性阐释。

在展开论证三者关系之前,需要说明"经"与"经说"的著者问题。照常理,"经"为传承的经典,"说"为后人的解说、发挥。

因此有学者认为"经"和"经说"并非一人所作，吴汝伦说：

> 《内储说》《外储说》，其篇首之所谓"经"，韩子之文也；其后杂引古事，乃为"韩学"之所为以解《韩子》之书者也。①

与吴说相左，陈千钧推测经、经说可能皆为韩非所作：

> 解"经"者或韩子自为之，以便人君之观览，亦未可知也。②

我们通过经文内容来论证这一问题。经中常有"其说在"的字样，如《内储说上》篇的几条经文：

> 观听不参则诚不闻，听有门户则臣壅塞。其说在侏儒之梦见灶，哀公之称"莫众而迷"。
> 爱多者则法不立，威寡者则下侵上。是以刑罚不必，则禁令不行。其说在董子之行石邑，与子产之教游吉也。
> 赏誉薄而谩者下不用，赏誉厚而信者下轻死。其说在文子称"若兽鹿"。
> 一听则愚智不纷，责下则人臣不参。其说在索郑与吹竽。
> 挟智而问，则不智者至；深智一物，众隐皆变。其说在昭侯之握一爪也。

---

① 吴汝伦：《韩非子点勘》，台北：成文出版社有限公司，1980年，第65页。
② 参见陈启天主编：《韩非子校释》，上海：上海书店，1941年，第422页。

"其说在"的表述说明先有经说，然后才有经，经是根于经说的内容加以概括并寓阐释于其中的。所以在这里，经说不是如一些学者推测的那样，是后人对经的阐释，而是韩非用经来概括、阐释典籍史料的成果。而且，经说无论在思想内容还是文体风格上，都与《说林》中所载的资料相一致，因此经说应为韩非本人搜集。明了了这个问题，我们回过头来再说《储说》的结构体例及其中体现出的释义学思路。我们看《内储说上》：

  主之所用也七术，所察也六微。七术：一曰众端参观，二曰必罚明威，三曰信赏尽能，四曰一听责下，五曰疑诏诡使，六曰挟知而问，七曰倒言反事。此七者，主之所用也。（总论）
  观听不参则诚不闻，听有门户则臣壅塞。其说在侏儒之梦见灶，哀公之称"莫众而迷"。故齐人见河伯，与惠子之言"亡其半"也。其患在竖牛之饿叔孙，而江乙之说荆俗也。嗣公欲治不知，故使有敌。是以明主推积铁之类而察一市之患。（经一）
  卫灵公之时，弥子瑕有宠，专于卫国。侏儒有见公者曰："臣之梦践矣。"公曰："何梦？""对曰："梦见灶，为见公也。"公怒曰："吾闻见人主者梦见日，奚为见寡人而梦见灶？""对曰："夫日兼烛天下，一物不能当也；人君兼烛一国，一人不能拥也。故将见人主者梦见日。夫灶一人炀焉，则后人无从见矣。今或者一人有炀君者乎？则臣虽梦见灶，不亦可乎！"（说一）

说一中卫灵公与弥子瑕的故事为韩非搜集的历史资料。经不仅极简略概括了此类说的内容,更重要的是从中阐发了"观听不参则诚不闻,听有门户则臣壅塞"这一君主驭臣之术的道理。开篇的"总论"则更为精炼地概括了经及经说中体现的法家思想。韩非通过这一思路不仅编排了历史资料,同时也通过这些资料阐释了法家学派的整体思想。

第七章 先秦诸子释义学之基本考察

第一节 先秦诸子释义学思想之核心问题

一 作者本义能否被认知

作者本义能否被认知是诸子面临的共同问题。对此，他们皆从作者与文本的关系进行思考。

孔子认为，作者与文本具有同一性，并不严格区分。在此前提下，传述文本即是阐明作者本义，他说："不知言，无以知人。"（《尧曰》）对于经典阐释则说："述而不作，信而好古，窃比于我老彭。"（《述而》）邢昺曰："作者之谓圣，述者之谓明。"[1]朱熹曰："老彭，商贤大夫，见《大戴礼》，盖信古而传述者也。孔子删《诗》《书》，定《礼》《乐》，赞《周易》，修《春秋》，皆传先王之旧。"[2]可见，孔子认为

---

[1] 《论语注疏》，李学勤主编：《十三经注疏》，北京：北京大学出版社，1999年，第84页。

[2] （宋）朱熹：《论语集注》，《四书章句集注》，北京：中华书局，2012年，第93页。

典籍为圣王所作，阐述典籍即能使圣王之义显明。因此，对于把握圣王原义，他将文献作为根本，主张"无征不信"，要求对文献中不确定的内容采取"阙疑"原则。

墨子继承了孔子的基本立场，他说："古之圣王，欲传其道于后世，是故书之竹帛，镂之金石，传遗后世子孙，欲后世子孙法之也。今闻先王之遗而不为，是废先王之传也。"(《贵义》)其与孔子的论调基本一致。

对作者与文本关系的认识，孟、荀不仅认识到了二者的同一性，还进一步指出了其差异性。孟子说："是诗也，非是之谓也。"(《万章章句上》)荀子说："安特将学杂识志，顺诗书而已耳。则末世穷年，不免为陋儒而已。"(《劝学》)他们深刻认识到了文本字面之义与圣人之义的区别。既然文本具有独立性，那么，通过文本阐释如何能获知作者本义？孟子提出"知人论世"，认为应从作者生平、身世去把握；同时还要"以意逆志"，即根据文本语境去推求作者之义。因此，孟、荀虽认识到了文本的独立性，但依然坚信，只要依据正确的释义原则、方法解释文本，便可以获知作者本义。①

与儒、墨不同，庄、韩过于强调作者与文本的差异，而忽视了二者的统一。他们认为，阐释经典不可能把握作者本义。庄子说："世之所贵者书也，书不过语，语有贵也。语之所贵者意也，意有所随。意之所随者，不可以言传也，而世因贵言传书。世虽贵之，我犹不足贵也，为其贵非其贵也。"(《天道》)又说："夫六经，先王之陈迹也，岂其所以迹哉！今子之所言，犹迹也。夫迹，履之所处，而

---

① 孟子以"述仲尼之志"为己任；荀子"上则法舜、禹之制，下则法仲尼、子弓之义"。孟、荀坚信作者之义可以获知。参见《史记·孟子荀卿列传》，北京：中华书局，1959年，第2343页。

迹岂履哉！"(《天运》)可见，他认为作者与文本之间存在不可逾越的鸿沟，妄图通过文本把握作者也是不可能的。这种思想与庄子的哲学观密切相关。庄子认为大道自然而然，语言、典籍乃至一切文本皆不具备把握大道的能力，而作者之义如大道，同样不可言传。既然文本失去了合法性，那么，理解作者之义也就失去了依据。韩非也同样指出作者与文本的差异。《外储说左上》载："书曰：'绅之束之。'宋人有治者，因重带而自绅束也。人曰：'是何也？'对曰：'书言之，固然。'"他讽刺治经者因固守字面含义，所解与作者原义相差甚远。他进一步强调，后人若无可靠证据，作者本义是难以认知的："尧、舜不复生，谁将使定儒、墨之诚乎？……无参验而必之者，愚也；弗能必而据之者，诬也。故明据先王，必定尧、舜者，非愚则诬也。"(《显学》)可见，他所谓的证据只限于作者自身，若作者死去，其本义也随之湮灭，故经典文本不足为据，儒、墨的阐释乃愚诬之说。庄、韩皆明确提出作者本义不可知，所不同的是，庄直接源于其哲学观，韩则源于批判儒、墨的基本立场。

先秦时期，诸子对作者本义问题的认识各不相同。自汉代始，儒家学说被官方定为一尊，成为思想文化之主流。儒家推崇作者，认为解读经典可认知作者本义。由此，作者中心论便成为中国释义学史上一以贯之的传统。

与中国不同，在西方相当长的历史时期内，作者被视为神，文本被视为神的语言。据现代学者考证，释义学(Hermeneutik)一词来源于希腊神话中的神使赫尔墨斯(Hermes)[①]，他负责传达众神之主宙斯的旨意。至柏拉图，释义学"作为一种解释上帝旨意的技术，具

---

① 潘德荣：《诠释学导论》，桂林：广西师范大学出版社，2015年，第22页。

有传谕和要求服从的明显双重意义"①。基督教产生以后,《圣经》被视为上帝的作品。神学家虽声称可以通过注解《圣经》来把握上帝旨意,但神存在于彼岸世界,渺茫而无征,因此,所谓的"神意"实质是其文本含义、读者衍义。随着启蒙运动的兴起,基督教在文化生活中的地位不断下降,甚至出现"上帝之死"的呼声。世俗文学被波及,同样出现"作者之死"的论调。随着作者地位之衰落,学界的关注重心转向文本便成为自然,文本中心论迅速崛起。近代俄国形式主义、法国结构主义、英美新批评流派的基本认识是:作者并不具有决定性的力量,以语言形式存在的文本,一经诞生就具有了独立的价值,研究者应以解释文本含义为旨归。②与上述学派有着深厚渊源的著名文艺理论家勒内·韦勒克说:"文学研究的合情合理的出发点是解释和分析作品本身。无论怎么说,毕竟只有作品能够判断我们对作家的生平、社会环境及其文学创作的全过程所产生的兴趣是否正确。"③

相较于西方的文本中心论,中国古代虽有精湛的校勘学技术,但并没有上升、提炼为系统的理论。西方文本中心论抛弃作者,截断了由文本通向作者本义的通道;而中国之校勘学,其根本旨归在于恢复文本原貌,以避免在解读中偏离作者本义。段玉裁说:"校书之难,非照本改字不伪不漏之难也,定其是非之难。是非有二。曰:底本之是非。曰:立说之是非。必先定其底本之是非,而后可

---

① 〔德〕伽达默尔著,洪汉鼎译:《解释学》,《哲学译丛》1986年第3期。
② 参见金元浦:《作者中心论的衰落——现代西方文学批评史上的一次重大转折》,《文艺理论研究》1991年第4期。
③ 〔美〕勒内·韦勒克、奥斯汀·沃伦著,刘象愚等译:《文学理论》,南京:江苏教育出版社,2005年,第155页。

断其立说之是非。……何谓底本？著书者之稿本是也。何谓立说？著书者所言之义理是也。"①他强调校订文本是认识作者本义的前提，这与西方重文本而轻作者的思想差异甚大。

二 对读者衍义之思考

诸子皆对论敌的阐释实践、思想进行批判，在此过程中形成了对读者衍义活动的深刻认识。

孔子针对时人妄作阐释的状况，明确提出反对任意衍义，他说："盖有不知而作者，我无是也。"（《述而》）包氏注曰："时人有穿凿妄作篇籍者，盖云然。"②程树德举《汉书·朱云传》为例云："世人传述云事多失实，则为不知而作。作是作述。"③可见"不知而作"指阐述典籍时任意发挥的现象。

与孔子针锋相对，墨子则在理论上肯定衍义的合法性："吾以为古之善者则诛之，今之善者则作之，欲善之益多也。"（《耕柱》）显然，墨子认识到发挥衍义是意义增值、再生产的必要手段。

孔、墨差异的原因在于，孔子将保存古代文献作为首要任务，而墨子则以通过阐发典籍创立新说为己任。

与墨子不同，庄子针对孔子的阐释实践发难，他借盗跖之口斥责说："尔作言造语，妄称文武。"（《盗跖》）指出孔子冒作者之名而行发挥衍义之实。

---

① （清）段玉裁撰，钟敬华校点：《与诸同志论校书之难》，《经韵楼集》，上海：上海古籍出版社，2007年，第1232—1233页。
② 《论语注疏》，李学勤主编：《十三经注疏》，北京：北京大学出版社，1999年，第94页。
③ 程树德撰，程俊英、蒋见元点校：《论语集释》，北京：中华书局，1990年，第491页。

荀子则对思孟学派进行批判："略法先王而不知其统，犹然而材剧志大，闻见杂博。案往旧造说，谓之五行，甚僻违而无类，幽隐而无说，闭约而无解。案饰其辞而祗敬之曰：此真先君子之言也。"(《非十二子》)他指出子思、孟子借圣王典籍来造一家之言，并认识到"案往旧造说"是衍义实践的普遍模式。

相较于以上诸家，韩非的批判更加彻底，认识也更深刻。他说："先王之言，有其所为小而世意之大者，有其所为大而世意之小者，未必可知也。说在宋人之解书与梁人之读记也。故先王有郢书，而后世多燕说。"(《外储说左上》)他在批判儒、墨阐释实践的基础上，概括出衍义活动的两种类型即"所为小而世意之大"和"所为大而世意之小"，并总结出"郢书燕说"这一经典阐释中所蕴含的普遍规律。

显然，诸子已将读者衍义层与作者本义层严格区分，对衍义活动有着自觉而清醒的认识。他们将衍义实践作为对象进行研究，甚至概括出具有普遍性的模式、类型乃至规律。诸子的认识源于对论敌阐释实践的批判，并没有对本学派的衍义活动进行自我反思①，此局限由诸子争鸣的学术背景决定，乃势所必然。值得注意的是，诸子在理论上始终将读者置于末位，即使对读者地位有所抬高，也必使其从属于作者。例如，墨子虽十分重视"作"，但仍将其置于"述"之下。在这一认识框架下，读者的地位始终未获独立，之后的"作者未必然，读者何必不然"虽极大地张扬了读者地位，也仍将作者置于首位。此外，中国关于读者衍义的思考多从具体的释义实践中总结得出，不重抽象的理论思考，更缺乏哲学思辨，在理论形态

---

① 荀子对思孟学派的批判虽属儒家内部之争，但荀子并未自我反思。

上也缺乏系统性。

第二节　先秦诸子释义实践之基本形态

从诸子释义实践的基本形态来看，大致可分两类：著述引用与专门阐释。第一类并不系统解释整部经典，而是在征引中体现出对经典文献的理解，其直接目的是，利用经典的权威性增强当下论证的说服力，如孔、孟、荀、墨大量征引《诗》《书》。① 第二类则将经典视为待深入阐释的对象，对其作全面、详细的解说，如《左传》《易传》《韩非子·解老》等。

一　著述引用

此类运用的具体方法，大致有四种：断章取义、类比引申、推究大义、符合原义。诸子的根本目的是借助经典来阐发本学派思想，而不在经典本义，所以前三种方法的使用最为普遍。

断章取义的特点是脱离原文语境，摘取只言片语以为当下之用。例如荀子引《小雅·北山》：

> 天子也者，势至重，形至佚，心至愈，志无所诎，形无所

---

① 阮元《诗书古训序》云："即如孔子作《孝经》，子思作《中庸》，孟子作七篇，多引《诗》《书》以为证据。若曰，世人亦知此事之义乎？《诗》曰某某即此也。否则尚恐自说有偏弊，不足以训于人。"阮氏所言，同样适用于其他诸家。参见阮元：《研经室集续集》（卷一），北京：中华书局，1985年，第37页。

劳,尊无上矣。《诗》曰:"普天之下,莫非王土;率土之滨,莫非王臣。"此之谓也。(《君子》)

从《北山》全诗看,其整体诗意是抱怨劳役分配不均,原文"大夫不均,我从事独贤""或燕燕居息,或尽瘁事国。或息偃在床,或不已于行"皆明证。荀子不顾整体语境,将"普天"一句解作天子地位至尊至贵,是为断章取义。

类比引申的特点是,所论之理与所引文本构成一定的类比关系,引申较为自然。例如荀子引《小雅·鹤鸣》:

> 故君子务修其内而让之于外,务积德于身而处之以遵道,如是,则贵名起如日月,天下应之如雷霆。故曰:君子隐而显,微而明,辞让而胜。《诗》曰:"鹤鸣于九皋,声闻于天。"此之谓也。(《儒效》)

诗句字面含义是鹤鸣于沼泽,其音传至天外。鹤之状态与君子处境构成类比关系,荀子很自然地将其引申为君子重辞让必能彰显令名的道理。

推究大义的特点是由小及大,从某一句甚至某一字出发,推求出社会、宇宙间不容置疑的真理。例如韩非解"公""私"二字:

> 古者仓颉之作书也,自环者谓之私,背私谓之公。公私之相背也,乃仓颉固以知之矣。今以为同利者,不查之患也……故不相容之事不两立也。(《五蠹》)

韩非引用"公""私"之古字,并托古于仓颉,意在说明公私之分乃亘古不变之真理,并借此批判当时公私不分的政治、经济现实。

所谓符合原义,即当下所论之理与所引经典文句原义相一致。例如墨子引《大誓》:

> 《大誓》之道之,曰:"纣越厥夷居,不肯事上帝,弃厥先神祇不祀,乃曰吾有命,无廖其务。天亦纵弃纣而不葆。"察天以纵弃纣而不葆者,反天之意也。故夫憎人贼人,反天之意,得天之罚者,既可得而知也。(《天志中》)

《大誓》关于纣王因不敬上帝而终被废弃的记载,恰与墨子论证的天志思想契合。

以上所论的四种方法诸子已普遍使用,汉儒将这些方法继承下来,在解经中运用得更为纯熟。清陈乔枞在《韩诗遗说考序》中云:

> 或引《诗》以证事,或引事以明《诗》,……虽非专于解经之作,要其触类引申,断章取义,皆有合于圣门商、赐言《诗》之义也。况夫微言大义往往而有,上推天人性理,明皆有仁义礼制顺善之心;下究万物情状,多识于鸟兽草木之名。①

由此可见,《韩诗外传》完全承袭了诸子的方法②,其卷三云:

---

① 参见(清)陈寿祺撰,陈乔枞述:《三家诗遗说考》,清刻左海续集本。
② 触类引申即诸子的类比引申,微言大义与诸子推究大义相一致,断章取义更为诸子频繁使用,而"引诗以证事""引事以明诗"自然也包括诸子引诗符合诗本义的情形。

> 草木生焉，万物植焉，飞鸟集焉，走兽休焉，四方益取与焉。出云道风，竦乎天地之间。天地以成，国事以宁，此仁者所以乐于山也。《诗》曰："太山岩岩，鲁邦所瞻。"乐山之谓也。①

所引出自《鲁颂·閟宫》，此诗本是歌颂鲁僖公的文治武功、反映他光复旧业成就的，并无"仁者乐山"之意。《韩诗外传》割裂上下文语境，将"太山岩岩，鲁邦所瞻"解释为"乐山"，是为断章取义。

对诸子所用方法的承袭，并不限于《韩诗外传》。例如贾谊《新书·礼》云：

> 《诗》曰："投我以木瓜，报之以琼琚。匪报也，永以为好也。"上少投之，则下以躯偿矣。弗敢谓报，愿长以为好。古之蓄其下者，其施报如此。②

所引出自《卫风·木瓜》。投桃报李与君臣关系构成一对类比，是为类比引申之法。又如《春秋繁露·尧舜不擅移汤武不专杀》云：

> 其德足以安乐民者，天予之；其恶足以贼害民者，天夺之。《诗》云："殷士服敏，祼将于京。侯服于周，天命靡常！"言天之无常予、无常夺也。③

---

① 许维遹:《韩诗外传集释》,北京:中华书局,1980年,第110页。
② 阎振益、钟夏:《新书校注》,北京:中华书局,2000年,第215页。
③ (汉)董仲舒撰,(清)凌曙注:《春秋繁露》,北京:中华书局,1975年,第272页。

所引出自《大雅·文王》。董仲舒所论天命无常之理恰与诗句之意相契合，是谓符合本义。

二 专门阐释

专门阐释这类，可再细分为四类：对整部经典的系统阐释；对整部经典的概括性总论；对单篇大义的总论；对某一二句经文的解说。试分论之。

对整部经典的系统阐释以《左传》《易传》《韩非子·解老》为代表。《解老》在前文已有专门论述，这里仅对《左传》《易传》作出分析。杨伯峻先生考证，《左传》的成书时间为公元前403年魏斯为侯之后、前389年即周安王十三年之前。①根据杨说，可断定《左传》为中国历史上首部专门、系统的解经著作。其解经之法是，先详叙事件本末，然后点破经文"书法"，如：

《春秋》僖公五年：冬，晋人执虞公。②

《左传》：晋侯复假道于虞以伐虢。……冬，十二月丙子，朔，晋灭虢，虢公丑奔京师。师还，馆于虞，遂袭虞，灭之，执虞公及其大夫井伯，以媵秦穆姬，而修虞祀，且归其职贡于王。故书曰："晋人执虞公。"罪虞公，且言易也。③

---

① 参见杨伯峻：《春秋左传注》前言，北京：中华书局，1981年，第43页。
② 《春秋左传正义》，李学勤主编：《十三经注疏》，北京：北京大学出版社，1999年，第338页。
③ 《春秋左传正义》，李学勤主编：《十三经注疏》，北京：北京大学出版社，1999年，第342—346页。

《春秋》经文仅记时间、事件，极其简略，而《左传》详细叙述了整个历史事件的起始过程，补充了许多重要的历史信息。晋假道于虞、灭虢、还师、灭虞、善后等内容，即以事解经；而"罪虞公，且言易也"，即阐明"书法"，彰显了经文之大义。又如：

《春秋》隐公元年：夏五月，郑伯克段于鄢。①
《左传》：初，郑武公取于申，曰武姜，生庄公及共叔段。……书曰：郑伯克段于鄢。段不弟，故不言弟；如二君，故曰克；称郑伯，讥失教也；谓之郑志。不言出奔，难知也。②

经文仅 9 字，而传文以 30 多倍的篇幅详细叙述事件的前因后果，补充了武姜恶庄公、共叔段贪鄙、蔡仲及公子吕劝谏、庄公静观其变、武姜为内应等情节，最后又以孝悌、君臣、教化之义点明经文"书法"。《左传》多以"书曰……"的形式阐明"书法"，兼以"君子曰""谚曰"以及历史人物的评论等形式加以阐明。

《左传》所开创的以事解经法影响深远。南朝宋裴松之补注《三国志》即是后世以事解经的范例。杨翼骧说："陈寿的《三国志》又太简略，所以后人只有依靠裴氏的《注》，才对历史事件的发展过程和历史人物的生平事迹知道得更加详备了，对历史现象的认识愈为清楚了。"③而《左传》对"书法"的点明，更是直接影响了汉代"微言大

---

① 《春秋左传正义》，李学勤主编：《十三经注疏》，北京：北京大学出版社，1999 年，第 43 页。
② 《春秋左传正义》，李学勤主编：《十三经注疏》，北京：北京大学出版社，1999 年，第 50—54 页。
③ 杨翼骧：《裴松之与〈三国志注〉》，《历史教学》1963 年第 3 期。

义"的解经路径。如《春秋繁露·竹林》云:

> 《春秋》之常辞也,不予夷狄而予中国为礼,至邲之战,偏然反之,何也?曰:《春秋》无通辞,从变而移。今晋变而为夷狄,楚变而为君子,故移其辞以从其事。①

《春秋·宣公十二年》记载晋楚邲之战,这本是对历史事件的客观记录,而董以"中国""夷狄"之辨进行解释,推究经之微言大义。这种方法在汉代得到理论上的总结。司马迁曰:"笔则笔,削则削。"②董仲舒曰:"春秋,大义之所本耶?"③但《左传》阐明"书法"多信而有征④,汉儒则多曲解附会。

《易传》,作为专门性的解经著作,经历了春秋至汉初相当长的时期,内容极为复杂⑤,故若想弄清"《易传》释义学",须专书讨论。这里仅以《系辞》为例,以求窥一斑而见全豹。

《系辞》最大的特点是将《易》哲学化,如:

---

① (汉)董仲舒撰,凌曙注:《春秋繁露》,北京:中华书局,1975年,第43页。
② 《史记·孔子世家》,北京:中华书局,1959年,第1944页。
③ (汉)董仲舒撰,凌曙注:《春秋繁露》,北京:中华书局,1975年,第180页。
④ 杨伯峻先生曾举《春秋》隐公元年"元年春王正月"以证此说:"由此足以说明《左传》之说隐公代桓公摄行政治,完全是当时史实,鲁太史因此不书隐公即位。这种说明'书法'之处很多。"参见《经书浅谈》,北京:中华书局,2005年,第82页。
⑤ 参见周予同:《中国经学史讲义》,上海:上海人民出版社,2012年,第51—52页。

> 《易》与天地准，故能弥纶天地之道。①
> 范围天地之化而不过，曲成万物而不遗。②

经《系辞》的阐释，《易》便成为无所不包、囊括宇宙万物的构架图式。最关键的是，此图式对于实际存在物具有绝对的超越性："形而上者谓之道，形而下者谓之器。"③此图式是"道"，为形而上者，而实际存在物只是"器"，为形而下者。"道"能囊括一切"器"，又永远高于"器"，是真正的存在。这十分类似于西方哲学之"理念"。可见，《系辞》已将《易》提升到本体论哲学的高度。值得注意的是，《系辞》建构的哲学图式并非凝滞、静止的，而是处于不断的运动、变化之中的：

> 易有太极，是生两仪，两仪生四象，四象生八卦。④
> 男女构精，万物化生。⑤

---

① 《周易正义》，李学勤主编：《十三经注疏》，北京：北京大学出版社，1999年，第266页。

② 《周易正义》，李学勤主编：《十三经注疏》，北京：北京大学出版社，1999年，第267页。

③ 《周易正义》，李学勤主编：《十三经注疏》，北京：北京大学出版社，1999年，第292页。

④ 《周易正义》，李学勤主编：《十三经注疏》，北京：北京大学出版社，1999年，第289页。

⑤ 《周易正义》，李学勤主编：《十三经注疏》，北京：北京大学出版社，1999年，第310页。

所谓"生生之谓易",可见《易》也被《系辞》赋予了深刻的辩证法思想。总之,《系辞》开创了以本体论哲学系统解经的模式,其后王弼《周易略例》《老子旨略》皆属此类。

《系辞》的另一特点是将《易》伦理化、政治化,如:

> 《易》之兴也,其于中古乎?作《易》者,其有忧患乎?①
> 《易》之兴也,其当殷之末世,周之盛德邪?当文王与纣之事邪?是故其辞危。危者使平,易者使倾。其道甚大,百物不废。惧以终始,其要无咎,此之谓《易》之道也。②

《系辞》指出,《易》充满了忧患意识,这种意识促使人们明白自满自负就会覆亡的道理,从而提醒、指导人避免危险。《易》作为预测吉凶的占筮之书,具有忧患意识合乎常理,但《系辞》刻意将殷商衰亡、周朝兴起作为《易》之时代背景,经此阐释,忧患意识就被伦理化、政治化,成为既关乎个人修养又与国家兴废密切相关的儒家思想的重要内容。就《系辞》对爻辞的具体解释来看,同样符合这一特点。爻辞本为意义宽泛的"套子"。③人卦九五爻辞:"同人先号咷而后笑,大师克相遇。"字面意思是一支军队先败后胜,但其本义是先凶后吉,说明爻辞囊括范围甚广。《系辞》将这"套子"具体化为儒家的伦理、政治思想,如:

---

① 《周易正义》,李学勤主编:《十三经注疏》,北京:北京大学出版社,1999年,第312页。

② 《周易正义》,李学勤主编:《十三经注疏》,北京:北京大学出版社,1999年,第319页。

③ 参见冯友兰:《中国哲学史新编》(上),北京:人民出版社,2007年,第502—503页。

> "亢龙有悔。"子曰:"贵而无位,高而无民,贤人在下位而无辅,是以动而有悔也。"①

"亢龙有悔"为乾卦上九爻辞,其本义为不可能长久处于盈满之势,而《系辞》却解作君主处高位、无民众拥护、无贤人辅佐将导致失败的道理。又如:

> 子曰:"作《易》者其知盗乎!《易》曰:'负且乘,致寇至。'负也者,小人之事也。乘也者,君子之器也。小人而乘君子之器,盗斯夺之矣;上慢下暴,盗思伐之矣。慢藏诲盗,冶容诲淫。《易》曰'负且乘,致寇至',盗之招也。"②

"负且乘,致寇至"为解卦六三爻辞,其本义为居非其位将招致祸患,而《系辞》则以君子、小人不合礼制解之。

显然,《系辞》以两种方法方式释《易》,一是将《易》哲学化,二是将之伦理化、政治化。《系辞》在阐释实践中还总结出一些影响深远的思想,如:

> 仁者见之谓之仁,智者见之谓之智。③

---

① 《周易正义》,李学勤主编:《十三经注疏》,北京:北京大学出版社,1999年,第278页。

② 《周易正义》,李学勤主编:《十三经注疏》,北京:北京大学出版社,1999年,第278—279页。

③ 《周易正义》,李学勤主编:《十三经注疏》,北京:北京大学出版社,1999年,第269页。

"仁智之见"为释义学史上读者中心论的著名口号,"诗无达诂""文无定评"皆是其在不同时代的变种。又如:

> 子曰:"书不尽言,言不尽意。"然则圣人之意,其不可见乎?子曰:"圣人立象以尽意,设卦以尽情伪,系辞焉以尽其言,变而通之以尽利,鼓之舞之以尽神。"①

语言、文本、作者意图三者间的关系是释义学的核心命题。所谓"书不尽言,言不尽意",文本与语言、语言与意图间难以逾越的鸿沟,从根本上质疑着解释的合法性。针对这一问题,《系辞》在"辞""卦""象"与"意"之间搭建起过渡的桥梁,确保了解释的有效性。

《左传》《易传·系辞》是对整部经的系统阐释,而对整部经的总说始自孔子。孔子论《诗》曰:"诗三百,一言以蔽之,曰'思无邪'。"(《为政》)。其后孟子论《春秋》曰:"天子之事也。"(《滕文公章句下》)至庄子,则分别对六经进行总论:

> 《诗》以道志,《书》以道事,《礼》以道行,《乐》以道和,《易》以道阴阳,《春秋》以道名分。(《天下》)

荀子几与庄子如出一辙:

> 《诗》言是,其志也;《书》言是,其事也;《礼》言是,其行也;

---

① 《周易正义》,李学勤主编:《十三经注疏》,北京:北京大学出版社,1999年,第291页。

《乐》言是，其和也；《春秋》言是，其微也。(《儒效》)

诸子总论某部经典，往往用寥寥数字概括其主旨，言简意赅。至汉代，总论往往成篇，典型代表即《诗大序》。

诸子中总说单篇大义者，孟子最为突出，其论《小弁》曰：

> 公孙丑问曰："高子曰：'《小弁》，小人之诗也。'"
> 孟子曰："何以言之？"
> 曰："怨。"
> 曰："固哉，高叟之为诗也！有人于此，越人关弓而射之，则己谈笑而道之；无他，疏之也。其兄关弓而射之，则己垂涕而道之；无他，戚之也。《小弁》之怨，亲亲也。亲亲，仁也。固矣哉，高叟之为诗也！"(《告子章句下》)

高叟认为《小弁》的主旨是"怨"，为"小人之诗"，孟子则认为是"仁"。高、孟之辩说明当时总论单篇主旨的形式已较为普遍，发展至汉代，则以《诗小序》为代表。

此外，专对某一二句经文进行解说的情形也较为普遍，多存在于问答情境中。如孔子答弟子问：

> 子张曰："《书》云：'高宗谅阴，三年不言。'何谓也？"子曰："何必高宗？古之人皆然。君薨，百官总己以听于冢宰三年。"(《宪问》)

"三年不言"违背常理，固有子张之问。对此难题，孔子答非所问，

以三年之丧强解,其方法是推究大义。又如孟子答弟子问:

> 公孙丑曰:"诗曰:'不素餐兮。'君子之不耕而食,何也?"孟子曰:"君子居是国也,其君用之则安富尊荣,其子弟从之则孝弟忠信。'不素餐兮',孰大于是!"(《尽心章句上》)

君子"不耕而食"与诗句"不素餐兮"相矛盾,公孙丑不明就里而发问,孟子不顾《伐檀》的原义,故意将讽刺之句解作褒义,其方法是断章取义。又如韩非子所记:

> 鲁哀公问于仲尼曰:"《春秋》之记曰:'冬十二月陨霜不杀菽。'何为记此?"仲尼对曰:"此言可以杀而不杀也。夫宜杀而不杀,桃李冬实。天失道,草木犹犯干之,而况于人君乎!"(《内储说上》)

哀公、仲尼皆韩非所托。陨霜而不杀菽违背自然规律,故哀公向孔子询问。孔子由天道论及为君之道,阐释方法为推究大义。

专就一二句难解经文进行解释属正常现象。但至汉代,所谓章句之学愈来愈烦琐空疏,即使是明白晓畅之句,也强行解释,致使出现了"说五字之文,至于二三万言""幼童而守一义,白首而后能言"[①]的普遍状况。

---

① 《汉书·艺文志》,北京:中华书局,1962年,第1723页。

参考文献

古籍类

[1]朱右曾. 逸周书集训校释[M]. 上海:商务印书馆,1937.

[2]陈启天. 韩非子校释[M]. 上海:上海书店,1941.

[3]马通伯. 韩昌黎文集校注[M]. 北京:古典文学出版社,1957.

[4]陈奇猷. 韩非子集释[M]. 北京:中华书局,1958.

[5]杨伯峻. 孟子译注[M]. 北京:中华书局,1960.

[6]吴则虞撰. 晏子春秋集释[M]. 北京:中华书局,1962.

[7]后汉书[M]. 北京:中华书局,1965.

[8]吴汝伦. 韩非子点勘[M]. 台北:成文出版社有限公司,1980.

[9]杨伯峻. 论语译注[M]. 北京:中华书局,1980.

[10]段玉裁. 说文解字注[M]. 上海:上海古籍出版社,1981.

[11]史记[M]. 北京:中华书局,1982.

[12]朱谦之撰. 老子校释[M]. 北京:中华书局,1984.

[13]张振泽撰. 孙膑兵法校理[M]. 北京:中华书局,1984.

[14]王符著,汪继培笺,彭铎校正. 潜夫论笺校正[M]. 北京:中华书局,1985.

[15]汉书[M]. 北京:中华书局,1986.

[16]王利器撰.新语校注[M].北京:中华书局,1986.

[17]蒋礼鸿撰.商君书锥指[M].北京:中华书局,1986.

[18]马端临.文献通考[M].北京:中华书局,1986.

[19]黎靖德编,王星贤点校.朱子语类[M].北京:中华书局,1986.

[20]汪荣宝撰,陈仲夫点校.法言义疏[M].北京:中华书局,1987.

[21]洪亮吉撰.春秋左传诂[M].北京:中华书局,1987

[22]王先谦撰,沈啸寰、王星贤点校.荀子集解[M].北京:中华书局,1988.

[23]程树德撰,程俊英、蒋见元点校.论语集释[M].北京:中华书局,1990.

[24]黄晖撰.论衡校释[M].北京:中华书局,1990.

[25]王琬撰.公孙龙子悬解[M].北京:中华书局,1992.

[26]苏舆撰,钟哲点校.春秋繁露义证[M].北京:中华书局,1992.

[27]吴毓将撰,孙启治点校.墨子校注[M].北京:中华书局,1993.

[28]陈立撰,吴则虞点校.白虎通疏证[M].北京:中华书局,1994.

[29]王先慎撰,钟哲点校.韩非子集解[M].北京:中华书局,1998.

[30]何宁撰.淮南子集释[M].北京:中华书局,1998.

[31]毛诗正义,李学勤主编.十三经注疏[M].北京:北京大学出版社,1999.

[32]尚书正义,李学勤主编.十三经注疏[M].北京:北京大学出版社,1999.

[33]周易正义,李学勤主编.十三经注疏[M].北京:北京大学出版社,1999.

[34]礼记正义,李学勤主编.十三经注疏[M].北京:北京大学出版社,1999.

[35]春秋左传正义,李学勤主编.十三经注疏[M].北京:北京大学出版社,1999.

[36]孙武撰,曹操等注,杨丙安校理.十一家注孙子校理[M].北京:中华书局,1999.

[37]贾谊撰,阎振益、钟夏校注.新书校注[M].北京:中华书局,2000.

[38]陈奇猷.韩非子新校注[M].上海:上海古籍出版社,2000.

[39]马承渊主编.上海博物馆藏战国楚竹书[M].上海:上海古籍出版社,2001.

[40]朱熹.诗集传,朱子全书[M].上海:上海古籍出版社,合肥:安徽教育出版社,2002.

[41]黎翔凤撰,梁运华整理.管子校注[M].北京:中华书局,2004.

[42]王天海.荀子校释[M].上海:上海古籍出版社,2005.

[43]张觉撰.韩非子译注[M].上海:上海古籍出版社,2007.

[44]黄怀信等撰.逸周书汇校集注[M].上海:上海古籍出版社,2007.

[45]孙诒让撰,孙启治点校.墨子间诂[M].北京:中华书局,2009.

[46]曾振宇、傅永聚注.春秋繁露新注[M].北京:商务印书馆,2010.

[47]朱熹.四书章句集注[M].北京:中华书局,2012.

[48]陆德明.经典释文[M].上海:上海古籍出版社,2012.

[49]郭庆藩撰,王孝鱼点校.庄子集释[M].北京:中华书局,2013.

[50]欧阳修.欧阳文粹[M].文渊阁四库全书本.

[51]朱彝尊.经义考[M].文渊阁四库全书本.

[52]江永.乡党图考[M].文渊阁四库全书本.

[53]阎若璩. 四书释地[M]. 清刻皇清经解本.

[54]江声. 尚书集注音疏[M]. 清刻黄清经解本.

专著类

国内著作

[1]冯友兰. 新理学[M]. 上海：上海书店,1939.

[2]毛泽东. 毛泽东选集[M]. 北京：人民出版社,1952.

[3]郭沫若. 十批判书[M]. 北京：科学出版社,1956.

[4]郭沫若. 青铜时代[M]. 北京：科学出版社,1957.

[5]侯外庐,赵纪彬,杜国庠. 中国思想通史[M]. 北京：人民出版社,1957.

[6]郭沫若. 蔡文姬[M]. 北京：文物出版社,1959.

[7]梁启雄. 韩子浅解[M]. 北京：中华书局,1960.

[8]罗根泽. 中国文学批评史[M]. 北京：中华书局,1962.

[9]鲁迅. 呐喊[M]. 北京：人民文学出版社,1973.

[10]伍蠡甫. 西方文论选[M]. 上海：上海译文出版社,1979.

[11]郭绍虞. 中国文学批评史[M]. 上海：上海古籍出版社,1979.

[12]陈瑞庚. 晏子春秋考辨[M]. 台湾：长安出版社,1980.

[13]朱自清. 经典常谈[M]. 北京：生活·读书·新知三联书店,1980.

[14]古史辨(第一册)[M]. 上海：上海古籍出版社,1982.

[15]古史辨(第三册)[M]. 上海：上海古籍出版社,1982.

[16]张舜徽. 中国文献学[M]. 郑州：中州书画社,1982.

[17]胡朴安. 中国训诂学史[M]. 北京：中国书店,1983.

[18]朱维铮编. 周予同经学史论著选集[M]. 上海：上海人民出版社,1983.

[19]洪诚. 训诂学[M]. 南京:江苏古籍出版社,1984.

[20]齐佩瑢. 训诂学概论[M]. 北京:中华书局,1984.

[21]王明. 道家与道教思想研究[M]. 北京:中国社会科学出版社,1985.

[22]张汝伦. 意义的探究——当代西方释义学[M]. 沈阳:辽宁人民出版社,1986.

[23]李衍柱,朱恩彬. 文学理论简明辞典[M]. 济南:山东教育出版社,1987.

[24]傅伟勋. 从西方哲学到禅佛教[M]. 北京:生活·读书·新知三联书店,1989.

[25]徐中舒. 甲骨文字典[M]. 成都:四川辞书出版社,1989.

[26]刘起釪. 尚书学史[M]. 北京:中华书局,1989.

[27]程树德. 论语集释[M]. 北京:中华书局,1990.

[28]詹伯慧,李如龙,黄家教. 汉语方言及方言调查[M]. 武汉:湖北教育出版社,1991.

[29]汪耀南. 注释学纲要[M]. 北京:语文出版社,1991.

[30]吕思勉. 吕著中国通史[M]. 上海:华东师范大学出版社,1992.

[31]郑良树. 韩非之著述及其思想[M]. 台湾:台湾学生书局,1993.

[32]马新国. 西方文论史[M]. 北京:高等教育出版社,1994.

[33]邬国义. 国语译注[M]. 上海:上海古籍出版社,1994.

[34]金元浦. 文学解释学——文学的审美阐释与意义生成[M]. 长春:东北师范大学出版社,1998.

[35]颜世安. 庄子评传[M]. 南京:南京大学出版社,1999.

[36]李圃主编. 古文字诂林[M]. 上海:上海教育出版社,1999.

[37]王国维. 红楼梦评论[M]. 长沙:岳麓书社,1999.

[38]杨乾坤. 中国古代文字狱[M]. 西安:陕西人民出版社,1999.

[39]李泽厚. 中国思想史论[M]. 合肥:安徽文艺出版社,1999.

[40]周勋初. 周勋初文集[M]. 南京:江苏古籍出版社,2000.

[41]钱穆. 先秦诸子系年[M]. 北京:商务印书馆,2001.

[42]陈良运. 中国诗学批评史[M]. 南昌:江西人民出版社,2001.

[43]郭绍虞,王文生主编. 中国历代文论选[M]. 上海:上海古籍出版社,2001.

[44]洪汉鼎编. 理解与解释——诠释学经典文选[M]. 北京:东方出版社,2001.

[45]洪汉鼎. 理解与解释——诠释学经典文选[M]. 北京:东方出版社,2001.

[46]李清良. 中国阐释学[M]. 长沙:湖南师范大学出版社,2001.

[47]冯友兰. 中国哲学简史[M]. 郑州:河南人民出版社,2001.

[48]钱钟书. 管锥编[M]. 北京:生活·读书·新知三联书店,2001.

[49]周光庆. 中国古典解释学导论[M]. 北京:中华书局,2002.

[50]刘耘华. 诠释学与先秦儒家意义之生成[M]. 上海:上海译文出版社,2002.

[51]周裕锴. 中国古代阐释学研究[M]. 上海:上海人民出版社,2003.

[52]章太炎. 章太炎经典文存[M]. 上海:上海大学出版社,2003.

[53]梁启超著,夏晓虹点校. 清代学术概论[M]. 北京:中国人民大学出版社,2004.

[54]梁启超. 清代学术概论[M]. 北京:中国人民大学出版社,2004.

[55]汪祚民. 诗经文学阐释史[M]. 北京:人民出版社,2005.

[56]朱维铮. 中国经学史十讲[M]. 上海:复旦大学出版社,2005.

[57]叶秀山.哲学要义[M].北京:世界图书出版公司北京公司,2006.

[58]夏传才.十三经讲座[M].桂林:广西师范大学出版社,2006.

[59]冯友兰.中国哲学史新编[M].北京:人民出版社,2007.

[60]夏传才.诗经研究史概要[M].北京:清华大学出版社,2007.

[61]孙伟平.价值哲学方法论[M].北京:中国社会科学出版社,2008.

[62]童庆炳.文艺理论教程[M].北京:高等教育出版社,2008.

[63]郭绍虞.中国文学批评史[M].天津:百花文艺出版社,2008.

[64]刘笑敢.诠释与定向——中国哲学研究方法之探究[M].北京:商务印书馆,2009.

[65]张丰乾编著.庄子天下篇注疏四种[M].北京:华夏出版社,2009.

[66]张春兴.现代心理学[M].上海:上海人民出版社,2009.

[67]张岱年.中国哲学大纲——中国哲学问题史[M].北京:昆仑出版社,2010.

[68]蒋述卓,洪治纲.文学批评教程[M].武汉:武汉大学出版社,2010.

[69]谭家健.中国文化史概要[M].北京:高等教育出版社,2010.

[70]皮锡瑞著,周予同注释.经学历史[M],北京:中华书局,2011.

[71]周予同.中国经学史讲义[M].上海:上海人民出版社,2012.

[72]潘德荣.西方诠释学史[M].北京:北京大学出版社,2013.

[73]李德顺.价值论——一种主体性的研究[M].北京:中国人民大学出版社,2013.

[74]余英时.论天人之际——中国古代思想起源出探[M].北京:

中华书局,2014.

[75]李泽厚. 由巫术到礼·释礼归仁[M]. 北京:生活·读书·新知三联书店,2015.

国外著作

[1]〔德〕H.R.姚斯,〔美〕R.C.霍拉勃. 接受美学与接受理论[M]. 周宁,金元浦,译. 沈阳:辽宁人民出版社,1987.

[2]〔美〕韦勒克. 近代文学批评史[M]. 杨岂深,杨白伍,译. 上海:上海译文出版社,1987.

[3]〔德〕伽达默尔. 科学时代的理性[M],薛华等译,北京:国际文化出版公司,1988.

[4]简明不列颠百科全书[M]. 北京:中国大百科全书出版社,1991.

[5]〔美〕赫施. 解释的有效性[M]. 王才勇,译. 北京:生活·读书·新知三联书店,1991.

[6]〔意〕艾科等. 诠释与过度诠释[M]. 王宇根,译. 北京:生活·读书·新知三联书店,1997.

[7]〔德〕汉斯·罗伯特·耀斯. 审美经验与文学解释学[M]. 顾建光,译. 上海:上海译文出版社,1997.

[8]〔美〕韦勒克. 批评的概念[M]. 张金言,译. 杭州:中国美术学院出版社,1999.

[9]〔德〕海德格尔. 存在与时间[M]. 陈嘉映,译. 北京:生活·读书·新知三联书店,1999.

[10]〔德〕海德格尔. 荷尔德林诗的阐释[M]. 王庆节,译. 北京:商务印书馆,2000.

[11]〔德〕伽达默尔. 真理与方法:哲学诠释学的基本特征[M]. 洪汉鼎,译. 上海:上海译文出版社,2004.

[12]〔美〕哈罗德·布鲁姆.影响的焦虑[M].徐文博,译.南京:江苏教育出版社.2006.

[13]〔美〕韦勒克、沃伦.文学理论[M].刘象愚,译.南京:江苏教育出版社,2009.

[14]〔美〕赫伯特·施皮格伯格.现象学运动[M].王炳文,张金言,译,北京:商务印书馆,2011.

[15]〔法〕保罗·利科.诠释学与人文科学[M].孔明安,张剑,李西祥,译.北京:中国人民大学出版社,2012.

[16]〔英〕罗素.西方哲学史[M].马元德,译,北京:商务印书馆,2013.

[17]〔德〕伽达默尔.美学与诗学——诠释学的实施[M].吴建广,译.北京:北京大学出版社,2013.

[18]〔英〕罗素.西方哲学史[M].何兆武,李约瑟,译.北京:商务印书馆,2013.

[19]〔日〕太田方.韩非子翼毳[M].上海:中西书局,2014.

论文类

[1]冯友兰.中国哲学遗产底继承问题[N].光明日报,1957.1.8.

[2]冯友兰.再论中国哲学底继承问题[J].哲学研究,1957(5).

[3]顾颉刚.《逸周书·世俘》篇校注写定与评论[J].文史,1962(2).

[4]何幼琦.《武成》、《世俘》述评[J].江汉论坛,1983(2).

[5]利科尔.解释学的任务[J].李幼蒸,译.哲学译丛,1986(3).

[6]伽达默尔.解释学[J].洪汉鼎,译.哲学译丛,1986(3).

[7]伽达默尔.论科学中的哲学要素和哲学的科学特性[J].姚介厚,译.哲学译丛,1986(3).

[8]潘德荣.诠释哲学:从狄尔泰到伽达默尔[J].江淮论坛,1992(4).

[9]周光庆.中国经典解释学研究刍议[J].华中师范大学学报(人文社会科学版),1993(2).

[10]潘德荣.诠释学的中国化研究述评[J].哲学动态,1993(10).

[11]潘德荣.现代诠释学及其重建之我见——《现代诠释学原理及其合理重建》质疑[J].哲学研究,1993(3).

[12]徐葆耕.传统转化与传统解释学[J].中国文化,1995(1).

[13]潘德荣,齐学栋.诠释学的源与流[J].学习与探索,1995(1).

[14]李霞.傅伟勋对中国传统哲学逻辑发展的诠释学建构[J].安徽大学学报(哲学社会科学版),1995(6).

[15]潘德荣.文字与解释——训诂学与诠释比较[J].学术月刊,1996(2).

[16]杨乃乔.偏见与误读——文学阐释学的哲学反思[J].文艺争鸣,1996(3).

[17]陈跃红.走出古典的泥沼——关于汉语诗学阐释学的现代转化诸问题[J].中国比较文学,1997(1).

[18]曹顺庆."《春秋》笔法"与"微言大义"——儒家经典的解读模式及话语言说方式[J].北京大学学报(哲学社会科学版),1997(2).

[19]汤一介.能否创建中国的"解释学"[J].学人,1998(3).

[20]黄怀信.由《武成》、《世俘》与《利簋》看武王伐纣之年[J].西北大学学报(哲学社会科学版),1999(3).

[21]王元明.哲学解释学之我见[J].天津师范大学学报(社会科学版),1999(1).

[22]汤一介.关于建立《周易》解释学问题的探讨[J].周易研究,

1999(4).

[23]吴瑞霞."以意逆志"与"知人论世"——孟子文学批评方法试析[J].湖北师范学院学报(哲学社会科学版),1999(2).

[24]冯川.经典诠释与中西比较——对王国维、陈寅恪、钱钟书有关思想的一点讨论[J].西南民族大学学报(人文社会科学版),2000(1).

[25]汤一介.再论创建中国解释学问题[J].中国社会科学,2000(1).

[26]刘婉华.解释学与中国传统文化[J].华南理工大学学报,2000(1).

[27]王艾明.论神学解释学思路中的"上帝眷顾"信理[J].金陵神学志,2000(2).

[28]王长华.墨子的《诗经》观[J].文艺理论研究,2000(2).

[29]汤一介.三论创建中国解释学问题[J].中国文化研究,2000(夏之卷).

[30]汤一介.关于僧肇注《道德经》问题——四论创建中国解释学问题[J].学术月刊,2000(7).

[31]冯达文.从《大学》之不同疏解看中国的解释学——写在汤一介先生诞辰七十五周年之际[C].//胡军,孙尚扬.诠释与建构——汤一介先生75周年华诞暨从教50周年纪念文集.北京:北京大学出版社,2001.

[32]林继中."知人论世"模式之流变[J].文学前沿,2001(1).

[33]黄应全.略论中国传统解释学的方法论性质[C].//胡军,孙尚扬.诠释与建构——汤一介先生75周年华诞暨从教50周年纪念文集.北京:北京大学出版社,2001.

[34]汤一介.论创建中国解释学问题[J].社会科学战线,2001(1).

[35]王中江."原意"、"先见"及其解释的"客观性"——在"方法论解释学"与"哲学解释学"之间[J].学术界,2001(4).

[36]景海峰.解释学与中国哲学[J].哲学动态,2001(7).

[37]汤一介."道始于情"的哲学诠释——五论创建中国解释学问题[J].学术月刊,2001(7).

[38]马承源.《诗论》讲授者为孔子之说不可移[J].中华文史论丛,2001(3).

[39]王齐洲.孔子、子夏诗论比较[J].华中师范大学学报(人文社会科学版),2002(5).

[40]晁福林.从王权观念变化看上博简《诗论》的作者及年代[J].中国社会科学,2002(6).

[41]李学勤《诗论》的体裁和作者[C].//《上博馆藏战国楚竹书研究》,上海:上海书店出版社,2002.

[42]江林昌.上博竹简《诗论》的作者及其与今传本《毛诗序》的关系[J].文学遗产,2002(2).

[43]彭林关于《战国楚竹书·孔子诗论》的篇名与作者[J].孔子研究,2002(2).

[44]廖名春.上博《诗论》简的作者和作年[C].//《出土简帛丛考》,武汉:湖北教育出版社,2004.

[45]高华平.上博简《孔子诗论》的论诗特色及其作者问题[J].华中师范大学学报(人文社会科学版),2002(5).

[46]廖名春.上海博物馆藏诗论简校释[J].中国哲学史,2002(1).

[47]李学勤.《诗论》简的编联与复原[J].中国哲学史,2002(1).

[48]郝明朝.《荀子》引《诗》说[J].聊城大学学报(社会科学版),2002(4).

[49]刘笑敢. 经典诠释与体系建构——中国哲学诠释传统的成熟与特点刍议[J]. 中国哲学史,2002(1).

[50]潘德荣. 经典与诠释——论朱熹的诠释思想[J]. 中国社会科学,2002(1).

[51]胡伟希. 道·言·智·境:中国哲学诠释学传统及其问题[J]. 孔子研究,2002(1).

[52]左东岭. 阐释原则的自觉与学术规范的遵守[N]. 文艺报,2002.1.29.

[53]陈坚. "易注"与中国传统哲学中的注释[J]. 江南社会学院学报,2002(4).

[54]汤一介. 解释学与中国[N]. 光明日报,2002.9.26.

[55]景海峰. 中国解释学的几种思路[N]. 光明日报,2002.9.26.

[56]洪汉鼎. 诠释学与中国[J]. 文史哲, 2003(1).

[57]蔡方鹿. 朱熹经典诠释之我见[J]. 文史哲,2003(2).

[58]方汉文. 中国传统考据学与西方阐释学[J]. 安徽师范大学学报,2003(4).

[59]贾红莲. 中国解释学与解释学中国化[J]. 江海学刊,2003(4).

[60]陶水平. 关于中国阐释学学科建设的思考[J]. 学术交流,2003(5).

[61]卢可佳. "述而不作"与"微言大义"——在"辞达而已"统摄下的原始儒家阐释学思想[D]. 北京. 北京师范大学硕士学位论文,2004.

[62]孙丹虹.《文心雕龙·知音》篇与中国古典阐释学的发展历程[J]. 福州大学学报(哲学社会科学版),2004(1).

[63]傅荣贤. 从《汉志》看西汉解释学规范的建立——《汉志》文化价值研究之二[J]. 贵州师范大学学报(社会科学版),2004(2).

[64]周裕锴.语言还原法——乾嘉学派的阐释学思想之一[J].河北学刊,2004(5).

[65]景海峰.从训诂学走向诠释学——中国哲学经典诠释方法的现代转化[J].天津社会科学,2004(5).

[66]周光庆.经学传统中的解释空间[J].河北学刊,2004(5).

[67]邹其昌."以《诗》说《诗》"与"以《序》解《诗》"——朱熹《诗经》诠释学美学基本原则研究之二[J].诗经研究丛刊,2004(第六辑).

[68]童真.阐释学与中国依经立义的意义生成方式[J].求索,2004(9).

[69]陈治国,洪汉鼎.2003:诠释学与中国[J].山东大学学报(哲学社会科学版),2005(1).

[70]梁燕城.孔子的方法学——从本体诠释学模式研究孔子哲学[J].文史哲,2005(2).

[71]陈治国,洪汉鼎.2006:诠释学与中国[J].山东大学学报(哲学社会科学版),2005(2).

[72]黄勇.解释学的两种类型:为己之学与为人之学[J].复旦学报(社会科学版),2005(2).

[73]陈坚.《易经》意义的来源[J].周易研究,2005(3).

[74]周光庆.孔子创立的儒学解释学之核心精神[J].孔子研究,2005(4).

[75]袁世硕.文学史与诠释学[J].文史哲,2005(4).

[76]刘毅青.解释学的限度与重建中国解释学——以徐复观为例[J].文艺理论研究,2005(6).

[77]袁世硕.伽达默尔文艺作品存在方式论质疑——读《真理与方法》札记[J].文艺研究,2006(2).

[78]刘之静.中国哲学诠释学何以可能——兼论中国哲学本体论特征与诠释方法[J].社会科学评论,2006(3).

[79]朱松美.《孟子》诠释与中国经典诠释特质[J].学术界,2006(4).

[80]李清良.一位西方学者的中西阐释学比较[J].北京大学学报(哲学社会科学版),2006(7).

[81]潘德荣.从神迹到智慧——诠释学探源[J].世界哲学,2006(3).

[82]邓新华.发展中的文学解释学[J].文艺报,2006.9.19.

[83]陈治国,洪汉鼎.2005:诠释学与中国[J].山东大学学报(哲学社会科学版),2007(1).

[84]张振.比较诗学与中国诠释学的创建[J].徐州师范大学学报(哲学社会科学版),2007(3).

[85]林光华.比较视域下的中国诠释学[J].徐州师范大学学报(哲学社会科学版),2007(3).

[86]刘毅青.解释学的逻各斯与道的解释学——中西解释学的差异根源[J].学术探索,2007(5).

[87]李有光.中西解释学意义观和理解观之比较[J].河南师范大学学报(哲学社会科学版),2007(6).

[88]彭启福.朱熹的知识论诠释学和陆九渊的实践论诠释学[J].安徽师范大学学报(人文社会科学版),2008(1).

[89]张锦枝.对朱熹解释思想的再思考——以《大学章句集注》为例[J].同济大学学报(社会科学版),2008(1).

[90]杨永发.注释的心理机制——兼谈字义、字的组合义与语境义的解释[J].社会科学家,2008(4).

[91]刘毅青.重建中国解释学的起点:走出考据学的局限[J].文艺理论研究,2008(4).

[92]刘原池.朱熹之《诗》学解释学[J].诗经研究丛刊,2008(第十六辑).

[93]黄贞权.孔颖达《毛诗正义》文学文化阐释点见[J].社会科学论坛,2009(1).

[94]陈治国,洪汉鼎.2007:诠释学与中国[J].山东大学学报(哲学社会科学版),2009(1).

[95]张金梅,陈详波."《诗》无达诂"的美学历程[J].湖北民族学院学报,2009(1).

[96]周光庆.由中国训诂学走向中国解释学[J].长江学术,2009(3).

[97]肖明华.走向反思性文学解释学[J].文艺理论研究,2009(4).

[98]潘德荣.诠释学的"濒死"与新生[N].中国社会科学院报,2009.4.14.

[99]邓新华.创建"中国文学解释学"的若干前提性问题[J].文学评论,2009(6).

[100]杨乃乔.中西学术文化交汇中的诠释学——论中国经学诠释学的建构[J].徐州师范大学学报(哲学社会科学版),2009(6).

[101]陈治国.2008:诠释学与中国[J].山东大学学报,2010(2).

[102]武娟,蔡方鹿.从伽达默尔哲学诠释学看朱熹经典诠释学[J].现代哲学,2010(2).

[103]汪国林.从以史释诗的传统到诗史互证——对中国阐释学诗与史关系的考察[J].云南社会科学,2010(4).

[104]王晓勇.西方现代解释学与中国古典解释学之比较[J].甘肃社会科学,2010(6).

[105]黄贞权.从《诗》学到诗学——论孔颖达诗学阐释学思想[J].理论月刊,2010(10).

[106]刘源池. 汉、宋之《诗》学解释学[J]. 诗经研究丛刊,2010(第十九辑).

[107]陈治国. 2009—2010:诠释学与中国[J]. 山东大学学报(哲学社会科学版),2011(4).

[108]成中英等. 经典诠释与国学新视野[N]. 光明日报,2011.12.27.

[109]罗志芳. 用西方释义学浅读中国训诂学的启示[J]. 理论经纬,2012(1).

[110]曹洪洋. 经学在何种意义上是一门诠释学[J]. 东疆学刊,2012(2).

[111]陈英英. 论中国现代诗歌解释学的发生[J]. 湖南师范大学学报,2012(2).

[112]姜家君.《大学》注疏的解释学循环——以《大学章句》、《大学纂疏》为例[J]. 山西师大学报(社会科学版),2012(6).

[113]洪汉鼎. 西方诠释学的源流与精神特质[J]. 河北学刊,2012(2).

[114]董芬芬.《墨子》"说"体与先秦小说[J]. 暨南学报,2013(10).

[115]李承贵. "知人论世":作为一种解释学命题的考察[J]. 齐鲁学刊,2013(1).

[116]袁世硕. 接受理论的悖论[J]. 文史哲,2013(1).

[117]王钟陵. 构建不同于诠释学的新诠释学[J]. 社会科学辑刊,2013(2).

[118]刘毅青. 中国解释学何为——对徐复观解释学的再思考[J]. 绍兴文理学院学报(哲学社会科学版),2013(5).

[119]詹福瑞. 媒体之于经典的传播和建构[J]. 文艺研究,2013(9).

[120]郝永. 朱熹《诗经》解释学"淫诗"说新论[J]. 河南教育学院学报(哲学社会科学版),2014(1).

[121]杨秀菊.对实践的科学诠释学分析[J].理论探索,2014(1).

[122]梁丹丹.欧阳修的《诗本义》"据文求义"的诠释学思想探析[J].中国文学研究,2014(1).

[123]刘磊.如何理解陆九渊与诠释学[J].开封大学学报,2014(1).

[124]丁怀超.诗无达诂——中国诗学诠释学传统的回顾[J].学术界,2014(1).

[125]曹周天.走向"理解"的教学理论——哲学解释学视角下的教学论写作观反思[J].哲学动态,2014(1).

[126]杨秀菊.科学诠释学视域下理解、解释与应用的统一[J].科学技术哲学研究,2014(2).

[127]何卫平.历史意识与解释学循环[J].中国高校社会科学,2014(2).

[128]何卫平.伽达默尔的解释学与康德的判断力[J].哲学动态,2014(3).

[129]李文杰.伽达默尔的哲学解释学与翻译研究[J].长春理工大学学报(社会科学版),2014(3).

[130]路强.本体诠释学:本体与超融——成中英教授访谈录[J].晋阳学刊,2014(3).

[131]黄晚.比较与汇通——"中国经学诠释学与西方诠释学的比较研究"学术前沿工作综述[J].中国比较文学,2014(3).

[132]詹福瑞.陌生与熟识:经典的耐读性[J].河北学刊,2014(4).

[133]何卫平.解释学与"古今之争"[J].武汉大学学报,2014(4).

[134]谭明冉.王夫之儒家经典诠释的时代性和独特性——以解释学循环为视角[J].山东大学学报(哲学社会科学版),2014(4).

[135]么加利.论诠释与过度诠释——哲学解释学视野下的教育

改革反思[J].教师教育学报,2014(4).

[136]路强,陈婷华.哲学诠释学的当代发展与前言问题——洪汉鼎教授访谈录[J].晋阳学刊,2014(4).

[137]成中英.诠释学中的存在接受性与意义创造性:从伽达默尔到本体诠释学(上)[J].安徽师范大学学报(人文社会科学版),2014(5).

[138]张奎志."敬畏""虚静""入境":朱熹的解释学路径[J].广东社会科学,2014(5).

[139]张能为.伽达默尔与中国哲学解释学的效应意义[J].武汉大学学报(人文科学版),2014(5).

[140]李有光.论孔子《诗》学的解释学意趣和旨归[J].孔子研究,2014(5).

[141]夏中义.解释学的两种模式、一个原点——有感于当下中国学术语境[J].甘肃社会科学,2014(5).

[142]沈江平.解释学与重建历史唯物主义[J].江海学刊,2014(6).

[143]王伟.解释学转向:价值与论争[J].理论与现代化,2014(6).

[144]慧帅.论伽达默尔解释学中"文本"的存在论含义[J].社会科学论坛,2014(8).

[145]李小川.保罗·利科的辩证解释学[J].求索,2014.8.

[146]康宇.论儒家诠释学中的两个基本向度——以郑玄、朱熹对经典的解读为中心[J].哲学研究,2014(9).

[147]郑龙云.艺术解释与共同创造[J].文艺评论,2014.11.

[148]詹福瑞.试论中国文学经典的累积性特征[J].文学遗产,2015(1).

[149]卿磊.乾嘉学派经学诠释学方法的体认与价值重估——以现代西方诠释学方法论为参照[J].社会科学研究,2015(1).

[150]戴兆国,耿芳朝.从《大学章句》引注考看朱熹经典解释学的特点[J].东岳论丛,2015(1).

[151]李丽琴.经学诠释学视域中的儒家《诗》教观——以"思无邪"为中心[J].中国比较文学,2015(2).

[152]杨乃乔.中国经学诠释学及其释经的自解原则——论孔子"述而不作,信而好古"的独断论诠释学思想[J].中国比较文学,2015(2).

[153]詹福瑞.论经典的权威性[J].文艺研究,2015(3).

[154]洪汉鼎,黄小洲.西方诠释学的东渐及其效应[J].河北学刊,2015(3).

[155]刘永成.文学阅读活动的诠释学向度[J].现代语文,2015(3).

[156]李清良,张丰赟.论中国诠释学研究的兴起缘由[J].山东大学学报,2015(5).

[157]潘德荣.论当代诠释学的任务[J].华东师范大学学报,2015(5).

[158]李清良,夏亚平.从朱熹的诠释思想展望中国现代诠释学[J].中国文化研究,2015(夏之卷).

[159]侯才.重新发掘和继承中国传统文本解释学资源[J].理论视野,2014(9).

附录：诸子征引文献一览表

说　明：

1.孔子说"文献不足"。"献"即指贤人之语。诸子征引文献，包括《诗》《书》《易》等经典，也包括前贤之语。除此之外，还包括一些今已不存的逸书。本表将之一并辑出。

2.本表所依据的基本文献：

杨伯峻.论语译注[M]，北京：中华书局，1980.

杨伯峻.孟子译注[M]，北京：中华书局，1960.

王先谦撰，沈啸寰、王星贤点校.荀子集解[M]，北京：中华书局，1988.

孙诒让撰，孙启治点校.墨子间诂[M]，北京：中华书局，2009.

郭庆藩撰，王孝鱼点校.庄子集释[M]，北京：中华书局，2013.

王先慎撰，钟哲点校.韩非子集解[M]，北京：中华书局，1998.

楼宇烈校释.老子道德经注[M]，北京：中华书局，2011.

何建章撰.战国策注释[M]，北京：中华书局，1992.

黄怀信.逸周书汇校集注[M]，上海：上海古籍出版社，2007.

黎翔凤撰，梁运华整理.管子校注[M]，北京：中华书局，2004.

钱熙祚校.慎子[M]，北京：中华书局，1978.

毛诗正义，李学勤主编.十三经注疏(标点本)[M]，北京：北京大学出版社，1999.

尚书正义,李学勤主编.十三经注疏(标点本)[M],北京:北京大学出版社,1999.

周易正义,李学勤主编.十三经注疏(标点本)[M],北京:北京大学出版社,1999.

春秋左传正义,李学勤主编.十三经注疏(标点本)[M],北京:北京大学出版社,1999.

3.本表所参考的前人研究成果:

董治安.先秦文献与先秦文学[M],济南:齐鲁书社,1994.

刘延福.荀子文艺思想研究[M],济南:山东大学出版社,2015.

郭沫若.周易之制作时代[C],//周易研究论文集,北京:北京师范大学出版社,1987.

王长华.墨子的《诗经》观[J],文艺理论研究,2000(2).

赵伯雄.《荀子》引《诗》考论[J],南开学报(哲学社会科学版),2000(2).

郝明朝.《荀子》引《诗》说[J],聊城大学学报(哲学社会科学版),2002(4).

叶文举.《墨子》《庄子》《韩非子》说诗、引诗之衡鉴——兼论战国时期非儒家诗学思想[J],安徽师范大学学报(人文社会科学版),2004(1).

郑杰文.《墨子》引《书》与历代《尚书》传本之比较[J],孔子研究,2006(1).

郝明朝.论荀子与《周易》的关系兼及"六经并称"的时代问题[J],周易研究,2009(5).

王瑜.论《孟子》引《诗》[J],社会科学家,2010(10).

贾清宇.孟子引《书》论《书》考论[D],辽宁师范大学,2010.

马士远,党圣元.墨子与《书》学关系考论[J],社会科学战线,2011(12).

马士远.荀子与《书》学关系考论[J],求索,2011(4).

《论语》征引文献一览表

篇目	引文	原文	原文篇目
《学而》	如切如磋,如琢如磨。	同	《诗经·卫风·淇奥》
《八佾》	相维辟公,天子穆穆。	同	《周颂·雍》
《八佾》	巧笑倩兮,美目盼兮,素以为绚兮。	巧笑倩兮,美目盼兮。(后一句逸)	《卫风·硕人》
《泰伯》	战战兢兢,如临深渊,如履薄冰。	同	《小雅·小旻》
《子罕》	不忮不求,何用不臧?	同	《邶风·雄雉》
《子罕》	棠棣之华,偏其反而,岂不尔思?室是远而。	常棣之华,鄂不韡韡。	《小雅·常棣》
《颜渊》	诚不以富,亦祇以异。	成不以富,亦祇以异。	《小雅·我行其野》
《为政》	孝乎惟孝,友于兄弟。	惟孝,友于兄弟。	伪《尚书·君陈》
《泰伯》	予有乱臣十人。	同	伪《泰誓》
《宪问》	高宗谅阴,三年不言。	其在高宗,时旧劳于外,爰暨小人。作其即位,乃或亮阴,三年不言。其惟不言,言乃雍,不敢荒宁。	《无逸》
《子路》	不恒其德,或承之羞。	同	《易经·恒卦》

《墨子》征引文献一览表

篇目	引文	原文	原文篇目
《尚贤中》	告女忧恤,诲女予爵,孰能执热,鲜不用濯。	告尔忧恤,诲尔序爵,谁能执热,逝不以濯。	《诗经·大雅·桑柔》
《尚贤中》	载来见彼王,聿求厥章。	载见辟王,曰求厥章。	《周颂·载见》
《尚同中》	我马维骆,六辔沃若。载驰载驱,周爰咨度。	同	《小雅·皇皇者华》
《尚同中》	我马维骐,六辔若丝。载驰载驱,周爰咨谋。	同	《小雅·皇皇者华》

续表

篇目	引文	原文	原文篇目
《兼爱下》	其直若矢,其易若厎。君子之所履,小人之所视。	周道如砥,其直如矢。君子所履,小人所视。	《小雅·大东》
《兼爱下》	无德而不雠,无德而不报。投我以桃,报之以李。	无言不雠,无德不报。……投我以桃,报之以李。	《大雅·抑》
《天志中》	帝谓文王,予怀明德,不大声以色,不长夏以革,不识不知,顺帝之则。	同	《大雅·皇矣》
《天志下》	毋大声以色,毋长夏以革。	不大声以色,不长夏以革。	《大雅·皇矣》
《明鬼下》	文王在上,于昭于天。周虽旧邦,其命维新。有周不显,帝命不时。文王陟降,在帝左右。穆穆文王,令闻不已。	同	《大雅·文王》
《尚贤中》	《周颂》道之曰:"圣人之德,若天之高,若地之普,其有昭于天下也。若地之固,若山之承,不坼不崩。若日之光,若月之明,与天地同常。"	逸诗	
《所染》	《诗》曰:"必择所堪,必谨所堪。"	逸诗	
《非攻中》	《诗》曰:"鱼水不务,陆将何及乎?"	逸诗	

续表

《墨子》征引文献一览表			
篇目	引文	原文	原文篇目
《尚贤中》	皇帝清问下民，有辞有苗。曰："群后之肆在下，明明不常，鳏寡不盖。德威维威，德明维明。"乃名三后，恤功于民。伯夷降典，哲民维刑。禹平水土，主名山川。稷隆播种，农殖嘉谷。三后成功，维假于民。	群后之逮在下，明明棐常，鳏寡无盖。皇帝清问下民，鳏寡有辞于苗。德威维畏，德明惟明。乃命三后，恤功于民。伯夷降典，折民惟刑。禹平水土，主名山川。稷降播种，家殖嘉谷。三后成功，惟殷于民。	《尚书·吕刑》
《尚贤下》	王曰："於！来，有国有土，告女讼刑。在今而安百姓，女何择言人？何敬不刑？何度不及？"	王曰："吁！来！有邦有土，告尔祥刑。在今而安百姓，何择非人，何敬非刑，何度非及？"	《吕刑》
《尚同中》	苗民否用练，折则刑，惟作五杀之刑，曰法。	苗民弗用灵，制以刑，惟作五虐之刑曰法。	《吕刑》
《非命上》	《仲虺之告》曰："我闻于夏人矫天命，布命于下，帝伐之恶，龚丧厥师。"	夏王有罪，矫诬上天，以布命于下。帝用不臧，式商受命，用爽厥师。	伪《仲虺之告》
《非命中》	《仲虺之告》曰："我闻有夏人矫天命，布命于下，帝式是恶，用阙师。"	夏王有罪，矫诬上天，以布命于下。帝用不臧，式商受命，用爽厥师。	伪《仲虺之告》
《非命下》	《仲虺之告》曰："我闻有夏人矫天命于下，帝式是增，用爽厥师。"	夏王有罪，矫诬上天，以布命于下。帝用不臧，式商受命，用爽厥师。	伪《仲虺之告》
《尚同下》	《大誓》之言然，曰："小人见奸巧，乃闻不言也，发罪钧。"	逸	

续表

《墨子》征引文献一览表			
篇目	引文	原文	原文篇目
《天志中》	《大誓》之道之曰:"纣越厥夷居,不肯事上帝,弃厥先神祇不祀。乃曰:吾有命。无廖𥟖务,天亦纵弃纣而不葆。"	惟受罔有悛心,乃夷居。弗事上帝神祇,遗厥先宗庙弗祀,牺牲粢盛既于凶盗。乃曰:吾有民有命,罔惩其侮。	伪《泰誓上》
《非命上》	于《太誓》曰:"纣夷处,不肯事上帝鬼神,祸厥先神祇不祀。乃曰:'吾民有命,无廖排漏。'天亦纵弃之而弗葆。"	惟受罔有悛心,乃夷居。弗事上帝神祇,遗厥先宗庙弗祀,牺牲粢盛既于凶盗。乃曰:"吾有民有命,罔惩其侮。"	伪《泰誓上》
《非命中》	先王之书《太誓》之言然,曰:"纣夷之居,而不肯事上帝,弃阙其先神而不祀也,曰我民有命,毋戮其务,天亦纵弃而不葆。"	惟受罔有悛心,乃夷居。弗事上帝神祇,遗厥先宗庙弗祀,牺牲粢盛既于凶盗。乃曰:"吾有民有命,罔惩其侮。"	伪《泰誓上》
《非命下》	《太誓》之言也,于《去发》曰:"恶乎君子,天有显德,其行甚章。为鉴不远,在彼殷王。谓人有命,谓敬不可行,谓祭无益,谓暴无伤。上帝不常,九有以亡,上帝不顺,祝降其丧。惟我有周,受之大帝。"	厥监惟不远,在彼夏王。(伪《泰誓中》);呜呼!我西土君子。天有显道,厥类惟彰。(伪《泰誓下》);上帝弗顺,祝降时丧。(伪《泰誓下》);惟我有周,诞受多方。(伪《泰誓下》);上帝不常(伪《伊训》);九有以亡(伪《咸有一德》)	伪《泰誓中》 伪《泰誓下》 伪《伊训》 伪《咸有一德》

续表

《墨子》征引文献一览表			
篇目	引文	原文	原文篇目
《兼爱中》	昔者文王之治西土,若日若月,乍光于四方,于西土。	惟我文考,若日月之照临,光于四方,显于西土。	伪《泰誓下》
《兼爱下》	《泰誓》曰:"文王若日若月,乍照光于四方,于西土。"	惟我文考,若日月之照临,光于四方,显于西土。	伪《泰誓下》
《兼爱下》	虽即《汤说》亦犹是也,汤曰:"非予小子履,敢用玄牡,敢告于上天后曰:今天大旱,即当朕身履,未知得罪于上下。有善不敢蔽,有罪不敢赦,简在帝心。万方有罪,即当朕身。朕身有罪,无及万方。"	肆台小子,将天命明威,不敢赦。敢用玄牡,敢昭告于上天神后,请罪有夏。聿求元圣,与之勠力,以与尔有众请命。上天孚佑下民,罪人黜伏。天命弗僭,贲若草木,兆民允植。俾予一人,辑宁尔邦家。兹朕未知获戾于上下,慄慄危惧,若将陨于深渊。……尔有善,朕弗敢蔽。罪当朕躬,弗敢自赦,惟简在上帝之心。其尔万方无罪,在予一人。予一人有罪,无以尔万方。	伪《汤诰》
《尚贤中》	《汤誓》曰:"聿求元圣,与之勠力同心以治天下。"	聿求元圣,与之勠力,以与尔有众请命。	伪《汤诰》
《尚贤中》	先王之书《距年》之言也,传曰:"求圣君哲人,以裨辅而身。"	敷求哲人,俾辅于尔后嗣。	伪《伊训》

续表

《墨子》征引文献一览表			
篇目	引文	原文	原文篇目
《尚贤下》	先王之书《竖年》之言然,曰:"晞夫圣武知人,以屏辅而身。"	敷求哲人,俾辅于尔后嗣。	伪《伊训》
《尚同中》	先王之书《术令》之道曰:"唯口,出好,兴戎。"	逸	
《尚同中》	先王之书《相年》之道曰:"夫建国设郡,乃作后王君公,否用泰也。轻大夫师长,否用佚也,维辩使治天均。"	逸	
《兼爱下》	虽《禹誓》亦犹是也,禹曰:"济济有众,咸听朕言:非惟小子敢行称乱,蠢兹有苗,用天之罚,若予既率尔群对诸群,以征有苗。"	济济有众,咸听朕言:"蠢兹有苗,昏迷不恭,侮慢自贤,反道败德,君子在野,小人在位,民弃不保,天降之咎。肆予以尔众士,奉辞伐罪,尔尚一乃心力,其克有勋。"	伪《大禹谟》
《天志中》	先王之书《驯天明不解》之道也知之,曰:"明哲维天,临君下土。"	逸	
《明鬼下》	且《禽艾》之道之曰:"得玑无小,灭宗为大。"	逸	
《非乐上》	王之书汤之《官刑》有之,曰:"恒舞于宫,是谓巫风。其刑:君子出丝二卫,小人否似先二伯。"乃言曰:"呜呼!	敷求哲人,俾辅于尔后嗣,制官刑,儆于有位。曰:"敢有恒舞于宫,酣歌于室,时谓巫风。敢有殉于货色,恒于游	伪《伊训》

续表

《墨子》征引文献一览表

篇目	引文	原文	原文篇目
	舞佯佯,黄言孔章,上帝弗常,九有以亡。上帝不顺,降之百殃,其家必坏丧。"	咈,时谓淫风。敢有侮圣言,逆忠直,远耆德,比顽童,时谓乱风。惟兹三风十愆,卿士有一于身,家必丧;邦君有一于身,国必亡。臣下不匡,其刑墨,具训于蒙士"呜呼!嗣王祗厥身,念哉!圣谟洋洋,嘉言孔彰。惟上帝不常,作善降之百祥,作不善降之百殃。尔惟德罔小,万邦惟庆。尔惟不德罔大,坠厥宗。	
《非命中》	有于《三代不国》有之,曰:"女毋宠天命也。"命三不国亦言之无也。	逸	
《非命中》	于召公之《执令》于然且:"敬哉!无天命,惟予二人,而无造言,不自降天之哉得。"	逸	
《非命下》	禹之《总德》有之曰:"允不著,惟天民不而葆。既防凶心,天加之咎。不慎厥德,天命焉葆。"	逸	
《公孟》	故先王之书《子亦》有之曰:"丌敖也,出于子不祥。"	逸	

续表

篇目	引文	原文	原文篇目
《非乐上》	于《武观》曰："启乃淫溢康乐，野于饮食，将将铭苋磬以力。湛浊于酒，渝食于野，《万》舞翼翼，章闻于大，天用弗式。"		逸
《明鬼下》	然则姑尝上观乎《夏书·禹誓》曰："大战于甘，王乃命左右六人，下听誓于中军，曰：'有扈氏威侮五行，怠弃三正，天用剿绝其命。'又曰：'日中，今予与有扈氏争一日之命，且尔卿大夫庶人，予非尔田野葆士之欲也，予共行天之罚也。左不共于左，右不共于右，若不共命。御非尔马之政，若不共命。是以赏于祖，而僇于社。'"	大战于甘，乃召六卿。王曰："嗟！六事之人，予誓告汝：'有扈氏威侮五行，怠弃三正，天用勦绝其命，今予惟恭行天之罚。左不攻于左，汝不恭命。右不攻于右，汝不恭命。御非其马之正，汝不恭命。用命，赏于祖。弗用命，戮于社，予则孥戮汝。'"	《甘誓》
《七患》	《夏书》曰："禹七年水。"		逸
《七患》	《殷书》曰："汤五年旱。"		逸
《七患》	《周书》曰："国无三年之食者，国非其国也。家无三年之食者，子非其子也。"		逸

续表

《墨子》征引文献一览表

篇目	引文	原文	原文篇目
《兼爱中》	《传》曰:"泰山有道,曾孙周王有事,大事既获,仁人尚作,以祗商夏、蛮夷丑貉。虽有周亲,不若仁人。万方有罪,罪予一人。"	虽有周亲,不如仁人。百姓有过,在予一人。	《论语·尧曰》
《明鬼下》	《商书》曰:"呜呼!古者有夏方未有祸之时,百兽贞虫,允及飞鸟,莫不比方。矧佳人面,胡敢异心?山川鬼神,亦莫敢不宁。若能共允,佳天下之合,下土之葆。"	呜呼!古有夏先后,方懋厥德,罔有天灾。山川鬼神,亦莫不宁,暨鸟兽鱼鳖咸若。	伪《尚书·伊训》
《非命中》	在于商夏之《诗》《书》曰:"命者,暴王作之。"	逸	
《明鬼下》	于古曰:"吉日丁卯,周代祝社方,岁于社考,以延年寿。"	"于古曰"	
《尚贤上》	是故古者圣王之为政,言曰:"不义不富,不义不贵,不义不亲,不义不近。"	"言曰"	
《尚贤中》	故先王言曰:"贪于政者,不能分人以事。厚于货者,不能分人以禄。"	"先王言曰"	

续表

篇目	引文	原文	原文篇目
《尚贤中》	故先王之言曰："此道也,大用之天下则不窕,小用之则不困,修用之则万民被其利,终身无已。"	"先王之言曰"	
《尚同中》	先王之言曰："非神也,非唯能使人之耳目助己视听,使人之吻助己言谈,使人之心助己思虑,使人之股肱助己动作。"	"先王之言曰"	
《尚同下》	古者有语曰："一目之视也,不若二目之视也。一耳之听也,不若二耳之听也。一手之操也,不若二手之强也。"	"古者有语曰"	
《非攻中》	古者有语曰："谋而不得,则以往知来,以见知隐。"	"古者有语曰"	
《非攻中》	古者有语曰："唇亡则齿寒。"	同	《战国策·赵策》
《非攻中》	古者有语曰："君子不镜于水,而镜于人。镜于水,见面之容。镜于人,则知吉与凶。"	人无于水监,当于民监。	《尚书·酒诰》
《天志上》	且语言有之曰："焉而宴日焉而得罪,将恶避逃之？"	"语言有之曰"	

《墨子》征引文献一览表

续表

《墨子》征引文献一览表

篇目	引文	原文	原文篇目
《天志下》	是故古者圣人明以此说人曰:"天子有善,天能赏之。天子有过,天能罚之。"	"古者圣人明以此说人曰"	
《非命上》	先王之宪亦尝有曰"福不可请,祸不可讳。敬无益,暴无伤"者乎?	"先王之宪亦尝有曰"	
《非命上》	先王之誓亦尝有曰"福不可请,祸不可讳。敬无益,暴无伤"者乎?	"先王之誓亦尝有曰"	
《贵义》	翟闻之:"同归之物,信有误者。"	"翟闻之"	
《公孟》	吾闻之曰:"宿善者不详。"	"吾闻之曰"	
《鲁问》	翟闻之:"言义而弗行,是犯明也。"	"翟闻之"	

《孟子》征引文献一览表

篇目	引文	原文	原文篇目
《梁惠王章句上》	经始灵台,经之营之,庶民攻之,不日成之。经始勿亟,庶民子来。王在灵囿,麀鹿攸伏,麀鹿濯濯,白鸟鹤鹤。王在灵沼,于牣鱼跃。	经始灵台,经之营之,庶民攻之,不日成之。经始勿亟,庶民子来。王在灵囿,麀鹿攸伏,麀鹿濯濯,白鸟翯翯。王在灵沼,于牣鱼跃。	《诗经·大雅·灵台》
《梁惠王章句上》	他人有心,予忖度之。	同	《小雅·巧言》

续表

《孟子》征引文献一览表			
篇目	引文	原文	原文篇目
《梁惠王章句上》	刑于寡妻,至于兄弟,以御于家邦。	同	《大雅·思齐》
《梁惠王章句下》	畏天之威,于时保之。	同	《周颂·我将》
《梁惠王章句下》	王赫斯怒,爰整其旅,以遏徂莒,以笃周祜,以对于天下。	王赫斯怒,爰整其旅,以按徂旅,以笃于周祜,以对于天下。	《大雅·皇矣》
《梁惠王章句下》	哿矣富人,哀此茕独。	同	《小雅·正月》
《梁惠王章句下》	乃积乃仓,乃裹餱粮,于橐于囊。思戢用光。弓矢斯张,干戈戚扬,爰方启行。	乃积乃仓,乃裹糇粮,于橐于囊。思辑用光。弓矢斯张,干戈戚扬,爰方启行。	《大雅·公刘》
《梁惠王章句下》	古公亶甫,来朝走马,率西水浒,至于岐下,爰及姜女,聿来胥宇。	同	《大雅·緜》
《公孙丑章句上》	自西自东,自南自北,无思不服。	同	《大雅·文王有声》
《公孙丑章句上》	迨天之未阴雨,彻彼桑土,绸缪牖户。今此下民,或敢侮予?	迨天之未阴雨,彻彼桑土,绸缪牖户。今女下民,或敢侮予?	《豳风·鸱鸮》
《公孙丑章句上》	永言配命,自求多福。	同	《大雅·文王》
《滕文公章句上》	昼尔于茅,宵尔索绹;亟其乘屋,其始播百谷。	同	《豳风·七月》
《滕文公章句上》	雨我公田,遂及我私。	同	《小雅·大田》

续表

《孟子》征引文献一览表

篇目	引文	原文	原文篇目
《滕文公章句上》	周虽旧邦,其命维新。	同	《大雅·文王》
《滕文公章句上》	戎狄是膺,荆舒是惩。	同	《鲁颂·閟宫》
《滕文公章句下》	不失其驰,舍矢如破。	同	《小雅·车攻》
《滕文公章句上》	戎狄是膺,荆舒是惩,则莫我敢承。	同	《鲁颂·閟宫》
《离娄章句上》	不愆不忘,率由旧章。	同	《大雅·假乐》
《离娄章句上》	天之方蹶,无然泄泄。	同	《大雅·板》
《离娄章句上》	殷鉴不远,在夏后之世。	同	《大雅·荡》
《离娄章句上》	永言配命,自求多福。	同	《大雅·文王》
《离娄章句上》	商之孙子,其丽不亿。上帝既命,侯于周服。侯服于周,天命靡常。殷士肤敏,裸将于京。	同	《大雅·文王》
《离娄章句上》	谁能执热,逝不以濯?	同	《大雅·桑柔》
《离娄章句上》	其何能淑,载胥及溺。	同	《大雅·桑柔》
《万章章句上》	娶妻如之何?必告父母。	同	《齐风·南山》
《万章章句上》	普天之下,莫非王土;率土之滨,莫非王臣。	溥天之下,莫非王土;率土之滨,莫非王臣。	《小雅·北山》

续表

《孟子》征引文献一览表			
篇目	引文	原文	原文篇目
《万章章句上》	周余黎民,靡有孑遗。	同	《大雅·云汉》
《万章章句上》	永言孝思,孝思维则。	同	《大雅·下武》
《万章章句下》	周道如底,其直如矢;君子所履,小人所视。	周道如砥,其直如矢;君子所履,小人所视。	《小雅·大东》
《告子章句上》	天生烝民,有物有则。民之秉彝,好是懿德。	同	《大雅·烝民》
《告子章句上》	既醉以酒,既饱以德。	同	《大雅·既醉》
《尽心章句上》	不素餐兮。	同	《魏风·伐檀》
《尽心章句下》	忧心悄悄,愠于群小。	同	《邶风·柏舟》
《尽心章句下》	肆不殄厥愠,亦不陨厥问。	同	《大雅·緜》
《梁惠王章句上》	时日害丧,予及女偕亡。	时日害丧,予及女皆亡。	《尚书·汤誓》
《梁惠王章句下》	天降下民,作之君,作之师,惟曰其助上帝宠之。四方有罪无罪惟我在,天下曷敢有越厥志?	天佑下民,作之君,作之师,惟其克相上帝,宠绥四方。有罪无罪,予曷敢有越厥志?	伪《泰誓上》
《梁惠王章句下》	汤一征,自葛始。	《尚书》逸文	
《梁惠王章句下》	徯我后,后来其苏。	徯予后,后来其苏。	伪《仲虺之告》

续表

篇目	引文	原文	原文篇目
《孟子》征引文献一览表			
《梁惠王章句下》	天作孽,犹可违;自作孽,不可活。	天作孽,犹可违;自作孽,不可逭。	伪《太甲中》
《滕文公章句上》	若药不瞑眩,厥疾不瘳。	若药弗瞑眩,厥疾弗瘳。	伪《说命上》
《滕文公章句下》	葛伯仇饷。	同	伪《仲虺之诰》
《滕文公章句下》	徯我后,后来其无罚!	《尚书》逸文	
《滕文公章句下》	有攸不惟臣,东征,绥厥士女,匪厥玄黄,绍我周王见休,惟臣附于大邑周。	肆予东征,绥厥士女。惟其士女,篚厥玄黄,昭我周王。天休震动,用附我大邑周。	伪《武成》
《滕文公章句下》	我武惟扬,侵于之疆,则取于残,杀伐用张,于汤有光。	我武惟扬,侵于之疆,取彼凶残,我伐用张,于汤有光。	伪《泰誓中》
《滕文公章句下》	洚水警余。	《尚书》逸文	
《滕文公章句下》	丕显哉,文王谟!丕承哉,武王烈!佑启我后人,咸以正无缺。	丕显哉,文王谟!丕承哉,武王烈!启佑我后人,咸以正罔缺。	伪《君牙》
《离娄章句上》	天作孽,犹可违;自作孽,不可活。	天作孽,犹可违;自作孽,不可逭。	伪《太甲中》
《万章章句上》	二十有八载,放勋乃徂落,百姓如丧考妣,三年,四海遏密八音。	二十有八载,帝乃徂落,百姓如丧考妣,三年,四海遏密八音。	《舜典》
《万章章句上》	只载见瞽瞍,夔夔齐栗,瞽瞍亦允若。	《尚书》逸文	

续表

篇目	引文	原文	原文篇目
《万章章句上》	天视自我民视,天听自我民听。	同	伪《泰誓中》
《万章章句上》	天诛造攻自牧宫,朕载自亳。	皇天降灾,假手于我有命,造攻自鸣条,朕哉自亳。	伪《伊训》
《万章章句下》	杀越人于货,闵不畏死,凡民罔不譈。	杀越人于货,暋不畏死,罔弗憝。	《康诰》
《告子章句下》	享多仪,仪不及物曰不享,惟不役志于享。	享多仪,仪不及物,惟曰不享,惟不役志于享。	《洛诰》
《尽心章句上》	予不狎于不顺,放太甲于桐,民大悦。太甲贤,又反之,民大悦。	予弗狎于弗顺,营于桐宫。	伪《太甲上》
《梁惠王章句下》	畜君何尤?	《徵招》《角招》歌辞	
《滕文公章句上》	丧祭从先祖。	"《志》"已逸	
《滕文公章句下》	枉尺而直寻。	"《志》"已逸	
《滕文公章句下》	孔子三月无君,则皇皇如也,出疆必载质。	"《传》"已逸	
《滕文公章句下》	诸侯耕助,以供粢盛;夫人蚕缫,以为衣服。牺牲不成,粢盛不絜,衣服不备,不敢以祭。惟士无田,则亦不祭。	"《礼》"已逸	

续表

《庄子》征引文献一览表

篇目	引文	原文	原文篇目
《庄子·内篇·大宗师》	有情有信。	窈兮冥兮,其中有精;其精甚真,其中有信。	《老子》二十一章
《内篇·大宗师》	先天地生而不为久。	有物混成,先天地生。	二十五章
《外篇·胠箧》	鱼不可脱于渊,国之利器不可以示人。	同	三十六章
《外篇·胠箧》	绝圣弃智,大盗乃止;擿玉毁珠,小盗不起;焚符破玺,而民朴鄙。	绝圣弃智,民利百倍;绝仁弃义,民复孝慈;绝巧弃利,盗贼无有。	十九章
《外篇·胠箧》	大巧若拙。	同	四十五章
《外篇·胠箧》	而天下之德始玄同矣。	是谓玄同。	五十六章
《外篇·在宥》	绝圣弃智。	同	十九章
《外篇·刻意》	不为福先,不为祸始。	祸兮福之所倚,福兮祸之所伏。孰知其极?	五十八章
《外篇·山木》	自伐者无功。	同	二十四章
《外篇·知北游》	知者不言,言者不知。	同。	五十六章
《外篇·知北游》	失道而后德,失德而后仁,失仁而后义,失义而后礼。礼者,道之华而乱之首也。	故失道而后德,失德而后仁,失仁而后义,失义而后礼。夫礼者,忠信之薄而乱之首。	三十八章
《外篇·知北游》	为道者日损,损之又损之以至于无为,无为而不无为也。	为道日损。损之又损,以致于无为,无为而无不为。	四十八章

续表

《庄子》征引文献一览表			
篇目	引文	原文	原文篇目
《杂篇·天下》	知其雄,守其雌,为天下谿;知其白,守其辱,为天下谷。	知其雄,守其雌,为天下谿。知其荣,守其辱,为天下谷。	二十八章
《杂篇·外物》	青青之麦,生于陵陂。生不布施,死何含珠为!	《诗》已逸	
《内篇·逍遥游》	鹏之徙于南冥也,水击三千里,抟扶摇而上者九万里,去以六月息者也。	《齐谐》已逸	
《内篇·人间世》	传其常情,无传其溢言,则几乎全。	《法言》已逸	
《内篇·人间世》	无迁令,无劝成,过度益也。	《法言》已逸	
《外篇·天地》	通于一而万事毕。无心得而鬼神服。	《记》已逸。	
《外篇·山木》	既雕既琢,复归于朴。	已逸。《韩非子·外储说左上》引作"既雕既琢,还归其朴"。	

《荀子》征引文献一览表			
篇目	引文	原文	原文篇目
《劝学》	嗟尔君子,无恒安息。靖共尔位,好是正直。神之听之,介尔景福。	同	《诗经·小雅·小明》
《劝学》	尸鸠在桑,其子七兮。淑人君子,其仪一兮。其仪一兮,心如结兮。	同	《曹风·尸鸠》
《劝学》	匪交匪舒,天子所予。	彼交匪纾,天子所予。	《小雅·采菽》

续表

《荀子》征引文献一览表

篇目	引文	原文	原文篇目
《修身》	嗡嗡呰呰,亦孔之哀。谋之其臧,则具是违。谋之不臧,则具是依。	潝潝訿訿,亦孔之哀。谋之其臧,则具是违。谋之不臧,则具是依。	《小雅·小旻》
《修身》	礼仪卒度,笑语卒获。	同	《小雅·楚茨》
《修身》	不识不知,顺帝之则。	同	《大雅·皇矣》
《不苟》	物其有矣,唯其时矣。	维其有矣,唯其时矣。	《小雅·鱼丽》
《不苟》	温温恭人,惟德之基。	温温恭人,维德之基。	《大雅·抑》
《不苟》	左之左之,君子宜之。右之右之,君子有之。	同	《小雅·裳裳者华》
《荣辱》	受小共大共,为下国骏蒙。	受小共大共,为下国骏厖。	《商颂·长发》
《非相》	雨雪瀌瀌,宴然聿消。莫肯下隧,式居屡骄。	雨雪瀌瀌,见晛曰消。莫肯下遗,式居娄骄。	《小雅·角弓》
《非相》	徐方既同,天子之功。	同	《大雅·常武》
《非十二子》	匪上帝不时,殷不用旧。虽无老成人,尚有典刑。曾是莫听,大命以倾。	同	《大雅·荡》
《非十二子》	温温恭人,维德之基。	同	《大雅·抑》
《仲尼》	媚兹一人,应侯顺德。永言孝思,昭哉嗣服。	同	《大雅·下武》
《儒效》	自西自东,自南自北,无思不服。	同	《大雅·文王有声》
《儒效》	为鬼为蜮,则不可得。有靦面目,视人罔极。作此好歌,以极反侧。	同	《小雅·何人斯》
《儒效》	鹤鸣于九皋,声闻于天。	同	《小雅·鹤鸣》

续表

《荀子》征引文献一览表			
篇目	引文	原文	原文篇目
《儒效》	民之无良,相怨一方。受爵不让,至于已斯亡。	同	《小雅·角弓》
《儒效》	平平左右,亦是率从。	同	《小雅·采菽》
《儒效》	维此良人,弗求弗迪。维彼忍心,是顾是复。民之贪乱,宁为荼毒。	同	《大雅·桑柔》
《王制》	天作高山,大王荒之。彼作矣,文王康之。	同	《周颂·天作》
《富国》	雕琢其章,金玉其相。亹亹我王,纲纪四方。	追琢其章,金玉其相。勉勉我王,纲纪四方。	《大雅·棫朴》
《富国》	我任我辇,我车我牛。我行既集,盖云归哉。	同	《小雅·黍苗》
《富国》	无言不雠,无德不报。	同	《大雅·抑》
《富国》	钟鼓喤喤,管磬玱玱。降福穰穰。降福简简,威仪反反。既醉既饱,福禄来反。	钟鼓喤喤,磬筦将将,降福穰穰。降福简简,威仪反反。既醉既饱,福禄来反。	《周颂·执竞》
《富国》	天方荐瘥,丧乱弘多。民言无嘉,憯莫惩嗟。	同	《小雅·节南山》
《富国》	淑人君子,其仪不忒。其仪不忒,正是四国。	同	《曹风·鸤鸠》
《王霸》	自西自东,自南自北,无思不服。	同	《大雅·文王有声》
《君道》	王犹允塞,徐方既來。	同	《大雅·常武》
《君道》	介人维藩,大师维垣。	价人维藩,大师维垣。	《大雅·板》
《君道》	温温恭人,维德之基。	同	《大雅·抑》
《君道》	济济多士,文王以宁。	同	《大雅·文王》

续表

《荀子》征引文献一览表			
篇目	引文	原文	原文篇目
《臣道》	不敢暴虎,不敢冯河。人知其一,莫知其它。战战兢兢,如临深渊,如履薄冰。	同	《小雅·小旻》
《臣道》	不僭不贼,鲜为不则。	同	《大雅·抑》
《臣道》	受小球大球,为下国缀旒。	同	《商颂·长发》
《致士》	惠此中国,以绥四方。	同	《大雅·民劳》
《议兵》	武王载发,有虔秉钺。如火烈烈,则莫我敢遏。	武王载旆,有虔秉钺。如火烈烈,则莫我敢遏。	《商颂·长发》
《议兵》	自西自东,自南自北,无思不服。	同	《大雅·文王有声》
《议兵》	淑人君子,其仪不忒。	同	《曹风·鸤鸠》
《议兵》	王犹允塞,徐方既来。	同	《大雅·常武》
《强国》	价人维藩,大师维垣。	同	《大雅·板》
《强国》	德𫐐如毛,民鲜克举之。	同	《大雅·烝民》
《天论》	天作高山,大王荒之。彼作矣,文王康之。	同	《周颂·天作》
《正论》	明明在下。	同	《大雅·大明》
《正论》	下民之孽,匪降自天。噂沓背憎,职竞由人。	同	《小雅·十月之交》
《礼论》	礼仪卒度,笑语卒获。	同	《小雅·楚茨》
《礼论》	怀柔百神,及河乔岳。	同	《周颂·时迈》
《礼论》	恺悌君子,民之父母。	恺弟君子,民之父母。	《大雅·洞酌》
《解蔽》	采采卷耳,不盈顷筐。嗟我怀人,寘彼周行。	同	《周南·卷耳》
《解蔽》	明明在下,赫赫在上。	同	《大雅·大明》

续表

《荀子》征引文献一览表

篇目	引文	原文	原文篇目
《正名》	颙颙卬卬,如圭如璋,令闻令望。岂弟君子,四方为纲。	同	《大雅·卷阿》
《正名》	为鬼为蜮,则不可得。有靦面目,视人罔极。作此好歌,以极反侧。	同	《小雅·何人斯》
《君子》	溥天之下,莫非王土。率土之滨,莫非王臣。	同	《小雅·北山》
《君子》	百川沸腾,山冢崒崩。高岸为谷,深谷为陵。哀今之人,胡憯莫惩。	同	《曹风·鸤鸠》
《君子》	淑人君子,其仪不忒。其仪不忒,正是四国。	同	《曹风·鸤鸠》
《大略》	颠之倒之,自公召之。	同	《齐风·东方未明》
《大略》	我出我舆,于彼牧矣。自天子所,谓我来矣。	同	《小雅·出车》
《大略》	物其指矣,唯其偕矣。	物其指矣,维其偕矣。	《小雅·鱼丽》
《大略》	饮之食之,教之诲之。	同	《小雅·绵蛮》
《大略》	我言维服,勿用为笑。先民有言,询于刍荛。	我言维服,勿以为笑。先民有言,询于刍荛。	《大雅·板》
《大略》	如切如磋,如琢如磨。	同	《卫风·淇奥》
《大略》	温恭朝夕,执事有恪。	同	《商颂·那》
《大略》	孝子不匮,永锡尔类。	同	《大雅·既醉》
《大略》	刑于寡妻,至于兄弟,以御于家邦。	同	《大雅·思齐》
《大略》	朋友攸摄,摄以威仪。	同	《大雅·既醉》
《大略》	昼尔于茅,宵尔索绹。亟其乘屋,其始播百谷。	同	《豳风·七月》

续表

《荀子》征引文献一览表

篇目	引文	原文	原文篇目
《大略》	无将大车,维尘冥冥。	同	《小雅·无将大车》
《宥坐》	忧心悄悄,愠于群小。	同	《邶风·柏舟》
《宥坐》	尹氏大师,维周之氐。秉国之钧,四方是维。天子是庳,卑民不迷。	尹氏大师,维周之氐。秉国之钧,四方是维。天子是毗,卑民不迷。	《小雅·节南山》
《宥坐》	周道如砥,其直如矢。君子所履,小人所视。眷言顾之,潸焉出涕。	周道如砥,其直如矢。君子所履,小人所视。睠言顾之,潸焉出涕。	《大雅·大东》
《宥坐》	瞻彼日月,悠悠我思。道之云远,曷云能来。	同	《邶风·雄雉》
《子道》	孝子不匮。	同	《大雅·既醉》
《法行》	言念君子,温其如玉。	同	《秦风·小戎》
《尧问》	既明且哲,以保其身。	同	《大雅·烝民》
《王霸》	如霜雪之将将,如日月之光明。为之则存,不为则亡。	逸诗	
《臣道》	国有大命,不可以告人,妨其躬身。	逸诗	
《解蔽》	凤凰秋秋,其翼若干,其声若箫。有凤有凰,乐帝之心。	逸诗	
《解蔽》	墨以为明,狐狸而苍。	逸诗	
《正名》	长夜漫兮,永思骞兮。大古之不漫兮,礼义之不愆兮,何恤人之言兮。	逸诗	

续表

《荀子》征引文献一览表			
篇目	引文	原文	原文篇目
《法行》	涓涓源水,不雝不塞。毂已破碎,乃大其辐。事已败矣,乃重大息。	逸诗	
《修身》	无有作好,遵王之道。无有作恶,遵王之路。	同	《尚书·洪范》
《王制》	惟齐非齐。	维齐非齐。	《吕刑》
《王制》	故周公南征而北国怨,曰:"何独不来也?"东征而西国怨,曰:"何独后我也?"	初征自葛,东征而西夷怨,南征而北狄怨,曰:"奚独后予?"	伪《仲虺之告》
《富国》	弘履乎天,若德裕乃身。	弘于天若,德裕乃身。	《康诰》
《富国》	乃大明服,惟民其力懋,和而又疾。	乃大明服,惟民其敕懋和。若有疾,惟民其必弃咎。	《康诰》
《君道》	惟文王敬忌,一人以择。	惟文王之敬忌,乃裕民。曰:"我惟有及。"则予一人以怿。	《康诰》
《君道》	先时者杀无赦。不逮时者杀无赦。	同	《胤征》
《臣道》	从命而不拂,微谏而不倦,为上则明,为下则逊。	从谏弗咈,先民时若。居上克明,为下克忠。	《伊训》
《议兵》	独夫纣。	独夫受。	《泰誓下》
《正论》	克明明德。	克明俊德。	《尧典》
《解蔽》	人心之危,道心之微。	人心惟危,道心惟微。	《大禹谟》
《大略》	维予从欲而治。	俾予从欲以治。	《大禹谟》

续表

《荀子》征引文献一览表

篇目	引文	原文	原文篇目
《宥坐》	义刑义杀,勿庸以即,女惟曰:"未有顺事。"	义刑义杀,勿庸以次汝封,乃汝尽逊,曰时叙,惟曰:"未有逊事。"	《康诰》
《非相》	括囊,无咎无誉。	同	《周易·坤·六四》
《大略》	复自道,何其咎。	同	《小畜·初九》
《大略》	《易》之咸,见夫妇。夫妇之道,不可不正也,君臣父子之本也。咸,感也,以高下下,以男下女,柔上而刚下。	咸,感也。柔上而刚下,二气感应以相与。止而说,男下女,是以"亨,利贞","取女吉"也。天地感而万物化生,圣人感人心而天下和平。观其所感,而天地万物之情可见矣。	《咸·彖》
《修身》	君子役物,小人役于物。	"传曰"	
《不苟》	君子两进,小人两废。	"传曰"	
《非相》	唯君子为能贵其所贵。	"传曰"	
《仲尼》	巧而好度,必节。勇而好同,必胜。知而好谦,必贤。	"孔子曰"	
《王制》	治生乎君子,乱生乎小人。	"传曰"	
《王制》	君者,舟也。庶人者,水也。水则载舟,水则覆舟。	"传曰"	
《王制》	大节是也,小节是也,上君也。大节是也,小节一出焉,一入焉,中君也。大节非也,小节虽是也,吾无观其余矣。	"孔子曰"	

续表

《荀子》征引文献一览表			
篇目	引文	原文	原文篇目
《富国》	君子以德,小人以力。力者,德之役也。	《左传·襄公九年》《孟子·滕文公》皆引此语。	
《王霸》	智者之知,固以多矣,有以守少,能无察乎。愚者之知,固以少矣,有以守多,能无狂乎。	"孔子曰"	
《王霸》	审吾所以适人,人之所以来我也。	"孔子曰"	
《臣道》	从道不从君。	"传曰"	
《议兵》	威厉而不试,刑错而不用。	"传曰"	
《正论》	明见侮之不辱,使人不斗。	"子宋子曰",《庄子·天下》引作"见侮不辱,救民之斗"。	
《正论》	人之情,欲寡。而皆以己之情,为欲多,是过也。	"子宋子曰"	
《解蔽》	知贤之谓明,辅贤之谓能。勉之强之,其福必长。	"传曰"	
《解蔽》	是其庭可以搏鼠,恶能与我歌矣。	"曾子曰"	
《正名》	见侮不辱。	《庄子·天下》引作"见侮不辱,救民之斗"。	
《正名》	山渊平。	《庄子·天下》引作"山与泽平"。	
《正名》	情欲寡。	《庄子·天下》引作"以情欲寡浅为内"。	
《性恶》	人之学者,其性善。	"孟子曰"	
《性恶》	人之性善。	"孟子曰"	
《性恶》	不知其子视其友,不知其君视其左右。	"传曰"	

续表

《荀子》征引文献一览表			
篇目	引文	原文	原文篇目
《赋》	念彼远方,何其塞矣。仁人绌约,暴人衍矣。忠臣危殆,谗人服矣。	《小歌》已逸	
《大略》	币厚则伤德,财侈则殄礼。	《聘礼》已逸	
《大略》	孝子言为可闻,行为可见。言为可闻,所以说远也。行为可见,所以说近也。近者说则亲,远者说则附。	"曾子曰"	
《宥坐》	吾有耻也,吾有鄙也,吾有殆也。幼不能强学,老无以教之,吾耻之。去其故乡,事君而达,卒遇故人,曾无旧言,吾鄙之。与小人处,吾殆之也。	"孔子曰"	
《宥坐》	如垤而进,吾与之。如丘而止,吾已矣。	"孔子曰"	
《法行》	无内人之疏而外人之亲。无身不善而怨人。无刑已至而呼天。内人之疏而外人之亲,不亦反乎!身不善而怨人,不亦远乎。刑已至而呼天,不亦晚乎。	"曾子曰"	

续表

| 《荀子》征引文献一览表 ||||
篇目	引文	原文	原文篇目
《法行》	同游而不见爱者,吾必不仁也。交而不见敬者,吾必不长也。临财而不见信者,吾必不信也。三者在身曷怨人。怨人者穷,怨天者无识。失之己而反诸人,岂不亦迂哉。	"曾子曰"	
《法行》	君子有三恕:有君不能事,有臣而求其使,非恕也。有亲不能报,有子而求其孝,非恕也。有兄不能敬,有弟而求其听令,非恕也。士明于此三恕,则可以端身矣。	"孔子曰"	
《法行》	君子有三思而不可不思也。少而不学,长无能也。老而不教,死无思也。有而不施,穷无与也。是故君子少思长,则学;老思死,则教;有思穷,则施也。	"孔子曰"	

续表

\<《韩非子》征引文献一览表			
篇目	引文	原文	原文篇目
《解老》	上德不德,是以有德。	同	《老子》三十八章
《解老》	上德无为而无以为也,上仁为之而无以为也,上义为之而有以为也,上礼为之而莫之应,攘臂而仍之。	上德无为而无以为,下德为之而有以为。上仁为之而无以为,上义为之而有以为,上礼为之而莫之应,则攘臂而仍之。	三十八章
《解老》	失道而后德,失德而后仁,失仁而后义,失义而后礼。夫礼者,忠信之薄也,而乱之首乎。	故失道而后德,失德而后仁,失仁而后义,失义而后礼。夫礼者,忠信之薄而乱之首。	三十八章
《解老》	前识者,道之华也,而愚之首也。	前识者,道之华而愚之始。	三十八章
《解老》	处其厚不处其薄,处其实不处其华,去彼取此。	是以大丈夫处其厚,不居其薄;处其实,不居其华。故去彼取此。	三十八章
《解老》	祸兮福之所倚,福兮祸之所伏。孰知其极?	祸兮福之所倚,福兮祸之所伏。孰知其极?	五十八章
《解老》	人之迷也,其日故以久矣。	人之迷,其日故久。	五十八章
《解老》	方而不割,廉而不刿,直而不肆,光而不耀。	是以圣人方而不割,廉而不刿,直而不肆,光而不燿。	五十八章
《解老》	治人事天莫如啬,夫谓啬,是以蚤服。蚤服,是谓重积德。	治人事天莫若啬。夫唯啬,是谓早服。早服谓之重积德。	五十九章

续表

《韩非子》征引文献一览表

篇目	引文	原文	原文篇目
《解老》	重积德则无不克。无不克则莫知其极。莫知其极,则可以有国。有国之母,可以长久。	重积德则无不克,无不克则莫知其极,莫知其极,则可以有国。有国之母,可以长久。	五十九章
《解老》	深其根,固其柢,长生久视之道也。	是谓深根固柢,长生久视之道。	五十九章
《解老》	治大国者若烹小鲜。以道莅天下,其鬼不神。	治大国若烹小鲜。以道莅天下,其鬼不神。	六十章
《解老》	非其鬼不神也,其神不伤人也。圣人亦不伤民。	非其鬼不神,其神不伤人;非其神不伤人,圣人亦不伤人。	六十章
《解老》	两不相伤,则德交归焉。	夫两不相伤,故德交归焉。	六十章
《解老》	天下有道,却走马以粪也。天下无道,戎马生于郊矣。	天下有道,却走马以粪。天下无道,戎马生于郊。	四十六章
《解老》	罪莫大于可欲,祸大于不知足,咎莫憯于欲利。	祸莫大于不知足,咎莫大于欲得。故知足之足,常足矣。	四十六章
《解老》	无状之状,无物之象。	是谓无状之状、无物之象,是谓惚恍。	十四章
《解老》	道之可道,非常道也。	道可道,非常道。	一章
《解老》	出生入死。生之徒十有三,死之徒十有三,民之生生而动,动皆之死地之十有三。	出生入死。生之徒十有三,死之徒十有三。人之生动之死地,亦十有三。	五十章
《解老》	陆行不遇兕虎。入军不备甲兵。	陆行不遇兕虎,入军不被甲兵。	五十章

续表

《韩非子》征引文献一览表			
篇目	引文	原文	原文篇目
《解老》	兕无所投其角,虎无所错其爪,兵无所容其刃。无死地焉。	兕无所投其角,虎无所错其爪,兵无所容其刃。夫何故?以其无死地。	五十章
《解老》	善摄生。	盖闻善摄生者。	五十章
《解老》	慈,故能勇。俭,故能广。不敢为天下先,故能为成事长。	慈,故能勇;俭,故能广;不敢为天下先,故能成器长。	六十七章
《解老》	冬日之闭冻也不固,则春夏之长草木也不茂。	"周公曰"	
《解老》	慈,于战则胜,以守则固。	夫慈,以战则胜,以守则固。	六十七章
《解老》	吾有三宝,持而保之。	同	六十七章
《解老》	服文彩,带利剑,厌饮食,而货资有余者,是之谓盗竽矣。	服文彩,带利剑,厌饮食,财货有余,是谓盗夸。	五十三章
《解老》	修之身,其德乃真。修之家,其德有余。修之乡,其德乃长。修之邦,其德乃丰。修之天下,其德乃普。	修之于身,其德乃真;修之于家,其德乃馀;修之于乡,其德乃长;修之于国,其德乃丰;修之于天下,其德乃普。	五十四章
《喻老》	却走马以粪。	同	四十六章
《喻老》	戎马生于郊。	同	四十六章
《喻老》	罪莫大于可欲,祸莫大于不知足,咎莫憯于欲得。	祸莫大于不知足,咎莫大于欲得,故知足之足,常足矣。	四十六章
《喻老》	知足之为足矣。	故知足之足,常足矣。	四十六章

续表

篇目	引文	原文	原文篇目
《喻老》	善建不拔,善抱不脱,子孙以其祭祀世世不辍。	善建者不拔,善抱者不脱,子孙以祭祀不辍。	五十四章
《喻老》	重为轻根,静为躁君。君子终日行,不离辎重也。	重为轻根,静为躁君。是以圣人终日行不离辎重。	二十六章
《喻老》	轻则失臣,躁则失君。	轻则失本,躁则失君。	二十六章
《喻老》	鱼不可脱于渊,邦之利器,不可以示人。	鱼不可脱于渊,国之利器不可以示人。	三十六章
《喻老》	将欲禽之,必固张之;将欲弱之,必固强之;将欲取之,必固与之。	将欲歙之,必固张之;将欲弱之,必固强之;将欲夺之,必固与之。	三十六章
《喻老》	是谓微明。	同	三十六章
《喻老》	损弱胜强。	柔弱胜刚强。	三十六章
《喻老》	天下之难事必作于易,天下之大事必作于细。	天下难事必作于易,天下大事必作于细。	六十三章
《喻老》	图难于其易也,为大于其细也。	图难于其易,为大于其细。	六十三章
《喻老》	其安,易持也。其未兆,易谋也。	其安易持,其未兆易谋。	六十四章
《喻老》	见小曰明,守柔曰强。	同	五十二章
《喻老》	圣人之不病也,以其不病,是以无病也。	圣人不病,以其病病,是以不病。	七十一章
《喻老》	欲不欲,而不贵难得之货。学而不学,复归众人之所过也。恃万物之自然而不敢为也。	是以圣人欲不欲,不贵难得之货。学不学,复众人之所过。以辅万物之自然,而不敢为。	六十四章
《喻老》	不出于户,可以知天下;不窥于牖,可以知天道。	不出户,知天下;不窥牖,知天道。	四十七章

续表

《韩非子》征引文献一览表

篇目	引文	原文	原文篇目
《喻老》	其出弥远者,其智弥少。	其出弥远,其知弥少。	四十七章
《喻老》	不行而知,不见而明,不为而成。	不行而知,不见而名,不为而成。	四十七章
《喻老》	大器晚成,大音希声。	大器晚成,大音希声。	四十一章
《喻老》	自见之谓明,自胜之为强。	知人者智,自知者明;胜人者有力,自胜者强。	三十三章
《喻老》	不贵其师,不爱其资,虽知大迷,是谓要妙。	不贵其师,不爱其资,虽智大迷,是谓要妙。	二十七章
《难三》	以智治国,国之贼也。	以智治国,国之贼。	六十五章
《内储说下》	国之利器,不可以示人。	国之利器不可以示人。	三十六章
《内储说下》	鱼失于渊而不可复得也	鱼不可脱于渊。	三十六章
《说林上》	知渊中之鱼者不详	鱼不可脱于渊。	三十六章
《六反》	知足不辱,知止不殆。	同	四十四章
《说林上》	普天之下,莫非王土;率土之滨,莫非王臣。	溥天之下,莫非王土;率土之滨,莫非王臣。	《诗经·小雅·北山》
《忠孝》	普天之下,莫非王土;率土之滨,莫非王臣。	溥天之下,莫非王土;率土之滨,莫非王臣。	《小雅·北山》
《外储说左上》	不躬不亲,庶民不信。	弗躬弗亲,庶民不信。	《小雅·节南山》
《外储说右上》	虽无德与女,式歌且舞。	同	《小雅·车舝》
《外储说左上》	绅之束之。	"书言之"	
《外储说左上》	既雕既琢,还归其朴。	已逸。《庄子·山木》引作"既雕既琢,复归于朴。"	
《说林上》	《康诰》曰"毋彝酒"。	无彝酒。	此句见于今本《尚书·酒诰》而非《康诰》

续表

\<《韩非子》征引文献一览表\>			
篇目	引文	原文	原文篇目
《有度》	臣毋或作威,毋或作利,从王之指;毋或作恶,从王之路。	无有作好,遵王之道。无有作恶,遵王之路。……臣无有作威作福玉食。	《洪范》
《难势》	毋为虎傅翼,将飞入邑,择人而食之。	无虎傅翼,将飞入邑,择人而食。	《逸周书·瘝儆》
《说林上》	将欲败之,必姑辅之;将欲取之,必姑予之。	"《周书》曰"	
《说林下》	下言而上用者,惑也。	"《周书》所谓"	
《奸劫弑臣》	故《春秋》记之曰:"楚王子围将聘于郑,未出境,闻王病而反,因入问病,以其冠缨绞王而杀之,遂自立也。齐崔杼其妻美,而庄公通之,数如崔氏之室内。及公往,崔子之徒贾举率崔子之徒而攻公。公入室,请与之分国,崔子不许;公请自刃于庙,崔子又不听;公乃走,逾于北墙。贾举射公,中其股,公坠,崔子之徒以戈斫公而死之,而立其弟景公。"	冬,楚公子围将聘于郑,伍举为介。未出竟,闻王有疾而还。伍举遂聘。十一月,己酉,公子围至,入问王疾,缢而弑之。 庄公通焉,骤如崔氏,以崔子之冠赐人。侍者曰:"不可。"公曰:"不为崔子,其无冠乎?"崔子因是,又以其间伐晋也,曰:"晋必将报。"欲弑公以说晋,而不获间。公鞭侍人贾举而又近之,乃为崔子间公。夏,五月,莒为且于之役故,莒子朝于齐。甲戌,飨	《左传·昭公元年》《左传·襄公二十五年》

续表

\ 《韩非子》征引文献一览表			
篇目	引文	原文	原文篇目
		诸北郭。崔子称疾不视事。乙亥,公问崔子,遂从姜氏。姜入于室,与崔子自侧户出。公拊楹而歌。侍人贾举止众从者,而入,闭门。甲兴,公登台而请,弗许。请盟,弗许。请自刃于庙,勿许。皆曰:"君之臣杼疾病,不能听命。近于公宫,陪臣干掫有淫者,不知二命。"公逾墙,又射之,中股,反队,遂弑之。	
《内储说上》	冬十二月,陨霜,不杀菽。	冬十月,公如齐。十有二月,公至自齐。乙巳,公薨于小寝。陨霜,不杀草。李梅实。	《左传·僖公三十三年》
《难三》	见其可,说之有证;见其不可,恶之有形。赏罚信于所见,虽所不见,其敢为之乎?见其可,说之无证;见其不可,恶之无形。赏罚不信于所见,而求所见之外,不可得也。	见其可也,喜之有征;见其不可也,恶之有刑,赏罚信于其所见,虽其所不见,其敢为之乎!见其可也,喜之无征;见其不可也,恶之无刑,赏罚不信于其所见,而求其所不见之为之化,不可得也。	《管子·权修》

续表

《韩非子》征引文献一览表			
篇目	引文	原文	原文篇目
《难三》	言于室满于室,言于堂满于堂,是谓天下王。	言室满室,言堂满堂,是谓圣主。	《管子·牧民》
《难势》	飞龙乘云,腾蛇游雾,云罢雾霁,而龙蛇与螾蚁同矣;则失其所乘也。贤人而诎于不肖者,则权轻位卑也;不肖而能服于贤者,则权重位尊也。尧为匹夫不能治三人;而桀为天子能乱天下。吾以此知势位之足恃,而贤智之不足慕也。夫弩弱而矢高者,激于风也;身不肖而令行者,得助于众也。尧教于隶属而民不听,至于南面而王天下,令则行,禁则止。由此观之,贤智未足以服众,而势位足以岳贤者也。	故腾蛇游雾,飞龙乘云。云罢雾霁,与蚯蚓同,则失其所乘也。故贤而屈於不肖者,权轻也。不肖而服於贤者,位尊也。尧为匹夫,不能使其邻家。至南面而王,则令行禁止。由此观之。贤不足以服不肖,而势位足以屈贤矣。	《慎子·威德》
《备内》	人主之疾死者不能处半。	《桃左春秋》已逸	
《说疑》	《记》曰:"周宣王以来,亡国数十,其臣弑君而取国者众矣。"	《记》已逸	

续表

《韩非子》征引文献一览表			
篇目	引文	原文	原文篇目
《忠孝》	《记》曰:"舜见瞽瞍,其容造焉。孔子曰:'当是时也,危哉,天下岌岌!有道者,父固不得而子,君固不得而臣也。'"	《记》已逸	
《说疑》	故《周记》曰:"无尊妾而卑妻,无孽适子而尊小枝,无尊嬖臣而匹上卿,无尊大臣以拟其主也。"	《周记》已逸	
《诡使》	所以治者,法也;所以乱者,私也。法立,则莫得为私矣。	《本言》已逸